创业颠覆者

青年创业投资点石金策

陈景畑　翟　顺◎著

九州出版社
JIUZHOUPRESS

图书在版编目（CIP）数据

创业颠覆者 / 陈景畑，翟顺著.—北京：九州出版社，2009.7
ISBN 978-7-5108-0114-3

Ⅰ.创… Ⅱ.①陈…②翟… Ⅲ.①职业选择-青年读物 ②企业管理-青年读物 Ⅳ.C913.2-49 F270-49

中国版本图书馆CIP数据核字（2009）第106330号

创业颠覆者

作　　者	陈景畑　翟顺 著
出版发行	九州出版社
出 版 人	徐尚定
地　　址	北京市西城区阜外大街甲35号(100037)
发行电话	(010)68992190/2/3/5/6
网　　址	www.jiuzhoupress.com
电子信箱	jiuzhou@jiuzhoupress.com
印　　刷	北京凯达印务有限公司
开　　本	720 × 1020毫米　16开
印　　张	13.75
字　　数	200千
版　　次	2009年7月第1版
印　　次	2009年7月第1次印刷
书　　号	ISBN 978-7-5108-0114-3
定　　价	27.00元

目　录

第2章

第3章

创业龙虎榜

非常之人成就非常之事，先让我们领略一下中国创业龙虎榜上的英雄风采。

电子商务教父——马云

马云是最早在国内开拓电子商务应用的企业家。早在1995年4月份他就创办了“中国黄页”网站，当时全国的计算机用户还很少，这是当时全球第一家网上中文商业信息站点，在国内最早形成面向企业服务的互联网商业模式。

1999年3月，马云和他的团队以50万元人民币开发阿里巴巴网站。马云根据长期以来在互联网商业服务领域的经验和体会，明确提出互联网产业界应重视和优先发展企业与企业间的电子商务(B2B)。马云认为，大型企业有自己的宣传营销平台，有实力做自己的推广，而广大中小企业缺乏这样的实力，他的阿里巴巴就要针对这些中小企业来开辟业务，用他的话说就是避开大鲸鱼，专做小虾米的生意。马云的观点和阿里巴巴的发展模式在互联网行业是一个新的方向，很快引起国际互联网界的关注，被称为“互联网的第四模式”。

2000年左右，阿里巴巴共获得2500万美元国际风险资金的投入，马云以东方的智慧，西方的运作，全球大市场的经营管理理念，迅速招揽国际人才，全力开拓国际市场，同时培育国内电子商务市场，为国内企业尤其是中小企业构建了一个完善的电子商务平台。

截至2003年5月，阿里巴巴汇聚了来自220个国家和地区的200多万注册商人会员，每天向全球各地企业及商家提供150多万条商业供求信息，是全球国际贸易领域最大、最活跃的网上市场和商人社区，是全球B2B电子商务的著名品牌。

阿里巴巴被美国《福布斯》杂志选为全球最佳B2B站点之一，多次被相关机构评为全球最受欢迎的B2B网站、中国商务类优秀网站、中国百家优秀网站、中国最佳贸易网。从阿里巴巴成立至今，短短三年时间，全球十几种语言400多家著名新闻传媒对阿里巴巴的追踪报道从未间断，阿里巴巴被传媒界誉为真正的世界级品牌，马云也成了网络经济时代中国商人在国际上的代表。

企鹅帝国的统治者——马化腾

马化腾，1992年毕业于深圳大学计算机专业，刚毕业的时候，他在一些中小公司打工，只能算是深圳的边缘人。一次偶然的机会，他接触到了ICQ，这是一个以色列人开发的即时聊天工具，当时是比较流行的，能上网的用户基本都有自己的号码，马化腾觉得ICQ这个东西非常好。

当时马化腾经常做一些传呼机方面的业务，由于工作关系，他感觉到，这个东西可以做PC机之间的传呼机。要知道在那个时候，别说手机了，就是你能有个BP机，也是相当酷的标志。这个ICQ能够在电脑上提供即时信息，也就是类似网络BP机的功能，这可是非常诱惑人的，可就是没有中文版本的，很多人用起来不方便。于是，马化腾就叫上几个朋友成立了一个小公司，仿照ICQ搞了一个中国的ICQ，为了便于区别就取名OICQ，也就是现在的QQ，刚推出来就很快火起来了。

由于刚开始公司没什么钱，马化腾他们的日子也非常艰难。因为没有钱来买服务器，而市场上OICQ又特受欢迎，下载的人非常多，有一段时间，他们是借用人家的空间和带宽来维持的，把自己的程序偷偷装在别人的服务器上运行。2000年的时候又赶上了网络科技的泡沫，网络泡沫席卷了整个中国互联网，那可是马化腾他们的冬天，QQ差点就要出手让贤了。马化腾的团队找过中华网、新浪，希望以100万把QQ卖给他们，可是中华网、新浪网的高管层都拒绝了，因为在那个时候他们也不知道这个东西潜在的价值在哪里，更不用说当时还处于网络泡沫时期了。

那个时候马化腾几乎是倾其所有，却还不知道QQ的赢利点到底在哪里。注册资源是很多，可是这些有什么用呢？有一段时间，申请QQ号码是要收费的，这就是他们想出的唯一能靠用户赚钱的方式，可见当时他们的处境多么艰难。

后来他们借鉴了一些新兴企业的融资方式，也去联系了风险投资公司，经过多方洽谈，终于有风投公司砸钱帮助腾讯在香港上市了，QQ上市后，马化腾的个人财富迅速飙升，身价达到17亿港币！

马化腾不经意间打造的庞大QQ帝国，改变了大部分中国人的沟通方式。手机、电话、E-mail和QQ成了大部分中国人必备的工具，甚至有许多人可以不用手机，不用E-mail，可是万万不能没有QQ，因为上面有很多朋友和有业务往来的客户。现在腾讯已经是中国的第一大互联网公司了，预计2009年的营业收入将突破百亿人民币！在网络领域，凡是这只企鹅涉足的领域，都足以让所有的对手心惊胆寒。大家都说这只企鹅已经成了所有互联网公司的对手，由此可见这只企鹅在网络行业的领袖地位，它已经成了一个时代的象征！

营销之神——史玉柱

1989年夏，史玉柱携带自己开发的M-6401桌面文字处理系统产品，依靠手中仅有的4000元钱承包了天津大学深圳电脑部。虽被命名为电脑部，实际上却一台电脑都没有，仅有一张营业执照而已。当时的电脑最便宜的一台也要上万元。为了向客户演示、宣传产品，史玉柱决定赌一把，以加价1000元的代价获得推迟付款半个月的"优惠"，赊得一台电脑。但按此方式，如果史玉柱在半月之内不能付清电脑款项，不但赊购之电脑需要交回，1000元押金也将鸡飞蛋打。

为了尽快打开软件销路，史玉柱同样采取这种"赌博"的做法，他又一次投下巨大赌注：用自己的软件版权做抵押，以在《计算机世界》上先做广告后付款的方式来宣传产品，推广预算共计17550元。如果一个月后不能把广告费续上，那么软件版权就归杂志社所有了。

1989年8月2日，史玉柱在《计算机世界》上打出半个版的广告："M-6401，历史性的突破"。这是一次巨大的冒险行动，史玉柱可以说是破釜沉舟了，如果失败就真的一无所有，连带租电脑的押金也没有了。这个月是漫长的，史玉柱天天都去邮局看是否有自己的汇款到账，结果都是一场空。前面的三周几乎没一点消息，史玉柱真是到了崩溃的边缘，但是上天总是眷顾着他，在这个月的最后一周，订单源源不断而来，一下子销售额就突破10万元。他不仅付清全部欠账，还赚到了一大笔钱。

两次成功的豪赌，让史玉柱对自己充满信心，他将余下的钱重新投向广告宣传。4个月后，他的M-6401桌面文字处理系统的销售额已经突破了100万元，这也是他成功起步的第一桶金。此后，他又陆继开发出M-6402，一直到M-6405汉卡，这些产品同样都获得巨大的成功。

1993年，巨人推出M－6405、中文笔记本电脑、中文手写电脑等多种产品，其中仅中文手写电脑和软件的当年销售额即达到3.6亿元。巨人成为位居四通之后的中国第二大民营高科技企业，史玉柱成为珠海第二批重奖的知识分子。1994年的《福布斯》杂志把史玉柱列在中国内地富豪榜的第8位。

1996年，巨人大厦资金告急，史玉柱决定将保健品方面的全部资金调往巨人大厦，保健品业务因资金“抽血”过量，再加上管理不善，迅速盛极而衰，巨人集团危机四伏。媒体地毯式报道巨人的财务危机，不久，只建至地面3层的巨人大厦停工。巨人集团虽然一直未宣布破产，但是已经名存实亡。经过几年潜伏，2001年，史玉柱又重出江湖，在上海成立巨人公司，依靠脑白金迅速翻身，不仅如此，他还涉足民生银行，并在网络游戏行业大有作为。

史玉柱的成功不仅仅在于他的产品，更重要的在于他的精神。这种精神是企业家所不能或缺的，有了这种精神迟早是会成功的。史玉柱虽因经营不善而破产，但凭借这种精神，没过几年他又重新站起来了。经历了商业人生的大起大落后，史玉柱更加成熟了，无论他进军哪个行业，都能在营销宣传方面大幅创新，被媒体誉为“营销之神”，史玉柱本人也成为当今年轻人崇拜的商业偶像！

……

这些都是新经济时代的创业颠覆者形象

他们绝不是循规蹈矩的平庸之辈

本书以最直接的方式近距离透视商业雄主

帮助你以超常规的方式来实现创业所必备的条件

也许你就是下一位创业颠覆者！

第1章

空手套白狼：调动资源的最高手段

俗话说：“富不富，险中赚！”现代社会，金融杠杆力量之大，网络信息传递之速，物流分配之捷令人难以想象。面对丰富的社会资源，我们要用敏锐的触觉调动资源来创业！

当下最直接最流行的两种方式就是以钱套钱和宣传造势。以钱套钱的方法在股票发明以后被发挥得淋漓尽致，把藏于平头百姓手里的财富都捣鼓出来了，而且还是跨国性捣鼓。言归正传，说到创业，社会上90%的创业者手中只有一部分钱，但心中有做事业的雄心，怎么办？宣传造势！正所谓：“兵者！诡道也！”商场如战场，商业本身就是调动资源，整合资源，从而产生新的资源的过程。这一方式可以称为“空手套白狼”，只要能采取这种方式调动起资源，资源的运转就能产生利益。整个过程只要顺天应人即可。

一般而言，个人创业的第一步便是筹集创业所需要的资本金，这对个人创业者来说恰恰是最难的。通常，资本金来源主要是依靠个人的积累，但很多创业者在有创业计划之后，往往并没有相应的资金做后盾。这一问题如果不能解决，恐怕只能等待创业计划落空了。

另一种解决办法是找亲友借贷。如果亲友可以借贷，当然是最好的，但有的亲友自己也没钱，即使有钱，他也不一定对你的创业计划感兴趣，绝不可能将钱投到他没有把握的地方。最后一个办法是找银行，但这个办法实际上也困难重重。银行首先让你提供抵押，然后再提供担保，当你把所有的手续办妥时，机会可能已经错失了。

总而言之，个人创业时期的资本金来源，确是一大难题。不过，没有资本金却能创业成功的，依然大有人在。他们身无分文，却能驰骋商海。这其中的奥妙到底是什么呢?这就是我们经常挂在嘴角的“空手道”。

所谓“空手道”，正确的理解应该如此：“空手”并不是一无所有的空，只是投入的几乎可达到忽略的程度。“道”即指来之有道，违法的事情绝不可为之。空手道，大多情况下也被称作“空手套白狼”。这个词在商业圈和商业新闻媒体上成为使用频率极高的一个词，而且它的用处广泛，含义繁杂，褒贬不一。媒体上多以贬义为主，私下谈话中则以褒义居多。

这个词冠上商业的名分，大概意思是指一个人以很小的投入取得很大的回报。这是投资回报最大化的表现，理应歌颂，可当你用“空手套白狼”在百度上一搜，就会发现这个词是与骗子、诈骗等等联系在一起的。媒体在实际应用中，从这个词里又不断引申出许多暗喻，比如，暗指一个人付出很少的成本而得到了不应该得的巨大利益，有走歪门邪道的嫌疑，也有不公平交易的嫌疑，更有欺骗欺诈的嫌疑，甚至是犯罪的代名词。如今，很少有人敢公开说自己干的事情是“空手套白狼”了。但实际上，大家又都渴望自己也能“空手套白狼”，干点大事。可以这么说，“空手套白狼”俨然成为时下中国“只能干不能说”的隐喻了。

说起空手道，有这样一个与之相关的非常经典的故事：

美国乡下的一个农庄里住着一位老农，他和自己的儿子相依为命，过着平静的生活。

一天，一个中国人来到了他的农庄，遇到了这个老农。

“我能带你的儿子去城里发展吗？”中国人对老农说。

“那可不行！我就只有这个儿子在身边陪我，否则我要孤独死了。”老人坚决反对。

“如果我在城里给他找一位媳妇，你觉得如何？”中国人接着问。

“那也不行，我打算在农村给他找个媳妇。”

“如果我在城里给他找洛克菲勒的女儿做媳妇，你答应吗？”

老人沉思了一会儿，终于同意了。于是中国人带着他的儿子来到了城里。

过了几天，这位中国人来到了洛克菲勒的办公室。

“尊敬的洛克菲勒先生，这里有个好消息，我介绍一位农村小伙做您的女婿如何？”

“当然不行，这算什么好消息！再说我凭什么要听你的安排呢？”洛克菲勒有点生气。

“如果我给您介绍的这位小伙子是世界银行的副总裁，您觉得可以考虑吗？”

洛克菲勒考虑了一下，最后答应了这门婚事。

又过了几天，这个中国人又到了世界银行总裁的办公室里。

“尊敬的总裁先生，我想推荐一位优秀的青年担任您的助手。”中国人开门见山地说道。

“那你告诉我他都有些什么能力。”总裁感觉这个中国人在开玩笑！

“他是洛克菲勒家的女婿。”

世界银行总裁沉默了。

没过几天，那位乡下小伙子被任命为世界银行的副总裁。

这就是空手道的威力！

如果只是从整体来看空手道，它给人的感觉好像比较神秘，总觉得自己不是那块料，结果大多数人在行动前先被自己打败了，还谈什么创业呢？在这里，我们把空手道做了一下细分，你会发现，空手道原来并非那么神秘，操作起来不仅简单而且很有意思，或许你以前就已经有过这样的经历，只是没有多加总结罢了。之前可能你是从仰视的心态来看，所以会觉得自己渺小；如果我们以平视的心态去分析，就会发现奇迹其实离我们很近很近。

大家应明白这样一个道理：凡是不相信奇迹的人，永远创造不出奇迹，因为在奇迹面前，他们首先就因胆怯而退缩了。没有前进的勇气和信心，任何事情都不可能成功。在本书里，我们将会把传统观念里冠以“奇迹”之称的空手道，以通俗易懂的方式展现在大家面前，让大家重新认识此类创业手法，这对我们以后的创业不无裨益。

一、资源重组

我们生活的这个世界，可以说什么样的资源都有，但大多行业的资源几乎已接近饱和状态，这无形中酿成恶性竞争，以至损害了各方的利益。当然，这里所说的并不是传统意义上的自然资源，而是对社会各种资源的总称，比如中国人力资源丰富，美国资金资源丰富，日本技术资源有余等等。那么，假如综合以上三者的优势，把它们充分利用起来，肯定能做很多事情。这里还有个比较形象的比喻，那就是如虎添翼。现实中这种情况是普遍存在的，一旦我们以商业眼光去审视，就会捕捉到巨大而惊人的商机。

某些领域的商业运作，不乏大手笔，其实，并不一定非要大投入才能涉足。为了做个直观说明，我们先看看牟其中当年是如何通过这一运作起家的。

【案例1】 提起牟其中，真是毁誉参半，人们最先想到的莫过于他"倒飞机"的事情了。20世纪80年代末到90年代初，东欧和前苏联解体，一时间许多"国际倒爷"相继到前苏联找财路，牟其中也在其中。

这时，西南航空公司急需飞机投入运行。牟其中了解到这个情况后，他的脑子立即转动起来，他想前苏联有世界上最好的飞机制造技术，民航飞机的生产肯定不在话下，同时前苏联正遇到严重的经济困难，而中国的轻工产品又非常丰富。如果在大陆购买工业产品，到俄罗斯市场上出售，用这笔钱再买飞机卖给西南航空公司，这样不就可以连赚几道钱了吗?

牟其中认定这肯定是一桩赚钱买卖，可是他和大多数人一样也是身无分文，上哪里去购买数量如此巨大的轻工业品呢?牟其中找到银行，银行考虑到贷款的风险问题，当然是不见兔子不撒鹰。他们告诉牟其中，只要看到飞机到了成都机场就贷款。牟其中得到这个承诺后，就去找西南航空公司，要求航空公司委托他去购买飞机，并承诺以合适的价格购买。西南航空公司正为购买飞机而发愁，现在牟其中主动毛遂自荐，公司几乎不承担什么风险，当即答应了牟其中的要求。

牟其中到了俄罗斯，想方设法取得了俄罗斯方面的信任。最后，俄罗斯方面答应以易货方式卖两架图18客机给他，但必须是现货交易。牟其中没有钱，现货交易自然无法进行。怎么办呢？这么好的机会不能这样就放弃啊！这时，牟其中想起了银行方面的承诺，于是他要求俄方先将飞机飞往成都，如果生意不成，他将承担俄方一切损失。就这样，两架图18客机飞到成都。银行看到飞机来了，当即就按照先前的承诺履行了合同，给了牟其中所需要的贷款。牟其中用这笔贷款在全国各地组织货源，拉了几车皮货到俄罗斯。这样，俄罗斯和西南航空公司签订合同。三方都如愿以偿：西南航空公司买到了飞机，俄罗斯获得了急需的日用工业产品，而牟其中当然发了大财。整个过程就像一个连环计，让人看得眼花缭乱，仔细分析一下，这些又都是很自然的事情，只是过程复杂了一些而已。

牟其中运作的关键一点就在于银行。实际上银行也是一个企业，当然是不会放过有利可图的事情。但是，银行一般不直接参与生意的过程，却可以提供资本金，因此，企业的信用对银行来说极其重要。与银行打交道，最重要的是取得信用，让它觉得把钱给你将来还可以收回。许多刚开始创业的人觉得从银行贷款太艰难了，这不仅包括贷款手续的繁琐，更重要的是创业之初资本严重不足的时候居多，没有足够的财产做抵押，很难从银行贷到更多的钱。

点评

通过牟其中的事例，也许你会有一个全新的思维。其实银行的本性，历来都是“嫌贫爱富”的，可是正因为他有这种本性，我们才有机可乘。这种“乾坤大挪移”的空手道绝非一般胆小者可以做到，因为首先就要在气势上让人相信你具有运作大资本的实力，然后才能说服一系列的人与你合作。这种大手笔的风险看似很大，可是实际分析一下，就会发现风险其实很小，因为无论怎么做，哪一方都没有太大的损耗。

对策划者而言，无论成功说服哪一方都能保证整体的成功。只要一方同意，就像得到一个尚方宝剑，那么对剩余的两方而言就不存在什么风险了，困境也就很自然地化解了。倘若没有办法说服一方，那只能说明自己能力不行，也就怪不得什么了。

现实社会中一眼就能看到的商机真是不多了，很多情况都是根据得到的信息分析总结的结果。类似牟其中倒飞机这样的商机也许不容易再出现了，可是同类型的机会还是很多的，只要你善于思考，就会发现助你“一步登天”的机会，吴一坚的创业过程便是绝好的证明。他的这种思想和智慧运作确实经典，现在分析起来还是让人不得不叹服，可谓商业中的传世之作！

【案例2】 吴一坚和牟其中属于同时代的豪杰，他俩运作的空手套白狼方式也极为相似。吴一坚从当年600块人民币到后来的身价4.22亿美元，凭的是什么？凭的就是这种空手道智慧，这种思想和智慧能够使你创造无穷无尽的财富。

1984年，吴一坚辞职后，怀揣600元人民币只身南下广州，开始了他的发家之路。讲得务实一点，他那时就是个小商贩，搞两地长途贩运，主要贩运一些录音机、录音带、T恤衫等。一直不满足小打小闹的吴一坚在1985年毅然离开广州，揣着几万块钱到海南发展，成为海南的第一批弄潮儿。

吴一坚把握了当时整个中国电视机市场的紧俏，把眼光盯在了电视机上。当时电视机是非常紧俏的商品，仅仅一张电视机的提货单就被炒到好几百块钱。他经常琢磨，“有一个电视机制造厂，比开银行发财可能还快。”于是，吴一坚脑子里成天想着一定要找机会实现这个想法。

不久，吴一坚找到一家设计单位，按年生产20万台电视机、电冰箱、录像机的规模来设计厂房。通过和海南当地的一个房地产公司接触，吴一坚以“经营25年之后，厂房设备拱手让出”的方式圈地，又以“预交3%质量保证金”的方式将厂房建设工程承包出去，再以“正式生产以后，80%的电子元件由香港某公司供给”的许诺，令其先行投资。

吴一坚吩咐下属买了一个电话簿，给全国的电子器材经销公司发函，告诉他们我们这里将建一个多大规模的电视机厂，多长时间可以建成，问他们有没有兴趣来合作。同时又和一些供货商洽谈，让他们做他的供货商。当时，很多人无法想象他和他的助手们如何去建一座年产20万台电视机的公司。在一般人看来，这无异于天方夜谭，当时的国家骨干企业年产也不过20万台电视机。

事实证明，吴一坚成功了。当时第一批订单就是5万台，每台电视机的盈利空间是800元。就这样，仅仅10个月时间，公司资产由他怀揣的600元变成了上亿元。

吴一坚对自己的智慧充满信心，他曾经说过："如果现在把我的资产归零的话，相信我还可以重新再来。"看完他的创业经历，再仔细品味一下他的这句话，不知道你会相信几分？和牟其中一样，他也凭借三寸不烂之舌成功地说服了各方代表，赚得自己的第一桶金。这就是智慧的力量。

点评

细心研究后你或许会发现，类似这样的机会还很多，现在全国各地政府都在设法吸引企业家到自己的辖区来投资，这样既可以增加当地的税收，带动区域经济发展。所以，各地政府都想尽办法来吸引投资。其中，土地免费使用在相对偏僻的地方已然是公开的秘密。就算不免费，也可以向当地银行贷款购买土地使用权，有了土地，剩余的就看自己怎么运作了。

我们这个社会从来都不乏聪明的商人，但并是每个人都能很好地抓住机遇的。上述的模式还可套用到其他一些类似的行业，关键是看你有没有分析过这种创业行为的可行性。我们国家正处于飞速发展时期，整体而言，各种机遇接踵而来，商机无限，否则那么多外企来中国干什么？很明显，他们从外部看到了这片肥沃土地上的勃勃生机。

【案例3】 日本人中山洋介立志创业，可是他手中既无资金，也无技术，怎么办呢？他和别人有所不同，那就是他有一股不服输的志气。当他跟别人谈起准备经商时，大家都不相信。结果，他不但成了一个成功的商人，而且经营的还是资本量很大的房地产业。

经营房地产，利润很大，风险也很大，必须有一大笔资本做后盾。所以，对于一般人而言，恐怕只能看别人赚钱了。中山洋介却没有悲观，因为他有自己独特的空手道妙计。中山洋介经过考察发现，在日本，土地十分宝贵，不少人想开工厂，但手中的资本金连土地都买不起，更谈不上建筑厂房了。与此相反，许多土地却还闲置着。如果不买土地，只是租用厂房，那么企业主就有能力负担了，而且他们肯定非常欢迎。

有了这样一个构思，中山洋介立即行动起来。他首先打听那些闲置的土地的情况。这些土地往往地处偏僻，多是卖不出去的。他同这些土地的所有者商谈，提出改造利用土地的计划。土地所有者正为这些土地没有买主着急，现在有这么一个开发的良策，可谓雪中送炭。他们纷纷表示愿意出让土地，有的甚至还拿出一定的资金充做股份。

有了土地，中山洋介就组建了洋介土地开发公司，组织人员上门推销土地。一些工厂主正为没有资金兴建工厂着急，现在看到可以不用巨额资金的土地可以租用，自然十分高兴，于是，上门和中山洋介签约的工厂主络绎不绝。中山洋介的做法是，从租用厂房者那里收取租金后，扣除代办费用和厂房分摊偿还金，所剩的钱归土地所有者。厂房租金和土地租金之间的差额，除去修建厂房的费用，便是中山洋介的赢利。

企业主、土地所有者、中山洋介三方达成协议后，中山洋介就向银行贷款建房，然后按分期还款的方式归还银行的费用。实际上他只是起到了一个中介的作用，以他为纽带，土地所有者便和工厂主联系起来了。一开始这一创意就很吸引人，那些偏僻的土地有了用处，而工厂主也可省去积累资金的时间。中山洋介第一年仅手续费用就收入20亿日元，有了这笔钱后，他就不用再向银行贷款了。就这样，从营造小厂房到建筑大厂房，再到营建更大规模的工业区，他的公司像滚雪球似的越滚越大，公司的经营范围也不只限于租用土地。白手起家的中山洋介，最终成为日本一流的大企业家。

点评

看完上面的成功典范后，很多人定会羡慕他们赶上好机会，还不免空发感叹：“你看，说到底不就是当个中介吗？要不，怎会那么走运地发达了？”其实，他们都是非常不简单的人，在没有创业资金的情况下，硬是凭自己的头脑，找到问题的关键，将买与卖成功地联系起来。这是何等的大智啊！一般人只是发现市场供需，他们却是创造市场供需，有这样的头脑能不发达吗？哪怕是空手，也能套得住狼。

当今，空手套白狼早已不再是过去大家认为的贬义词了，而是对精明商人精彩的资本运作的最高赞赏。这绝不是具有传统思想的人能够胜任的，因为他们即使发现了类似的商机，也未必能战胜传统思想的桎梏，那么，成功又从何谈起呢？针对这一点，让我们再来分析下面这样一个案例。

【案例4】 小何女友的朋友是一家广告公司业务经理的女朋友。一天，业务经理吃火锅时向女朋友吹嘘，在自己的艰苦奋战、顽强努力下，终于接到了一家国际知名化妆品公司的促销宣传活动业务，届时，所需要的太阳伞将超过上万把，以分发给参加活动的顾客。广告公司的地位将因为化妆品公司的青睐而改变，自己也将成为老总的财神。这些醉话辗转吹到小何的耳朵里时，立即刺激了他脑子里那根敏感的神经。

在这种情况下，广告公司需要向外订购大量雨伞。这可是绝好的商机啊，小何想。他掏出衣服深处一张几乎快成油渣的名片，那是一次他在别人办公桌上“捡”到的一位雨伞厂老板的名片。现在终于派上用场了。

几经努力，小何和雨伞厂达成了协议。他先到广告公司收了给雨伞厂的预付款，用这钱付了雨伞厂的订金。一个月以后，小何把雨伞送到广告公司，收了货款，然后利落地把差雨伞厂的钱付清。自个儿一分钱没花，就是动了动嘴皮子，跑了跑腿，几万块钱的差价就到了他的腰包。

点评

这样的空手创业之道在现实社会普遍存在，也许你也有过这样的成功经历，只是不太留心记忆罢了。千万不要因为所涉及的资金少而小瞧它，只要仔细分析一下这种模式的实质，你会发现，它和牟其中、吴一坚的做法在实质上如出一辙。倘能够真正掌握此等思想精髓，以后定会抓住更大的机会让你去施展。不过值得注意的一点是，碰到这样的机会，如不能快速实施，可能就会失去先机，因为时间一长，其他人也可能发现这个机会，一旦有了竞争对手，结果对自己肯定不利。

资源重组这个名词听起来似乎有些高深，或许会吓倒不少将要创业的年轻人，但好比武侠小说里的“乾坤大挪移”，越是上乘的武功，就越是需要上乘的魄力才可有效运作。

资源重组的创业模式，多为大手笔，没有大魄力的人就是发现了也做不了。可是一旦去做，成功的可能性就比较高。原因在于，相对收获来说，自己的那点投资基本可以忽略，而且不会遭遇大风大浪，可是一旦成功，人生的轨迹就会从此改变。不管你信不信，以后有机会试一下也无妨。

二、牵线搭桥

牵线搭桥这一招最容易理解，顾名思义，就是中介的操作模式。不过，一听说中介的模式，如果只是简单地理解为中介机构，那就大错特错了。这种方式发展到今天的网络新经济时代，又被赋予了新的生命力，其表现形式也大为创新，更加彰显其独有的商业价值魅力。为了便于分析和理解，我们分两部分予以说明。

1.采集订单

简单的理解就是收集顾客的订单，然后交给提供货物的公司，自己从中渔利。这种做法尤其适合互联网时代的高科技经济，在此方面做得最为经典并且正被商界关注的案例就是PPG模式。

【案例1】 全雳在创业之前是财经媒体的记者，经常会接触到商务人士，在闲聊之余经常谈及衬衫的话题。经过一番思考，他打算利用自己的资源，联合各种力量来做衬衫的生意。他没有采取传统做法，而是利用网络飞速发展的特性，依靠网络力量来组建自己的事业根基。不久，他推出一个网络平台，专门打造网上直销衬衫模式。具体做法是：在网上搜集各个地方的订单，然后对订单进行统一处理，并迅速调动衬衫厂家，再通过全国物流来发货。这种货到付款的方式相当方便快捷，所以自从在网站推出以后，他的事业立即获得飞速发展，为国内电子商务行业又打开了一扇黄金大门。

这就是PPG模式，其本质就是通过互联网在全国各地收集订单，然后对订单进行统一加工处理，再统一发货，形成规模经济。唯有专注，才有发展。这种采集订单的模式，在网络电子商务行业独领风骚，随后，模仿者犹如雨后春笋般涌现。

点评

与此类似，网上也出现很多类似集中采集订单的做法，比如通过在网上召集购物者，以团购享受价格折扣的消费方式，这种模式也称为网络集采。如今，这种模式在各个城市悄然流行，势头强劲。具体做法就是先在网上发布消息，例如订购装修房子的建筑材料，如果自己单独去购买，不仅不容易挑选到高质量的产品，而且也不容易砍价。若真正把房子装修起来，无疑要多花好多冤枉钱。因此人们就在网上召集那些将要装修房子的朋友，约定一个时间一起去团购，到时候就可获取更多的让利，而且更为方便。有的组织者还在各个小区范围内组织这样的宣传，响应的人也就越来越多。团购队伍发展壮大后，可挑选的商品品种也就越来越丰富了。随后，发起人带领大家到一个地方去团购。当然，事先要和店老板商量好提成等问题，如此一来，不仅给大家带来了很多方便，自己还能获利不少，这和PPG做法在原理上是相通的。

【案例2】 做独立的集采人，就是在商家和业主之间架起一座桥梁，业主可以买到最实惠的东西，商家可以节省广告和门面展示的成本，自己也可因此获得相应的报酬，可谓一举三得的事情。这方面的优秀人才颇多，比如北京中关村的程序员诗玫，就将此做到了专业的地步。她专门做了一个网站，将各种各样的建材产品拍成照片，标出市场价和底价，一并贴在论坛里。为了管理好这么多人，她根据报名的先后顺序，排了一个集采名单，使每个报名业主都有一个集采号。名单一式两份，一份自己存档，一份给建材店铺的老板。参加集采的人可以随时去店里挑选产品，只要报出自己的集采号，就可以享受她和店家谈定的折扣。随着业务扩大，她不断增加新的产品集采订单范围，就这样，她的事业越来越规模化。

无论诞生一件新产品还是一个新行业，必然会带动一大批人致富。这个时代必须靠信息制胜，信息获取迟滞的人总是处于被动状态，收获甚微。这种集采订单的做法，非常适合在全国各地开展，而且创业的门槛也相对较低。

即使抛开网络不说，在现实生活中同样也存在这样的商机，就看我们是否仔细观察和用心思考。

有个穷困的日本人，梦想做一笔大业务。日本是个海洋国家，渔民遍地是，与渔民生产息息相关的各种用品的销量自然很好，尤其是渔网更是供不应求。因此，瞄准这个商机后，他决定进一批渔网来销售。可一时之间自己又筹不到那么多资金开店铺，就连进货的资金也十分缺乏，怎么办呢？难道就这样白白放弃机会，甘愿受穷吗？

经过仔细的思考，他终于想到一个好办法。他首先找到生产渔网的商家与其商谈，商家同意只要他能拿到足够多的订单，就可以不用现金为其提供产品，待渔网销售到客户手中后再付清欠款。于是，这个日本人就非常努力地到各家推销其产品，由于没有店铺资金的拖累，又加上不用为各种税收担忧，他就将产品价格定得较低，同时产品质量又很不错，很快，渔民们便争相订购。数月后，他就收集到了足够的订单。看到这么多的订单后，厂家按照当初商定的办法把货物交给了他。最终，他不耗一点资金就实现了创业的梦想，并从中大赚一笔，从此走上发家之路。这样的例子在现实中可谓比比皆是，其实，机会全系于每个人的眼光之中，一旦发现商机，就要坚定地走下去，收获迟早会有的。

同样的方式可以应用于团体旅游。集合一批游客到同一个景区去旅游，买到的就是团体价，这个价格和个体票差距不小。从事这个行业的人，早就赚得钵满盆盈了。只要留心观察和思考，这样的商机随处可见，倘若你发现了，无论是自己操作或联合朋友一起干，都能开拓出一条轻松的致富之路。

而今，创业早已不是蛮干人士的天下了，大学生拥有聪明的脑子，只要稍微思考一下，就能发现身边无限的商机，又何必去抱怨工作不好找呢？当然，如果你没有这样的眼光，又没有其他的本事，那么也可以先到企业里去锻炼一下。不过，无论身在何处，只要保持一个不断运转的头脑，经常观察思考，商机总是会冒出来的。有人的地方就必然存在需求，有需求存在就必然存在机会，关键就在于你怎么运用你的头脑。

2.中介

前些年，有一位相声演员讽刺社会上多如牛毛的公司时说："如果从天安门城楼上甩下5顶帽子，就会有4顶落在经理头上。"这当然是夸张的说法，不过随着市场经济的发展，我国行行色色的公司迅速多了起来。公司一多，经理当然不会少。人们对于那些没有实体、只能到处找机会买空卖空的公司有一个很形象的称呼——皮包公司。这样的公司，其实质就是中介。

开办皮包公司的人，通常拿着一个公文包，里面没有别的东西，只有笔、烟、打火机,如此而已。这种公司走的是信息和关系的路子，吃的是"百家饭"。皮包公司的存在也有其自身的合理性。在改革开放之初，各种信息流通不畅，正需要一批人做中介，将商品的生产者与消费者联系起来，互通有无。皮包公司的出现正好顺应了这一特点，成为一种独特的创业模式，故而，在一段时期里能大行其道。现在，市场经济逐渐走上了正轨，各种信息的流通渠道极为畅通，对皮包公司的讨论逐渐烟消云散了。皮包公司的最大特征是公司被装在皮包里，没有高大的厂房，没有宽敞明亮的写字楼，也没有漂亮的秘书小姐，因此极大地节省了成本。

【案例1】 金斯顿技术公司是1992年成长最快的一家私人公司，它仅有员工220人，却创造了5亿美元的销售收入，人均销售额达到230万美元，这一数字是苹果公司的5倍。《商业周刊》说："金斯顿公司代表这样一种趋势，它既实现令人难以想象的增长，又始终维持自己特有的组织结构形式，并以这种组织形式，将其竞争对手通常需花10天去考虑的事情，缩短到只有几个小时就可搞定。"

那么，金斯顿公司是怎样运作的呢？这里有一个现成的例子。

一天，电脑王国公司在洛杉矶的一个分支机构接到美国银行的一个电话，后者要求立即提供100台个人电脑。这家银行特别要求电脑必须有大量的额外内存和其他一些新的配置，而且可运作微软公司的个人视窗系统，此外还能和银行其他的计算机网络连接。

金斯顿公司立刻开始行动，只用几个小时就研制出这种有特殊要求的电脑，接着把工程设计书交给一个重要的合伙人——埃克斯布莱斯制造公司，让其专门负责电子零件的装配。埃克斯布莱斯制造公司马上清理出生产线，装上金斯顿公司订购的电脑零部件。就在当天下午，电脑送到了金斯顿。傍晚之前，金斯顿就完成了电脑的全部测试工作，并通过费德速递公司将货送到电脑王国公司。那一周的周末，美国银行的计算机就已开始正常运转了。

点评

金斯顿公司向人们展示了这样的信息：一个公司的结构没有必要样样俱全，只需要做自己最擅长的事情，而把其余的事情交给另外的行家去完成，不仅可节约大量时间，还可节省空间与人力。因此，全球最大的电脑芯片供应商——英特尔公司总经理格罗夫感慨地说："用垂直方式组织的公司做到的所有事情，都能花更少的钱由以水平方式组织的专业公司的集合来完成。"

中介公司的运作方式对于那些还没有创业却试图创造万能公司的人来讲，是一个提醒。创立一家公司，就要从自己最擅长的方面做起，做家具的没有必要从经营伐木场开始，因为那里有专业人士在工作，而且比自己做得更好。

【案例2】 爱德华是美国一个著名的商人，可是如果要对他的公司做一个正确的描绘，的确是一件非常困难的事情。他组建了一个名叫"及时雨能人群"的古怪的咨询公司。爱德华并没有雇佣大量拿哈佛大学工商管理学硕士学位的人，甚至没有雇佣一名秘书或招待员，但他有一种特殊本领，能在最短的时间里召集经理、技术专家、商品专卖商。不管顾客需要什么样的人，他总是可以在最短时间里找到，然后把他们集合起来，为某个具体的项目服务。

在爱德华承接的最大的一个项目中，该公司汇集了20人，并把他们分成4个小组来帮助第一洲际集团提高其信用卡、贷款和存款业务的现代化程度。该小组在该项目上工作了约3个月，帮助这一银行实现了1400万美元的盈余，然后就解散了。爱德华的公司又恢复了"独行侠"面目。

我们耳边肯定响起过这样的埋怨：想创业可是没有资金，没有技术，没有经验等等。这当然是事实，但我们要相信，一味地抱怨社会的人也是很难成功的。只有灵活运用自己的商业头脑，对身边的信息进行有序加工，才能窥察到其中的机会。试想，有了明智的头脑，还有什么事情不好解决呢？大千世界，各类资源应有尽有，如此丰富的资源不去利用，怪谁呢？

当年钱学森准备从美国回国的时候，美国有个将军百般阻拦，他说无论钱学森准备到哪里，都能抵得上5个作战师，知识的力量由此可见一斑。现在已是和平年代，知识的力量又以别的形式表现在我们面前，最重要的形式就是金钱。尽管这句话很有争议，但我们可以设想一下，一个受过高等教育的大学毕业生，却不能将学到的知识转化为资本，到头来只能去和普通劳动者竞争岗位，那么，会有多少人相信你的知识和才华呢？我相信大家一定看不起这样的“知识分子”。

点评

以上这些中介性质的公司，和我们通常听说的不太一样，这是更高层次的中介，或者说是知识型的中介。这样的创业模式风险较小，成功可能性高，且投入的资金也不多，最后的收获却很大。今天，各种类型的人力资源无一缺乏，关键是看如何更好地利用。只有合理组织利用，才能促成事业的繁荣。

不知你在逛街时有没有注意到，许多民工身边摆个小木板，上面写着“木工”、“电工”、“泥瓦工”等，这就是民工资源，且是有一定技术的人力资源。装修公司只要有了客户，并为客户设计出了效果图以后，就会来这样的地方搜寻需要的各类人才，一旦这个工程结束后，大家便散伙了。对于装修公司而言，自己不用花钱来养这么多的工人，同时又不缺少相应的技术，确实再好不过。对于中国这个人力资源过剩的国家来说，此类创业模式也是一种趋势，必定会得到更多创业者的推崇。

我们不妨再思考一下，看看还有哪些方面适合发展这样的中介公司。如果能提供这样一个平台，无论你需要什么样的人才，都可以在这个平台上找到的话，这样就综合利用了整个社会的资源，无论是对国家还是对我们个人而言，都是桩好事。

广泛为企业有偿挖掘人才的猎头公司，早已由舶来品适应了中国的水土。但就目前来说，猎头公司在中国大陆还是处于一种很不成熟的状态。中国猎头业是一个尚未深采的富矿，在国外，猎头是个比较赚钱的行业。依照国际惯例，猎头公司为客户物色到一名高级人才，可获得其年薪30%左右的佣金；如该职位年薪高，其比例可能提高到60%至100%。而猎头公司所物色的“猎物”，年薪一般都在10万美元以上。也就是说每介绍一个人才，猎头公司就能从中获利几万甚至几十万美元。国内的猎头公司由于经营运作上的不成熟以及市场方面的原因，收益要差一点。不过国内一般排得上名的猎头公司，年收入也都在200万至1000万元不等。

当前国内的猎头市场大抵可分为高端市场和中低端市场。高端市场的对象更多的是CEO级别的高层职位，这些人的年薪一般在10万美金以上；而中低端市场主要集中在部门经理级别的中层职位。一般来说，中国的猎头公司很少涉及高端市场，主要在中低端市场里拼杀。高端市场多涉及一些跨国公司或商界高层。就国内猎头公司目前的状况来说，一般都比不上国外的大猎头，因为他们无论在资金、管理还是在经验上都略逊一筹。

不过，国内的中低端市场却是很有挖掘潜力的。对于国内的猎头们来说，现在还是他们的起步阶段。目前国内也就两三千家猎头机构，其中北京、上海就占了绝大部分，其他城市不是数量很少就是空白。由此可见，猎头业在我国的市场潜力依然非常大。

做猎头公司到底难不难？一时很难回答。对于这个新兴行业，人们是跃跃欲试而又顾虑重重。猎头公司其实就是一个“媒婆公司”，专为高级人才牵红线。因此，对于猎头们来说，一条“三寸不烂之舌”和一双“火眼金睛”是两样必备武器。虽说猎头们玩的都是“空手道”，但要做一个成功的猎头其实并不简单。专业的猎头，一般都具有良好的人事背景，能为企业提供人力资源开发的指导性建议；他们需要品行优良敢负责任，不包装候选人才，能够提供候选人才的真实情况并能进行坦诚的交流；他们阅历丰富，至少担任过企业较高的职位，这样才能提供有参考价值的意见；他们还应该保守秘密，严守行业规范和职业操守；他们具备高超的沟通能力和技巧，这样才能准确地了解客户的真正需要。此外，专业的猎头还要具备较深的心理学、人际关系学等知识。

虽说是“行行出状元”，但行行都有风险。所以，创办猎头公司也不能蜂拥而上，你要权衡一下自己的实力，洞察业内的行情，全方位确定创业的可能性。正如失败与成功相随一样，风险亦与成功同行。创业不能“左倾冒进”，但也不能畏首缩尾，只要能正确地面对，用心操作，你也可以当个成功的猎头。

中介公司的投入相对来说是很小的。如果你实在是没有资金，却有相应的信息，并且有一副好口才，那就可以像本章开头寓言中那个聪明的中国人一样，仅凭一张嘴来回周旋就可成功。千万不要把这个寓言当作笑话一笑了之，只要善于利用自己身边的资源，没准你会比这个中国人更加成功。

【案例3】 一位英国的21岁大学生在短短的4个月内就从互联网上赚了一百万。他如何那么快就成为一个百万富翁呢？实际上，他并没有做什么非法的网上交易，只是在自己的网页上出售图片广告的位置，便在如此短的时间里赚了第一桶金。

这位名为Tew的英国大学生为能支付其大学学费，想出了一个好办法。他想，既然网站可以通过广告来挣钱，那么自己为什么不做一个呢？为了与大家的网站有所不同，他干脆将自己的网页变成一个广告粘贴栏，以每个格子100美元的价格出售给广告主。开始，他只通过亲朋好友来推销售卖这些图像广告空间，赚取了1千美元。接着，为了扩大客户群，他通过互联网开始向各大媒体和其他厂家发放广告。令人意想不到的是，市场反应十分强烈，来自不同行业的广告客户蜂拥而至。

到2005年底为止，他经营的网站总共卖出了911,800像素的广告图像空间。他的客户范围从交友网站到房地产中介，以至辐射到《伦敦时报》，种类特别繁多。而今，他的网站看起来就像一个网上的时代广场，被众多繁杂的图像广告所覆盖，给人一种特殊的观感。

他的这个网站其实就是一个广告中介，为其他公司提供广告平台，与其他网站不同的是它只有一张页面。正是因为这种独创，引得全球媒体争相报道。也许商家正是看到这样的潜在吸引力才在上面做广告的。目前国内也出现了不少类似的格子网站，但多为简单的抄袭拷贝，缺乏创新，所以，大都经营得不尽如人意。网络时代的神话有许多，但无论做什么，倘没有自己的独创，你在这个领域是很难有大成就的。

点评

一味模仿别人的做法很难超越别人，甚至适得其反。你要懂得模仿别人的是为了创造自己的，而不是单纯的拷贝，这才是模仿的本意。日本人曾在上世纪六七十年代不惜重金买进诸多欧美专利，进行模仿后开始创造自己的专利，如今，日本技术在世界上处于领先地位，尤其是电子产品领域的众多核心技术都掌握在他们手里。

由于中介的创业方式很特殊，模仿者也很多，但你完全模仿也是没有出路的。模仿过程中再加些自己的创新，才可在这个行业中获取一席之地。社会在不断向前发展，新的中介形式也随之不断催生，只要紧随时代发展脉搏，机会定会不断涌现在你的面前。

三、高处借势

何谓“势”？孙子兵法曰：“激水之疾，至于漂不者，势也。”湍急的流水，飞快地奔流，以致能冲走巨石，这就是势的力量。企业在市场竞争的商战中，只有占有优势，才可先声夺人。故而，企业无势者需造势，无力造势者需借势，有势者需用势，与孙子之说无不相通。

诸葛亮自出茅庐以后，极为擅长造势、借势、用势。刘备赴江东招亲时，赵云令荆州随行兵士俱披红挂彩入南徐，便是孔明造势之计。其目的在于制造出一种热热闹闹办喜事的舆论声势。用现代话来说，这既是表明来意的“安民告示”，又制造了广而告之的“轰动效应”。结果，这一轰动效应惊动了乔国老和吴国太，孙权和周瑜起先谋划的假戏不得不真唱下去，最后，刘备既得了孙夫人又保住了荆州。

小时候我们都学过寓言故事《狐假虎威》，聪明的狐狸之所以战胜强大的老虎，靠的就是借用老虎原本的威望。彼之优势，可成就己之强势。倘用商业眼光将这个寓言同现代社会相比较，你就会发现，老虎有不少，狐狸也有很多，狐假虎威的故事几乎每天都在上演，只不过现在体现的是双赢关系，是一种更深层次的合作。

为了便于分析，我们又将“借”的方式细分为以下几种方式，你看过后定会对这些模式有个更清晰的认识。

1.挟天子以令诸侯

“挟天子以令诸侯”，又可以称为尚方宝剑，典故出自三国时代。东汉末年，曹操利用袁绍的失误，抢先奉迎汉献帝于许昌，取得了“挟天子以令诸侯”的政治优势。曹操正确运用“挟天子以令诸侯”的策略，发展、壮大了自己的实力，为官渡之战的胜利和统一北方中国创造了良好的政治和外交条件。“挟天子以令诸侯”是曹操“人谋”的重要表现与结果，其作用的发挥取决于曹操的个人素质与曹氏集团的综合实力。实力较弱的曹操依靠“挟天子以令诸侯”的策略最终后来居上，此策略的威力可见一斑。如果把这样的思想融合在我们创业思想里，能不能创造更多的奇迹呢？答案当然是肯定的。

【案例1】 小吴2000年大学毕业，但他并不像别的同学那样盲目地找工作。本来他就不甘于为别人打工，毕业前，他就攒着劲儿要办一家自己的公司。由于刚毕业，没有太多的启动资金，所以，他决定从小公司做起。为了筹措到更多的资金，他决定找合伙人。

不久，他找到一位校友做他的合伙人。该校友也是一位颇具商业头脑的志士，而且该校友家底比较厚实。两人马上开始合作。合伙人自己还有别的公司，所以自公司成立伊始，主要由小吴来打理经营，而校友只是作为独立的股东，采取这种“挟天子以令诸侯”的方式，小吴轻而易举就拥有了自己的公司，从此开启了自己人生的创业生涯。

点评

万事开头难，正如这位创业者遇到的困境一样，但只要你坚持，就一定有收获。立志创业的人很多很多，点子也不少，却缺乏相应的资金作为资本。与此同时，我们身边也不乏资金充裕的人，如果能够说服他与自己合作，“挟天子以令诸侯”，资金问题不就解决了吗？这样既融来了缺少的资金，又招来了一些得力的助手。只要通力合作，成功的希望很大，起码可积累自己的第一桶金。不过，“挟天子以令诸侯”这个典故本意就是利用名气，联系到我们的现实生活，这样的创业例子也不少见。香港知名的企业家霍英东，当初第一笔生意也是靠“挟天子以令诸侯”来完成的。

【案例2】 1945年，22岁的霍英东正在帮母亲打理驳运生意。由于战争刚刚结束，大批的战后遗留物资在香港岛上堆积如山，当时的港英政府准备拍卖这些剩余物资。于是，大大小小的拍卖通告开始见诸于报端。年轻的霍英东凭着自己敏锐的商业眼光，看上了其中的40台轮船机器。可是那时的霍英东一无所有，为了获得进入拍卖会的资格，他不得不向妹妹借了100港元。在拍卖会上，霍英东以1.8万港元中标。100元尚须向别人借来，他又上哪儿去找1.8万呢？他随即转向朋友推销这40台机器，朋友很感兴趣，愿意出价4万元买下，霍英东空手套白狼的生意就这样做成了，他获得了平生的第一桶金——2.2万港元。

即便现在看来，霍英东的这种创业模式依然让我们耳目一新，100港币撬动2.2万港币，的确是惊人之举。这些产品就是霍英东的“天子”，无论他使用了什么样的手段，反正这些产品是归他了，如果别人想要，就只能和他谈了。试想，有了这样的条件还怕什么呢?不过实施这样的手段，没有一定的胆量，是不可能成功的。

点评

这虽然是小小的一笔资金，可对于霍英东来说，心理上的收获比金钱上的收益更重要，因为他以此证明了自己的实力并坚定了他冒险的决心，这才有了后来南沙冒险淘金的历程。如果没有这次成功，很难说他是否会坚持下来。可见，虽然第一次赚取的资金不是太多，但从中体会到的创业哲理却是他毕生的财富。

【案例3】 陈天桥被誉为网络游戏运作的始祖，他在创业之初采用的也是“挟天子以令诸侯”的策略。陈天桥酷爱游戏，1999年，在网络热潮声中，陈天桥捣腾出了50万元的启动资金。在那年的11月份他创办了上海盛大网络发展有限公司，创办了以动画、卡通为主的网站，还开出了“天堂硅谷”的虚拟社区。

盛大做了一年的动画，还没有等到网站盈亏平衡，网络业便开始走下坡路。2001年初，他决定放弃投入期长、回报期也长的网络动画，回到网络游戏的经营。正巧，那时正好有一个叫做ACTOZ SOFT的韩国公司来到上海，寻找网络游戏《传奇》的运营商。双方于6月29日签订授权协议，盛大用30万美元的入门费和27%的分成获得运营权。

此协议签订后，盛大所剩的钱仅够公司支撑2个月。可以这么说，签约后的盛大基本上就没有钱了，这时候，盛大公司一方面要等着韩国人将游戏汉化，另一方面需要为公测做准备，服务器、带宽、人员等一切需要钱的事项都堆到陈天桥面前……怎么办呢？“挟天子以令诸侯”正是在这个时候派上了用场。既然自己有了游戏的代理权，就相当于有了一柄尚方宝剑，别人可以不信陈天桥，但不能不信这个尚方宝剑。

陈天桥拿着和ACTOZ签下的合约，开始到处“号令诸侯”。他找到浪潮、Dell等服务器厂商，告诉他们自己要运作这个大游戏，申请试用机器3个月。然后，他拿着服务器的单子找到电信运营商说，服务器都有了，我们需要很大的带宽等等。就这样，陈天桥手头的钱让盛大撑过了2个月的游戏测试期。因为服务器价格高昂，盛大就想到了一个以租代购的办法，他们和服务器厂商——上海热线达成协议，先租用设备后付费用。租用了20几台服务器之后，盛大又拿着设备到电信那儿去抵押运营，然后在全国网吧发行，绕开了传统的分销商。这样，仅1年收入就有1亿多人民币，让人瞠目结舌。

点评

有能力利用已有资源，并将其最大程度套现，是一种智慧高超的表现。陈天桥在当时就是这么做的。今天看来，盛大只不过是为当时的浪潮、电信创造了一个预期收益，而最终达到多方共赢的效果。这就是盛大的“空手套白狼”之策，空手也能套到狼，不是智慧又是什么呢？

市场经济的基础假设，就是人皆是自私的，每个人都想将自己的个人利益最大化，而结果是人们在利己的同时达到了利人的目的，最终个人利益与社会效益都达到了最大化。说到钻空子，商人的天性就在于利用现有资源，使其最大限度地利益化。钻空子不奇怪，如果眼见着空子摆在那里都不敢或不愿去钻，那才奇怪。

【案例4】 在这种空手套白狼手法的运用上，陈金义与盛大颇有异曲同工之妙。只不过盛大是用诺言和前景制造预期收益，而陈金义则不折不扣地钻了政策的空子。陈金义立志创办一个蜂蜜加工厂，但建一个蜂蜜加工厂需要30万元，而当时陈金义手头仅有3万元。他将这3万元存入银行，随后又利用这3万元做抵押从银行贷出6万元，又用6万元做抵押，贷出12万元，如此一直到贷出办工厂所需的30万元。蜂蜜加工厂办起来后，陈金义的事业也逐渐走上正道。

点评

现在，这样的创业方式在银行业已经不存在了，可是这种商业智慧还是继续闪烁着光芒。至于它在其他行业是否依旧存在，就要靠你精明的头脑和锐利的眼光去发掘了。相信这样经典的商业智慧是无处不在的。

【案例5】 小王是一位大四的学生，他想做一个供校内学生交流的网站，但是他对做网站一无所知，怎么办呢？从头学肯定来不及，那就只好借助众人的聪明才智了。

他首先说服一个与他关系不错的同学一起来准备这个计划，成功之后，他又以两个人的合作基础作为资本去说服第三个同学加入其中……这样下来，不到一周时间，他竟然聚集了15位“身怀绝技”的同学。大家分工明确，各司其职，美工、技术、宣传等什么都齐备了。在大家的共同努力下，经过1个多月的筹备，一个真正的网站终于建成了。

点评

就这么一个简单的筹建过程，创始人也运用了高超的“空手套白狼”手段。这个案例就是利用了各自才干的资源力量，最终得以成功。这样的经历的确值得我们每一个有心创业之士认真揣摩、思考。仔细研究一下我们身边的案例，也许你会发现原来自己也可尝试操作自己想做而目前实在难以做到的事情，这难道不是智慧的恩赐吗？

【案例6】 当今信息社会，发财机会无不在报纸、杂志、电视、广播、网络等媒介中显现，有时，一则新闻就是一个金矿。这里要说到震惊全球的9·11事件。当美国人还在惊恐不安并对两座摩天大厦倒塌后堆积如山的钢铁垃圾一筹莫展时，一个精明的浙江人从新闻中得到消息后立即飞往纽约，提出帮助他们清除垃圾的建议，随后就签订了合同。

当美国人在一旁窃笑中国人犯傻时，浙江人已将日本、韩国等著名钢铁公司的人带到现场，将一堆堆优质废钢销售给他们作为生产优质钢材的原料，从而赚取了大把大把的美元。这回轮到美国人傻了——中国人空手套白狼的技术真是让他们大开了眼界，只有目瞪口呆的份了。

仔细想一下，当初你听到9·11事件的时候，有没有想到这其中也藏着这样一个商机呢？如果没有，那也用不着灰心丧气，更不要误认为自己没有商业头脑。其实不然，只要你在生活中经常把自己看到或听到的事情多和商机联系起来进行分析，天长日久，就会培养出一颗充满智慧的商业头脑。相信在以后的某个时候，你肯定会像那个浙江人一样，在第一时间里悟出其中的商机，成就辉煌的事业。

号令诸侯容易，可最难的在于如何挟住“天子”，也就是说，挟“天子”以令诸侯只是手段，机会才是主要的。如果发现不了这个“天子”，那一切还是无从说起。因此，生活中要时刻关注这样的机会，只要能够维系这样的决心，“天子”总会到自己身边。

困难对于每个人来说是绝好的锻炼，其实，这些困难并不可怕，可怕的是对自己没有信心，看不到未来的希望。我们正处于一个朝气蓬勃的时代，加上同样朝气蓬勃的年龄，理应努力创造一些朝气蓬勃的事业，不辜负自己的黄金光阴。可是如何找到“天子”呢？我们继续往下分析。

中国历史悠久，民族传统源远流长，有很多医疗配方、偏方流传于民间，有些具有很高的价值，但由于拥有者本人不懂得加以利用，白白让其浪费掉了。如果你能发现这一机会，那恭喜你，你已经成功一大半了。换句话说，这些专利或配方就是我们前面所说的“尚方宝剑”，也就是“天子”。

【案例7】 朱保国大学毕业后，在其家乡的一个商店里工作了两年，此后进入一家化工厂做技术员。1988年，他以5000元起家，出任一家化工企业的厂长，生产化工产品，但由于“三角债”，庞大的流转资金一年半内尚未回炉。

1992年，朱保国到新乡机床厂与外商合资的一家深圳企业担任总经理，期间，他无意中听说当地的一个老中医发明了一种女性保健口服液配方。富有商业头脑的朱保国预感到今后女性保健品市场的广阔前景，用“激动不已”来形容他当时的感受，确实不为过。于是，他多方打探老中医的住址，登门拜访请教，经过反复试探，终于确定了产品的性能。有这样的大好机会摆在面前，朱保国按捺不住内心的激动，便和老中医商量买断专利之事。在他的努力之下，老中医终于愿意以9万元的价格卖给朱保国。

朱保国带着这种保健品的配方马上赶赴深圳，说服两个合伙人以55万美金注册成立深圳爱咪尔食品有限公司，开始生产后来闻名内地及港澳的“太太口服液”。这种新产品凭借其优良效果，迅速热销全国，朱保国也终于掘到创业的第一桶金。联系到上一节我们介绍的“挟天子以令诸侯”，可以发现，这些藏在民间的专利就是我们的“真命天子”，但如果不留心观察，即便身边真有这样的财富，也未必能被挖掘。

【案例8】 袁宝璟毕业后被分配到中国建设银行工作。为了进一步发展，1992年，袁辞去银行的工作，到北京怀柔注册公司，首先将目光瞄向了大专院校和科研院所的大量科研成果。他认识到，在大专院校和科研院所里有许多经过论证和鉴定之后就束之高阁的科研成果，这里面埋藏着取之不尽、用之不竭的宝藏。袁宝璟很快相中一个 “小黑麦”的项目，决心将之实现产业化。“小黑麦”大丰收后，这个麦种很快占领全国市场，当年袁宝璟便获利200多万元，成为他的第一桶金。

点评

袁宝璟的创业手法在目前的中国具有巨大的现实意义，可供所有创业者借鉴、参考。除此之外，不知道你是否还能想到其他的渠道呢？现在国家鼓励个人发明创造，每年都有很多个人专利通过国家专利局公布出来，这些专利中，有很多具有极大的价值，只要你用心查询，必然会有重大发现。这也是改变自己命运的机会，机会可以等待，当然更可以主动寻找。

【案例9】 李久鸿是湖北省安陆市的青年农民，高中毕业后，开过电器修理部、沙石场，卖过建材，做过小餐馆，但结果都不很如意。1999年，30岁的李久鸿到江苏海门接手了父亲和舅舅合办多年的一个家纺企业，开始为法国一家企业做家纺贴牌，把加工好的产品贴上那家法国企业的商标，由外方销售到西欧等地。

贴牌生产，就是做OEM代工生产活，其中一个目的，就是利用中国众多的廉价劳动力。这类生产模式的利润很薄，一般在5%左右，而且国内有几个厂家同时为这家外商做贴牌，他们给李久鸿的订单忽大忽小，所以，他的生意十分被动，而外方贴牌销售赚取的利润却非常丰厚。

不久，李久鸿了解到法国阿芙萝这个商标在中国还没有被注册。这个家纺品牌已经具有一定的影响力，无论在哪里都能很快发展起来。李久鸿正是看中了这个法国品牌的影响力，2001年春天，他迅速向国家工商局提出申请，注册了阿芙萝这个商标。

两年半后的2003年9月，李久鸿注册的阿芙萝商标在国家工商局完成最后一道手续后诞生了。虽然是抢注，但是既符合国际商业惯例，又符合国家的法律法规，也无可厚非。后来经过谈判，法方同意和李久鸿合作，共同开发中国市场，而中方只需支付最新的研发信息费等部分费用。李久鸿就这样开始借船出海，主宰自己的命运，一举扭转了事业局面，开辟了一条新路。

类似的做法，还有google的中国域名，也是被人抢注的。谷歌到国内发展的时候，为了适应本地市场，不得不开出天价从抢购者手中购买过来。这个抢注者显然是成功的，他只是稍微借助一下对方的资源，就取得了不俗的业绩。

凡是有志于做大事的人，务必擦亮眼睛，时刻等待机会的来临。机会一旦从身边掠过，即使再细小也能和他的心灵产生巨大的共鸣，从而牢牢抓住机会。相反，那些“无心”之人，即使天天坐在机会之上，也看不到机会在何处。

可以这么说，可怜之人必有可恨之处，成功之人必有可贵之处，这或许就是大家所谓的命运注定吧。

点评

“挟天子以令诸侯”就是一种思想，一种谋略。只要掌握高端资源，就可以化被动为主动，轻松调动别人的资源或者力量为己所用，这些做法自古就是一种成功的捷径。不过，这不仅需要机会，更需要眼光。这里所言的“天子”一定不为大家所注意，否则肯定早被别的实力雄厚的人利用了。当年实力相对较弱的曹操轻易得到汉献帝后，迅速掌握了舆论的方向，实力立即大增。而他的对手袁绍始终不看重这个资本，故在后来的征伐之战中处于弱势地位，这些都是典型的空手道思想的鲜活案例。

2.狐假虎威

这个成语来自一则寓言故事：出外觅食的老虎抓到一只狐狸，狐狸却说：“您不该吃我！天帝派遣我来做各种野兽的首领，现在你吃掉我，是违背天帝的命令。如果你不信，请跟在我后面检验，看看各种动物遇到我有敢不逃跑的吗？”老虎将信将疑地跟在狐狸后面走。野兽看见老虎来了，都吓得逃跑了。老虎并不知道群兽是害怕自己逃跑的，因而上了当。狐狸不仅凭自己的智谋逃出了虎口，还要弄了一下老虎，由此产生了“狐假虎威”这个成语。这个成语大多用来比喻依仗别人的势力欺压弱势群体，不过在这里，我们就是那只聪明的狐狸，须借助各种狐假虎威的效果来达到自己的目的。

巧妙地运用“借”字对我们来说真可谓事半功倍。卡尔·阿尔布雷克特曾给年轻人提出如下忠告：如果你想轻松地使自己获得成功和财富，又不耗费多少投入，就要学会巧妙地运用“借”字，这是最高明的一种手段。你没有本钱没关系，但可在不违反法律和道德规范的前提下，巧妙借助他人的财力和物力为自己谋取财富，把“借”来的资源暂时当作自己的并加以合理运用，当然，“借用”完毕后一定要“归还”。

在许多赫赫有名的大企业中，赤手空拳闯天下成为大老板的人并不在少数。这时，有魄力的创业者都会找银行帮助。银行是赢利机构，让它对你进行投资，它必须考虑这笔投资将来的收益及这笔投资是否能如期收回。如果你的投资计划不能赢得银行支持，又急需钱的话，就必须做抵押贷款。可是你除了头脑外，上无片瓦，下无立锥之地，恐怕也只能“望银行而兴叹”了……且慢叹息，请你看看这几位公司创建者是如何从银行那里“借”到钞票的。

【案例1】 洛维格是美国有名的大富翁，他采用的抵押方式贷款法，开创了美国银行界贷款方式的先河。当时，运油比运输普通货物赚钱，而买普通货船又比油轮便宜。洛维格就琢磨着买一条货船，改装成油轮，从事石油运输。但当他向大通银行申请贷款时，银行职员告诉他：“贷款可以，但你必须保证将来能够归还本息。”洛维格当然满口答应，银行却不管他如何信誓旦旦，坚持要他提供贷款抵押。

洛维格只有一条破烂不堪、勉强能航行的老式油轮，其价值连新式货轮的一半也不到，根本不可能指望用它去抵押。尽管如此，洛维格却没有放弃，他想，如果将这条轮船租借给一家信誉好的石油公司，用它的租借费用偿还银行的本息数目，银行因石油公司的关系，也许会给我贷款。

他再次来到大通银行，试探地问：“我现在有一条船，正被西方石油公司租用，如果把这条船先过到银行门下，你们直接跟石油公司收取租金，以此来偿还我每月贷款的本息，如何?”

这种银行贷款的担保方式在当时还是新鲜事，经过一番争论，大通银行决定给洛维格一次机会。

虽然洛维格谈不上有多少财富，也缺乏足够的信用度，西方石油公司却是响当当的牌子。洛维格借用石油公司的牌子，提高了自己的信用等级，很快借到一笔巨款。不久，这笔钱换作了一艘货轮，洛维格将其改造成油轮，航行于中东和美国之间。之后，他又用这条船做抵押，买了另一条船，循环往复，财源自然滚滚而来。

除此之外，他还想起了一种“双保险贷款”方式，也为当时银行家所采纳。

洛维格首先选定一艘还没有造好的货轮或油轮，然后向可能的顾主推销这条船，当顾主决定承租这条船后，他拿着与顾主的承租契约到银行申请贷款。在这种情况下，银行只能收取很少的本息，甚至是一文钱也不能收。而一旦船造好后，租金就归银行所有；等到若干年后，洛维格不仅能把贷款还清，还可把船开走。换句话说，他没有花一分钱，就成为正式的船主。

洛维格就是靠这种别出心裁的想法，实现了自己的发财梦想，最后发展为美国的大财主。也许有人要说，美国的情况跟中国大不相同，在美国可以做的事情，中国未必可以做，因为中国银行的每一笔贷款都要经过严格的审批，洛维格的办法也只能是看看或试试而已。这无疑是鼠目寸光的看法。

点评

“借”，不仅仅可以借资金、技术等要素，还可以借助名人的名气。伦敦一家曾经门可罗雀的珠宝店，为了摆脱其岌岌可危的困境，抓住人们对黛安娜仰慕、倾倒的心理，对顾客这样介绍说：“这是黛安娜王妃前天选购的那种项链。我想，你一定也喜欢它。”那些“爱屋及乌”的黛安娜迷们，立刻抢购“黛安娜王妃”所赏识的首饰。老板满面春风，亲临柜台，热情地为每位太太和小姐介绍“黛安娜王妃”喜欢并购买的那种项链。不久，那些爱赶时髦的黛安娜迷们从各地蜂拥而至，使得这家珠宝店一时门庭若市，车水马龙，仅几天的营业额就超过了开业以来的总营业额，着实发了一笔大财。

【案例2】 美国一出版商有一批滞销的书久久不能脱手，便给总统送去一本，并三番五次地征求总统的意见。忙于政务的总统没有时间与其纠缠，便随口应了一句：“这本书不错！”出版商如获至宝般地大肆宣传：“现在有总统先生喜欢的书出售。”于是，这些滞销的书不久就被一抢而空了。

不久，这个出版商又有书卖不出去了，他又送给总统一本。总统上了一回当，想奚落他一下，便说：“这本书糟透了。”出版商听后大喜，遂打出广告：“现在有总统讨厌的书出售。”结果，不少人出于好奇争相购买，书随之脱销。

出版商第三次将书送给总统的时候，总统接受了前两次的教训，不置可否。出版商却大做广告：“现在有总统难以下结论的书出售！”居然又一次大赚其利。

点评

借名人的名气是一种很有效的经营方法，但使用这种方法应当注意，所提到的名人必须是大众认可的，而他确实与产品有关，只有这样才能真正起到引起人们的注意和兴趣的效果。如果这种方法使用不当，也就是说如果你所提到的名人过时了，或者与你所经营的产品的关系牵强附会，只能引起顾客的反感，从而带来负面影响。

【案例3】 马化腾推出了网上即时交流平台ICQ的中国版——OICQ(也称QQ)。随后QQ迅猛发展，目前注册用户已超过1亿人，每天独立上线人数达到1200多万，独占中国在线即时通讯软件市场95%以上的份额，几乎覆盖所有中国网民，QQ的卡通形象——一只憨态可掬的小企鹅也渐渐被数以千万计的网民所熟知和喜爱。

此时，以经营礼品进出口起家的广州东利行公司，看准了QQ小企鹅形象在商业领域良好的拓展前景，便在2000年12月与QQ的所有者腾讯公司签署了为期7年的QQ形象有偿使用协议。

一个企鹅的形象到底能够带来多大的利润空间？这对一直经营礼品进出口的东利行来说再清楚不过了。从一开始，他们就已经有了一个清晰的赢利设想。这个赢利设想或赢利模式的“专利”并非专属于东利行，其思路来源于运用卡通形象获得暴利的迪斯尼公司。东利行需要做的只是将此模式移植过来，就可更好地保证获得成功。

美国迪斯尼公司是这一模式的缔造者和忠实实践者。它将同一形象以不同方式包装起来，米老鼠、美妮、小美人鱼等卡通形象频频出现在电影、电视、书刊、服装、背包、手表、午餐盒上，后来还出现了相应的主题公园和专卖店。每一种形式都为迪斯尼带来了丰厚的利润。

其实，在签署协议前，东利行就对QQ用户进行了深入调查，发现乐意通过QQ聊天的用户以年轻人为主，而他们对时尚产品的购买能力极强。于是，东利行提出“Q人类Q生活”的卡通时尚生活概念，把衍生产品消费群定位在14至26岁的青少年。随后，东利行相继开发出精品玩具系列、手表系列、服饰系列、包袋系列等10大类

106个系列，总共约1000种带QQ标志的产品。

如果你以为东利行会拿自己的钱进行投资，生产这些产品，那你就错了。多年从事进口业务的经历，使他们很清楚在国外十分流行的一种创造利润的手法：形象授权。实际上，东利行正是凭借这个授权掘到了他们在QQ上的第一桶金。所谓的授权生产，就是将某一形象或品牌的使用权通过收取一定的使用费授予生产厂家。厂家得到的好处是，可以通过已经为人们所熟知的形象或品牌迅速打开市场。

东利行在QQ上的获利是累加式的。他们先通过授权获得一笔收入，当授权产品种类达到一定数量的2001年，东利行的第一家“Q-Gen”专卖店就在广州最繁华的北京路步行街开业了。专卖店一开张就受到Q迷们的大力追捧，日营业额已逾10万元，超过了同一条街上的原有“铺王”佐丹奴专卖店。

东利行还有第三步，即广招加盟合作商。开专卖店并不是东利行获取利润的最终方式，在他们的计划中，最大的利润将来源于加盟商店。说白了，广州北京路上的专卖店不过是东利行的一个样板店，它的用处是向潜在的加盟者展示可观的商业效益。换句话说，广州北京路上的专卖店不过是东行利抛出的一个饵，他们的目的是钓后面更多的鱼。短短数月，“Q-Gen”已经拥有了100多家加盟商，遍布全国各大城市。

一个小小的卡通形象，就让东利行在极短的时间内尝尽了甜头，由于QQ的知名度，部分QQ商品的毛利率竟达到50%以上。

【案例4】 “超女”风潮势不可挡，精明的商家自然不会放过好机会，与“超女”沾边的各种产品都被相继挖掘出来。饰品行业一向是最敏感的，加上超女的疯狂fans们也正是饰品店最主要的客户群，商家们自然不会忽视这一点。随后，在长沙、深圳、杭州等地都出现了以“超级女生”命名的饰品店，但这些店真能赚到超女fans的钱吗？说不定还会反蚀一把米。“超女”当中绝对有商机，不过，如何合理合法地利用商机，就需要商人们费费脑子了。

这其中，一家名叫“超级女生”的饰品店让人耳目一新。乍一看，这家店的店名及所卖商品的标志“超级女生”，除“生”字不一样以外，其他部分，包括商标的颜色、设计的线条等跟当时国内热播的娱乐节目“超级女声”非常相似。

“超级女生”店主说，虽然非常相似，但此“超级女生”非彼“超级女声”。她也正是看中这种相似性，才投资开这个店的。她接着说：“去年湖南卫视开始播‘超级女声’的时候，北京一家公司看准机会抢注了‘超级女生’这个商标，并以连锁店的形式销售女孩用的饰品。现在全国已经有70多家店了，在深圳我们是第一家，生意很好。”

随后，店主又补充道，的确有不少消费者误认为“超级女生”跟“超级女声”有联系。从门外路过的不少年轻女孩还经常发出“啊，超级女生”的尖叫，接着冲进店里来。还有不少顾客坦言就是冲着“超级女声”来这里买东西的。

点评

这种借用名人或成功企业的操作模式，可以获得相当大的成功。其实我们天天看的《参考消息》、《读者》等报刊、杂志，其创作思路同样遵循的是这种思想。以此类推，不知道又可发现多少相似的成功事例？我们自己能否靠这种思路创业呢？当然可以，只不过你没有去仔细思考，或者你发现了机会却对自己没有足够的信心，这无异于白白浪费了自己的创意。

上面这些案例都是借用别人的名气或实力取得成功的，难道就不能借用自己的实力去获得成功吗？当然可以了，但不是任何人都可效仿的。

3.引火烧身

引火烧身，原意喻指自讨苦吃或自取灭亡，是个贬义词。不过在现在的信息时代，引火烧身已和当初的意义不太一样了，表现最突出的就是娱乐界。因为娱乐界的创业方式比较独特，只有少数人才可成功，就像买彩票一样，机会不大，不值得效仿。而本书阐述的创业方式正是为方便多数人的，故不多加介绍关乎娱乐界的创业。引火烧身这个词绝不是娱乐界独有的，对很多行业的高级人才特别实用。

【案例1】 方兴东，清华大学博士。1999年3月，他趁世界首富比尔·盖茨在中国推销“维纳斯计划”之际，在《南方周末》发表《“维纳斯计划”福兮福兮》一文。同年5月，方兴东与王俊秀合作出版《起来——挑战微软霸权》一书。方兴东以斗士面目激昂出现，与世界首富比尔·盖茨公然唱对台戏。虽然到目前为止，大多数人仍搞不清楚什么叫“维纳斯计划”，但因为微软和比尔·盖茨的原因，并不妨碍方兴东一夜暴得大名。

1999年9月，方兴东趁热打铁，与人合伙成立互联网实验室，注册资本金10万元。两个月后，两位风险投资商慕名而至，投资200万元，占公司股份5%。以此计算，方等人的10万元投资，在两个月之内便升值并接近400倍，创造了惊人的神话。方兴东之所以这么容易成功，很明显与他清华大学的博士头衔分不开，但像方兴东这样的人才，在社会上还有很多，诸公完全可以效仿方兴东的做法，一旦选择合适的项目，资金总会有人愿意出的。

方兴东这样的创业方式，现在看来的确有一定的局限性，只适合各个大学的教授、学者、研究员等学术性人才。因为自己首先必须有过硬的知识作为资本，可以说这种创业方式进入的门槛很高。现实生活中，这样的博学之士并不少，但不知道什么原因，真正下手大干者微乎其微。对国家而言，这也是一种人才浪费，明明有一身真本事，却不积极开发利用，“空老于户牖之下”，实在可惜之极。

大多数即将毕业的大学生，基本的从业思路就是先在大公司里锻炼一下，然后再自己创业，这确实是一个比较合理的方案。

但是大家都知道那个广为人知的实验：假如把一只青蛙突然放到沸水中，这只青蛙能迅速跳出水面逃生；假如把这只青蛙放到温水中去，然后逐渐加热至沸腾，它就没有能力再跳出困境了。太稳定的工作未必是好事，有志于创业的年轻人要时时提醒自己，以免被平淡的生活所麻痹。

清末红顶商人胡雪岩说过：“做事情如同中国一句成语，‘与其待时，不如乘势’，许多看来难办的大事，居然顺顺利利地办成了，就因为懂得乘势的缘故。”借势而起，借力而发，对胡雪岩来说可谓轻车熟路。有不少年轻人，仅靠一己之力去摇旗呐喊，以造成对自己有利的态势，殊不知这样的做法往往得不偿失。

真正高明的人必然是顺流而行，乘势而进。许多看起来难办的大事，能顺顺利利地办成，就因为当事人懂得乘势的缘故。无论是在企业工作还是自己创业，“借势”都是一个不可忽视的谋略。借父母之势、同学之势、朋友之势，甚至借用公司老板之势，这些力量可以更快地把自己渡到成功的彼岸，让自己少走不少弯路。

有可借用的力量而不知借用，单凭一己之力去奋斗，尽管精神可嘉，但也只是匹夫之勇，困难重重，前景不容乐观。这个社会，大家都接受了在家靠父母、出门靠朋友的法则，并且很多人都乐意有朋友向自己求助，这不仅表明自己的能力得到承认，还为自己以后的发展积累了人脉。

四、内部承包

人类是群居社会，这就必然产生彼此的交往，还会牵涉各种各样的利益关系。自古以来，人脉就是一种调动资源的重要手段，尤其在中国这个礼仪之邦。立志创一番事业，利用庞大的人脉资源，就会给自己带来新的突破。只要善于把握、打理和培植你的人脉，必然能聚集人气，进而深挖资源潜力，全面调动所需的资源力量。一旦有了这样的三头六臂，资金、技术、销售渠道等等便唾手可得，何愁大事不成？

美国大亨洛克菲勒在其全盛时期曾感慨地说：“与人相处的能力，如果能像糖和咖啡一样可以买得到的话，我会为此多付一些钱。”另一则名言更加直白地说：20岁靠体力赚钱，30岁靠脑力赚钱，40岁以后则靠交情赚钱。两者讲的都是一个意思：朋友多则赚钱的机会多。那么，朋友关系如何培养呢？卡内基训练大中华区负责人黑幼龙认为：完整的人际关系包含三个阶段：发掘人脉、经营交情、出现贵人。

现代社会，建立人脉远远不是过去所谓的“拉关系”那么简单，它已经从本意上深化开来，并涵盖了多层面的含义，务必用心去经营。要寻找人脉，就须主动出击；要找到想认识的人，就得想尽办法去结识；结识后，就得当自己的好朋友一样对待。当然，有人会提出质疑，经常吃饭喝酒的那是酒肉朋友，不见得真心相待。但发展人脉的出发点就是先“跑量”，再从中精选可重点发展的对象。而走好第一步，慷慨对人，让人感受你的大气和善意是非常必要的。

1.承包项目

有些人一听说“空手套白狼”就皱眉头，殊不知“空手套白狼”也有境界高下之分，比如人情创业就是空手道最容易实现的一个方式。同时，它又作为一种特殊的创业手法，值得我们借鉴。

在人情创业里面最易空手起家且风险最小的莫过于直接承包一个企业或者部门了。不过这种创业手段，在中国这个特殊的环境里，没有一定的关系是断然不可为的。我们所处的社会就是一个关系网，没有关系的人虽不至于寸步难行，可是必然会被身边的人所排挤，要想成功，谈何容易。

这个世界是有心人的世界，只要用心并充分利用身边的资源，就会有意想不到的收获。不然即使看到金山，也掘不出一粒属于自己的金子。在这方面，朱新礼就做得比较成功。

【案例1】 朱新礼原是山东省沂源县一名国家干部，官至县经委主任。1992年，他辞去工作，买下当地一家亏损超过千万元的罐头厂。所谓买下，其实打的只是一张长期期票。当时朱新礼并没有那么多钱，但他承担“用项目救活罐头工厂，养活原厂数百号工人，承担原厂450万元债务”等条件，将罐头厂拿到手。

朱新礼到底打的是什么主意呢？经过生活磨炼的朱新礼想到的办法是搞补偿贸易。补偿贸易是当今国际贸易的一种常用做法，但在当时的国内却鲜有人知。朱新礼通过引进外国的设备，以产品作抵押在国内生产产品，然后在一定期限内将产品返销外方，以部分或全部收入分期抵还合作项目的款项。基于这个想法，他一口气签下800多万美元的订单。朱新礼当时答应对方分5年返销产品，并逐渐还清设备款。

1993年初，在20多个德国专家和工程技术人员的指导下，朱新礼的工厂开始生产产品。正在这时，他听说德国将连续举办两次国际食品博览会，于是他立即购买机票，单刀赴会。在当地华侨的帮助下，朱新礼赶赴德国慕尼黑和瑞士洛桑签下一批生产3000吨苹果汁的订单，总金额约500多万美元。他由此掘得第一桶金，自此一帆风顺，生意越做越火。

点评

朱新礼这套“空手套白狼”的手法，如今被美其名曰“资本运营”。他的这套做法，对今天的创业者仍然具有极大的借鉴意义。现在全国面临关闭的国有企业、集体企业数以万计，如果你觉得自己有这样的关系与机会，为什么还不快快行动呢？如果你觉得自己没有起死回生的本事，不用担心，现在这个社会，什么样的人才没有呢？没有坏的资源，只有坏的配置，只要适当经营，肯定会使濒临破产的企业重新焕发勃勃生机，“白手起家”照样可以实现。正如朱新礼所说：“人活着就要奋斗，不奋斗就失去了人生价值。”此言可贵，让人感慨！

而今，中国正处于飞速发展的大好时期，国家给我们提供了一个和平稳定的发展平台，这个平台就像一座金山、一座宝库，等你去发现、开采和利用。要想采金取宝，就必须弯下腰、躬下身去行动，只有敢想有创新，敢干有行动，才能满载而归，才能创造更高的价值。要懂得如何整合内部资源，汇聚外部资源，以促成资源的最大化。另外，要做一个有心人、用心人，努力使自己的人生焕发更多光彩，不至于等到暮年回首人生时嘘唏生叹。

有资料统计显示，凡是成功的企业家，绝大部分都善于采用新技术、改进新产品。承包这种创业方式更是需要这样的人才。一般承包出去的企业不是经营不善、濒临倒闭，就是效益不见什么起色。还是那句话，没有坏的资源，只有坏的配置。既然这样，就说明企业制度存在问题，即便濒临倒闭，只要人还在，厂房还在，适当改变一下经营制度及经营方式，让企业起死回生甚至青云直上，也不是不可能的。厂房是别人的，产品也是别人的，人才遍地都是，自己几乎不需要太多投入，就有这么多资源可供重新配置，这难道不是个好机会吗？

有头脑的人不一定能够成为成功的企业家，关键是要看你如何运用自己的智慧。无论采用何种手段，只要能让一个企业起死回生就是能力的体现，没有能力的人无论在哪里都不可能干出成绩。

【案例2】 郑坚江的创业道路也是从个人承包开始的，这是20世纪80年代一种普遍存在的商业现象。

1987年，郑坚江向领导毛遂自荐，承包了一个只有七八个人，负债却高达20几万元的乡办小厂，开始生产电视机天线、电能表罩壳等产品。上世纪90年代初，他将一场危机变成了转机，并借此掘到了第一桶金。当时，国家强制淘汰DD282电能表，而郑坚江筹资400万元准备上马。在其他企业转产形成市场空白时，他为了寻找出路，说服了有关部门，开足马力生产DD282。短短四五年时间，企业共生产了1500万台电表，抢占了国内市场40%的份额，从而累积了近亿元的资产。

【案例3】 和郑坚江一样，做交警的修涞贵于1995年下海承包一家小制药厂。面对一个完全陌生的领域，修涞贵毫无畏惧，最终将一个固定资产仅有25万元，负债高达400万元的小厂发展成为一家大型药业集团。

修涞贵当时不懂什么是药厂，也对经商知之甚少。他到那家小药厂去看了一下，两扇破破烂烂的大门，根本没人管，四处杂草丛生，给人一种凄凉感。不过，他并没有放弃。重新开始生产的制药厂一共有6个老品种，其中因天麻丸的销量较大，修涞贵就想利用它来占领市场份额。通过对市场的充分调研，他看到天麻丸在市场上的同类伪劣产品价格只卖到一块七到一块八，而他的产品本身的成本价就有两块多。

为了同这些伪劣产品竞争并创造出自己的品牌，修涞贵决定在切实提高产品质量的前提下，从采购到生产各个环节不断降低成本，同时运用价格策略占领市场。修涞贵后来说："我们当时该卖多少钱呢？比较后，价格定为一块八。人家也打出一块八的价格，还有的是一块七。虽然我们的质量好一点，但消费者首先看的是价格，不太看重质量。后来我仔细一想，你不是不看质量嘛，你不看质量是因为你是经销商，老百姓则要看质量。想通之后，通过再次调研给出结论，定价一块七毛五，别人给你一块八，我给你一块七毛五，别人给你一块七，我给你一块六毛五……总之，只要你拿我的货，你给我卖出去就行了。老百姓用了，觉得不错，一定会回来购买。这才是正确的思路。"

依靠这种价格策略，修涞贵的天麻丸很快在用户中声名鹊起，不久，修涞贵就将这家小厂扭亏为盈。当初，修涞贵为占领市场份额而降价，宁可亏损，也要保证产品质量，这就是一个人的眼光长远问题。一旦市场占领后，再把价格提高，效益自然就来了，单价最高的还提到了两块五。就这样，产品依旧供不应求。通过诚信和质量，天麻丸成了畅销全国的产品。经过半年的时间，修涞贵不仅填平了账面上的亏损，并且实现利税12万元。到2000年的年初，他的制药企业资产总额已经达到了十几亿元。

点评

在特定的历史时期，机会总有一定的局限性。当时这样的跨行业承包很普遍，现在也有很多这样的机会。现在许多偏僻的乡镇企业同样面临此类问题，只因地处偏僻、信息闭塞，瞄到这些机会的人并不多，这无疑也是一种机会。

作为一名大学毕业生，我们都看到就业形势格外严峻，但为何不转化一下思路，从最容易被忽略的地方开始创业呢？之所以不选择这样的道路，很明显就是面子问题。常言说：越在乎面子，就越得不到面子。在大城市大企业工作的确很有面子，不过在这样的环境中，竞争也是最激烈的，倘若自己没有“两把刷子”，估计成功的可能性也是很渺茫的。

【案例4】 孙宏斌先在武汉读了大学本科，接着又在清华大学读了研究生，所学的专业都是水利。在进入联想前，孙宏斌在一个单位干过一段时间，1988年，看到联想的招聘启事，他觉得是实现价值的机会，便投身联想。

很快，孙宏斌成为联想的企业发展部主管，分管联想北京以外地区的所有业务。当时，郭为是联想公关部主任，杨元庆还是联想的一名工程师。1990年，孙宏斌被认为怀有从联想“独立”出去的企图，柳传志从香港飞回北京，整肃联想。不久，孙宏斌就被判刑入狱。

他后来回想，在联想之所以出现这种结局，主要就是他和柳总的性格都太强了。刚进监狱之时，他无论怎么也想不通，但后来他想到人总是要面对现实的，便慢慢适应了。他在狱中呆了两年半，每一天都很长，每一天也都是一样的，过一天跟过一年没什么分别。

那时，孙宏斌的长子刚刚出生不久。孩子尚在襁褓之中，丈夫已在高墙之内，孙宏斌的妻子当时之不易，可想而知。从监狱出来后，孙宏斌最先做的一件事就是和柳传志握手言和。据说，当孙宏斌的妻子听说他与柳传志聚会后哭了，说你忘了受的苦了吗？孙宏斌什么也没有说，只是沉默。

1994年，孙宏斌创办顺驰。当年8月，为获得比常规更快的发展，孙宏斌向联想借款，柳等人当即同意借出50万元。1995年初，在柳传志和中科集团董事长周小宁的支持下，顺驰和联想集团、中科集团成立天津中科联想房地产开发有限公司。背靠大树好乘凉，孙宏斌利用这些关系迅速在房地产行业占据了一席之地。

点评

按理说孙宏斌的创业不能算作承包，可是仔细分析就可以发现，其实和承包区别不大。别人承包的都是亏损的企业，孙宏斌承包的却是没有开始的企业，原来的顺驰地产其实就像联想集团的一个部门一样，不缺资金，更不缺关系。关系的重要性在地产行业不言自明。从中国人的感情因素很容易理解柳传志为什么会如此大力地支持孙宏斌创业，落脚点还是在于孙宏斌会做人，比较理智。如果当初他不是理智地和柳传志握手言和，顺驰地产要想这么顺利地发展，确实很难。企业家为什么能处处显出高人一筹的地方，正是基于理智分析的结果，这才是君子行事之道，谋士之策。

【案例5】 严介和也是靠承包起家的，不过他的承包方式更加另类了。

严介和人生的重大转折是从接触基建工程行业开始的。1992年，他注册成立了自己的淮安引江建筑工程公司，当时严介和只有3万元钱，其他7万元注册资金都是东拼西凑起来的。成立时，正值南京市绕城公路开工，严介和往返南京11趟得到一个不足30万元的配套涵洞工程，而且到严介和手里已是第五包了，光管理费就要交纳36%。当时大家都估计，这个项目亏损5万元是在所难免了。

令人想象不到的是严介和竟提出“亏5万不如亏8万，想办法多亏点吧”的说法，结果140天的工程量，只用了72天就干完了。严介和与他的员工在大年三十一路听着别人的鞭炮声，开着手扶拖拉机回苏北老家，但他确信，第二年春天来临的时候，肯定是春暖花开的时候。

果然，后来工程指挥部重新找到了严介和，原来，在对涵洞验收时，指挥部以各项全优验收。指挥部的负责人当即问到，这个活是谁干的，给我找回来……最终，严介和及他的公司在南京绕城公路项目中一举从杂牌军升级为指令性承包队，“哪里要突击，哪里有短腿，我们就去做”，严介和的团队总共揽到了3000万元的项目。到第二年春天绕城公路完工时，严介和的公司已净赚800万元。

点评

孙宏斌的君子行为让柳传志多少有些愧疚，故而赢得了柳传志最坚定的支持，成功也是意料中的事情了。严介和虽然没有直接利用人情去跑关系，他的高质量作品和优质服务却是最好的表现方式。“放长线钓大鱼”，持续努力，这才有了后来的成就。事后，他说当时一点也不惊讶，因为这一切尽在他的掌控之中。

【案例6】 王兆胜刚去北京打工时，就是靠一辆板车、几个人接一些小活做。正是在这期间，他认识了不少重要人物，为以后发展打下坚实的关系基础。1998年，北京大兴土木，实施燃气大改造，而恰巧此时燃气集团的一个主任是他以前的战友。在战友的关心下，他当然也接了不少工程，随后迅速发展起来。

也许一看到工程招标，你会觉得很有希望，其实在招标之前，工程项目大多已敲定，招标只不过是一个过场而已。所以，即使有再大的把握，任一个企业还是需要派一部分人员去做公关，这大概是时势所趋吧。倘若你已有很强的关系，即使没有自己的公司也不用担心，因为各种资质证明、各种各样的人才都是可以“借”到并予以利用的，这才是真正的空手道创业。

2.内部创业

内部创业是一种依托公司的资源背景共享成果的激励形式。主要是由公司内具有创业愿望和理想的员工发起，在组织支持下，负责承包开发一个分支项目或者全新的业务，同时由员工与企业共担风险，从而实现更大的利益。

与一般个人创业比较，内部创业在本质上要优于个人创业，因为企业环境是创业家所充分熟悉的，企业可以提供制造设备、供应商网络、技术资源、各类人才、营销网络甚至企业品牌。创业者不必费时向外界筹借创业资金，即便失败，承担责任较低，相对成功的机会也较大。可见，内部创业在本质上具有先天优势，对于创业者来说无疑是一个绝好的机会。

近年来，公司内部创业开始在我国兴起。今天，已经有越来越多的人意识到内部创业的重要性，管理学家在倡导企业推动内部创业，部分有长远眼光的企业家也在努力推动企业内部创业。在企业人才管理方面，内部创业的价值也越来越被领导层重视。

大型公司推动内部创业，主要有以下两方面的原因：第一，防止人才流失，挖掘人才潜能。对于优秀人才而言，创办自己的企业是最终目标，当前所服务的企业所提供的高薪并不具有绝对的吸引力。解决这个问题的方法之一就是实行“内部创业”。从表面上看，好像是企业拿自己的资源成全他人的美事，但实际上，内部创业不仅可满足企业优秀员工想当老板的愿望，使企业运作趋于安定，更能借用制度化的授权，减轻企业负责人的工作负担，这种模式可谓是让老板及员工双赢的模式。第二，合理安置老员工，维系企业的新鲜血液。一个企业经过多年的发展后，必定会产生大量老员工。至此，企业的决策者们不得不面对如下几个问题：首先，随着这些老员工年龄的增长，他们对新知识的反应不够灵敏，也对企业的创新缺乏动力。同时他们占据了企业要职，在企业平稳发展后，便没有更多的职位招聘新人，无疑造成企业新鲜血液的匮乏和创新能力的削弱。其次，随着老员工工作年限的增长，他们的薪水也都积累到了很高水平，这意味着工作时间越长的员工，雇佣的成本越高。另外，如果老员工的职位得不到升迁，就会打击他们的工作积极性，而任何企业也不可能随时提供大量的升迁机会。

如果通过推动内部创业，前面这些问题就可在一定程度上得到解决。例如，2000年，深圳华为公司推出了“内部创业”计划，将华为非核心业务与服务业务如生产、公交、餐饮业等以内部创业方式进行社会化。公司在具体实施上制定可行性措施，如规定员工出去创办企业，华为可免费提供一批产品供员工所创公司销售。除了研发以外，华为每年都有很多工程实施外包，虽然比起自己来实施更节约成本，但有时候因为利益冲突或其他不可控因素而影响了工程的进度，这对华为的影响也是巨大的。为此，华为就推行内部创业机制，把自己的非核心业务外包给自己的老员工进行内部创业，这样一来，无论从工作连续性、成本控制、管理沟通及从人性化处置老员工等问题上，都取得了良好效果。

在互联网行业，这种内部创业的人才措施也在如火如荼地进行。盛大不久前也推出了自己的内部创业计划，根据此计划，内部员工创业可以获得盛大的全额投资。陈天桥透露，第一轮投资将提供数百万的资金，到期后再对项目进行评估，以确定是否需要继续投入。而且对内部创业的投资期可延长至3年，还可分几次进入。这在一定程度上为员工提供了绝好的发展机会，让敢于创业者的才能得到最大化的体现。

盛大的这种模式，实际上是以一种委托开发的方式来进行合作。公司的未来还是由创业团队来决定，盛大并不控股，这类似于微软同周边一些小公司的关系。游戏团队可以在游戏开发初期获得盛大的资金支持及开发经验，而作为盛大而言，实施内部创业则可以拿到游戏内容，这是一种双赢机制。以盛大对《鬼吹灯》这款游戏的开发为例，就是公司在和盛大员工陈富明进行合作，通过全额投资将《鬼吹灯》这个游戏委托给陈富明和他的团队所建立的新公司来进行开发。开发结束后，盛大将获得这个游戏的全部知识产权及该公司部分股权的购股选择权。

在商业经济日益完善的21世纪，公司内部创业这种新型管理方式，可谓大型企业在激烈竞争格局中所采取的一种挽留人才的良策，无论对企业还是员工，都可达到双赢。这种内部创业方式和前面的承包工程实质上是一样的，既如此，那么在能人众多的大型公司内部尤其是创业项目有限的情况下，能否取得成功，能力并非首要，人脉资源才是第一决定要素。很多白手起家的创业者，都是以人脉方式来获得内部承包机会，有的虽然没有能力把工程做起来，但即便是将其转手承包给别人，同样可以获利。

生活中的很多时候，特别是同学之间，人脉的积累并不是刻意去追求的，在无意之中，这种积累就已经慢慢开始了。也就是说，做好自己的工作和学习的同时，人情也就开始积累了。

你想让别人帮助自己，那么自己就应该先去帮助别人，我为人人，人人才能为我。然要去帮助别人，那么自己就应该有一定能力，所以要努力提高自身技能，可以说，这是一种最为科学的积累人情的方式。倘在大家眼中，你的能力可以用一无是处来形容，谁还会来求助于你呢？无论是谁，都需要仔细想一想，为什么平时就没有人来请自己帮忙？假如始终没有人向自己求助，那至少有两种可能：一是自己确实没什么本事；二是自己的性格不太好，人缘极差。在当今社会，这显然是一个可怕的结论，必须尽快修正。

五、依托团队资源

所谓依托团队资源，就是加入一个事业团队，依靠大家的共同力量努力克服困难以取得最终胜利，这是一种更好地确保自己利益的有效手段。在这里，团队已成了自己的一种创业手段，依托团队也是能很好确保自己利益的明智之举。

俗话说："一个篱笆三个桩，一个好汉三个帮。"任何一个事业的成功，没有团队是不行的。当今人们经常强调的"创业先做人"，不单指的是个人身心与人格的完善，更包括团队的意识和与他人协调合作的能力。现代经济已经不再是家庭作坊的时代了，社会商业活动的规模越来越大，越来越复杂，单纯依靠一个人的力量是完不成的，这就要求团队协作，融合更多人的力量来一起努力，才能把事情完成！

老子曾说过："后其身而身先，外其身而身存，非以其无私邪，故能成其私。"放在今天的社会也就是说，在一定范围内，财富越分越多，权利越分越大；因为你"谋"任何事业，都不可能孤军作战，只有依靠利益调动大家，协同配合来一起作战，成功的机会才更高。故而，为确保成功，就得在内心给自己一个清晰定位，锁定团队作战，不搞个人英雄主义。一个人聚集的人气越多，凝聚的力量也就越大，他所能做的事情也就越多，当然能掌握的财富也就越多。无论社会处于什么时代，这都是他颠扑不破的真理。

为了更清晰地理解依托团队资源的创业方式，我们可以将此分为以下几类。

1.加盟共生方式

这一招比较容易理解，也是商业领域比较传统而可靠的做法。主要操作方式就是寻求与大行业或者大企业的共同利益，主动结盟合作，借助对方强大的资源优势，从而在竞争格局中居于有利地位，最终使企业快速壮大。这种模式在生物学上被称做共生，意思是指两种生物生活在一起，彼此共利，而分开后却不能独立生活。例如：地衣就是真菌和苔藓植物的共生体，地衣靠真菌的菌丝吸收养料，靠苔藓植物的光合作用制造有机物。如果把地衣中的真菌和苔藓植物分开，两者都无法独立生活。

在海洋生物中，这种共生模式广泛存在。鲨鱼是一种十分凶狠的家伙，非常不好处，许多鱼类都是它们的攻击目标，但有一种鱼印鱼却能与鲨鱼共游，鲨鱼非但不吃它，反倒为它供食。鱼印鱼的这种生存方式，就是依附于鲨鱼。当鲨鱼猎食时，它就跟着吃一些残羹冷炙，之后就会为鲨鱼驱除身体上的寄生虫，所以鲨鱼不但不反感它，反而十分感激它。正因为有鲨鱼的保护，所以鱼印鱼的处境十分安全，没有鱼类敢攻击和能够攻击它。

弱者借助强者生存，不仅是智慧的表现，而且是卓有成效的。这种生存方式和生存哲学，在商业社会也特别实用。为了相互利益彼此结成合作联盟，利用这种关系进行创业，效果格外显著。最常见的莫过于加盟连锁店的做法，这样做，不仅门槛低，还可得到一个强大的资源平台，故能迅速提升自己在本地的竞争力，实现平稳起步和迅速发展的目标。这对连锁集团和自己都有好处。

加入到比自己实力强大的企业，借助对方的资源和影响力实现自己的目标，同时给对方带来更大的成功，取得双赢，这方面还有一种常见的做法，在广东等地表现非常普遍。广东几乎已经饱和的加工厂，属于劳动密集型产业，这些厂子大量利用国内廉价劳动力和原材料，故能在国际上以低价求胜。厂家为节省企业成本，便把企业服务方面的业务外包出去，比如员工食堂，借助这种共生模式，食堂为企业提供可靠的就餐保证，企业也省了不少精力，就能集中力量做好本企业的业务。其实，这种业务共生范围还包括很多，清洁卫生、保安、物流等等，在此就不一一枚举了。

2.团队搭伙方式

搭伙合作最突出的一点表现就是人际关系，只有在人际关系搞好的前提下才能实现这个操作。所谓人际关系就是在一定社会中，人与人之间的各种交往及由此形成的各种关系。其本质的表现形式只有两种：一是性的关系，二是利益的关系。每个人与生俱来也是最基本的关系，都由性关系延伸而来，如直系亲属关系，这也是因为有了性关系才得以产生和维系的。

相对于性关系而言，利益关系的范围就更加宽泛了，甚而包含部分性关系，如各种形式的性交易。其他的比如：同事关系、上下属关系、师生关系、朋友关系等等，都可最终追溯为利益关系。

各种纷繁的人际关系都可以追溯到上述两种关系，这两种关系也可以归纳总结为相互利用的关系，一种是感情方面的利用，一种是利益方面的利用。说得直白点，人际关系的本质就是相互利用，任何关系都可以此来解释。通过物质（情感）的付出，而获得物质（情感）方面的收获是一种利用，在被利用的一方也得到了他期望中的物质（情感）收益，彼此皆是利用。

虽然将人际关系归结为此过于直白，好像人间已无温情可言，一切都是那么残酷，但也不要过于悲观，唯有认清社会关系的本质，理性分析和对待，方可少走弯路、少吃亏。对这些看得越清楚，并依此规律行事，那么人生就容易得多。

了解了人际关系的本质特点，根据这个特点来指导自己的实践，可以让人把问题看得更清楚一些。因此，搭伙创业相对来说是比较容易成功的，即使你的能力不是很强也无关紧要，只要找到适合的团队就行。中国有句俗语：一人得道，鸡犬升天，说的也就是这个道理。人类发展到今天，社会压力越来越大，在中国，改革开放初期随便摆个地摊就可开始创业的时代已经一去不复返。个人的力量能做的事情越来越有限，而要成就事业，单凭一己之力，越来越困难了。因此，要发展就必须依托于一个团队，只有依靠团队的力量，发挥团队内部各成员的潜力，共同协作，才能度过重重难关，取得成功。

当然，这种做法在娱乐界也能找到用武之地。在这方面，最成功的就是全国人民都熟悉的大笑星赵本山和小沈阳。赵本山已是风靡多年的大腕了，但明星也是需要搭档为他充当配角的。小沈阳作为赵本山的配角，名气固然没有主角大，可也算是取得成功了。此类事例，现实生活中并不少见。可见这种结盟共生的智慧模式，普遍存在于社会的各个层面，只要你用心发掘，必然能找到适合自己的创业方式。

3.工作衍生方式

工作中衍生的商机具有先机性，从这里开始创业，在开始之前就注定了成功一半。在这个先入为主的时代，速度才是最有效的成功法宝。用心关注，时常分析行业的前景及关联的业务，时间一长，你就会有所悟，灵感自然接踵而来，这些灵感说不定会成为改变你命运的利器。时刻保持对这些黄金商机的灵敏度，可让自己的头脑清晰，让自己的手脚麻利，也能让自己的腰包充实。

【案例1】 1983年，王文京毕业后在国务院机关事务管理局工作，参与了国管局组织的“行政财务管理信息系统”项目的开发。这个项目后来获得电子商务部部级鉴定，软件推广到100多个单位，王文京也因此被评为“中央国家机关先进会计工作者”。1988年，中国会计协会召开“会计电算化发展研讨会”，王文京在会上发表了《走专业化、商品化路子，发展我国会计电算化》一文，对会计软件行业阐释了自己独特的认识和理解，之后很快引起广泛关注。

参加项目开发中的一些感受使他有了新的想法。在他看来，各个单位需要的办公软件都由自己的技术人员编制，低水平重复开发势必造成大量资金浪费，而且普及速度慢，维护困难，常常是一个技术人员调走后，他开发的软件也就报废了，因为没有人会用。时间一长，王文京无师自通地悟到了软件工程的一些基本思想：软件需求分析、应用推广、规划、设计。他坚信财务软件肯定会商品化，这个市场份额很大。正好那一年北京科技试验区刚成立，鼓励专业人员到中关村创办科技企业。王文京私下参加了试验区在北京展览馆召开的成立大会，发现那里的气氛和自己的想法一拍即合，回来后立刻递上了辞职报告。

1988年10月，王文京拉上自己的好友苏启强，借5万块钱买了一台长城电脑，在中关村黄庄租了一间9平方米的房子，挂出了“用友财务软件服务社”的招牌。王文京白天跑客户，晚上编程序，每天都干到晚上12点多，在沙发上铺床被子就睡觉。当第一次卖出一套7000元的软件后，王文京和他的伙伴们高兴了半天。由于以前的专业知识和经验的积累，他所开发的软件不仅能更好地解决各个单位的财务难题，还能为各个单位节省不少开支，因此很快得到大家的欢迎。在那个时代，从事编程的软件人才极其有限，而会计电算化的趋势又越来越强，因此准备充分的王文京，他的事业几乎没有遇到什么困难，就迅速壮大起来。

点评

这是典型的在工作中发现的商机而实施创业的事例。很多事情就是这样，看起来很难，但真正做起来就不那么难了。当然，有些事情看起来很难，运作起来也不容易。因此，无论做什么事，最好不要被表面现象所迷惑，表面的优势通常会变成行动的弱势，中国古代以少胜多的战事举不胜举，就是绝好的说明。

社会在不断发展，社会热点也在不断涌现。对于有心者来说，每一次热点的出现，都是一次极好的创业机会。围绕这些热点的机会层出不穷，任何一个机会所带来的经济震撼，足以让一部分敢于吃螃蟹的人收获成功。

在工作中，有很多机会看似与自己的工作无关，但这些机会如果善加利用，就会为创业提供一种思路。这些方式一般很容易成功，因为不用市场调查就可明晓这是市场所需求的。

【案例2】 艾晟自己开厂之前是一家外贸公司的业务员。他干这个行当已经四五年了，算是积累了不少外贸方面的客户资源和信息。由于每次签发订单时都要和各个服装厂联系，所以，他又接触了不少服装厂家，熟知服装生产的市场前景，并学到了许多服装生产的经验。此外，他还自学了许多企业管理知识。这些积累让他逐渐认识到，如果将这些资源进行重新组合，必然存在巨大商机。

据此，他开始谋划开办自己的服装厂。为确保成功，在开厂之前，他又请了好几个熟悉服装生产的朋友帮忙策划。在外贸公司工作的经历为他积累了不少潜在客户，这都是宝贵的资源，不能闲置。其次，根据他掌握的国际贸易信息情况，他还大胆预测当时服装加工生产行业正是旺盛时期。基于种种考虑，他才果断决定开办服装加工厂。后来的发展也确实如他预想的那样顺利，客户订单源源不断。

点评

在工作中寻找创业机会，这就是所谓"骑驴找马"的创业思维。这样的思想在大学生中间非常流行。不过仅有这样的想法还是不够的，还须经常思考，才能更快地发现机会，否则等到别人都开始创业了，自己也未必能发现。所以，发现机会后，就要尽快从事，不然，只能是空喜一场，了无收获。毕竟很多有心人都在该行业发展，其他人迟早会跟进，若到那个时候，自己也只能处于被动局面了。

创业不是一定要开公司，可以在工作过程中等待机会，有了机会就可运作了。那时，资金、人才等都不是重要问题，关键是看自己怎么运作。而今，如果仅仅是因为担心没有资金来源而放弃自己的好点子，这样的思想就太落伍了。很多机会或许就这样错过了，岂不很可惜吗？时代不一样了，创业模式也应该有所改变，只有在思想上时刻与时代保持同步，才会成就大业。

现在，大学生勤工俭学的现象已经非常普遍了，不过大多数还是从事家教、上门推销等传统行业，甚至研究生也在这样做，这无疑是在浪费聪明才智。大学生更应该着眼于开发自身的特殊价值，一旦利用自身的优势，就能起到巨大的作用，这远非一般人可比。身处学校的氛围中，看看这么庞大的学生群体，消费规模绝对不小，而且大学生的这种高消费趋势还将继续下去，在局外人看来，这其实就是一个社会大市场。对这个市场的开发，绝对不能单从传统的思维去考虑，机会总是留给有头脑之人的。

【案例3】 钱俊冬是一名曾因家庭困难而申请缓交学费的贫困大学生，开学第3天刚到宿舍，就遇到一位师兄向他推销随身听。尽管师兄说了与之相关的很多新鲜事，但对钱俊冬来说它还是不可奢望的。正在这时，几位室友不约而同地回到寝室。结果，这位师兄没费多少口舌，书包里的4部随身听就被以每部80元的价钱留在了他们宿舍。这件事情触动了钱俊冬，他觉得自己身旁有一种难得的机遇。

通过向本地学生和高年级的老乡打听，他很快知道了在西安东郊有两处小商品批发城。第一个周末，他便徒步走遍了两个市场，仔细对比了很多随身听的性能、质量和价格，得出的结果是他几乎可以用15元的批发价拿到那位师兄推销的随身听。随后，钱俊冬动用了当时最大的一笔存款批发了6部随身听，回到学生宿舍做了第一笔生意，结果一倒手净赚了300元。这无疑是他的第一桶金，更使他尝到了其中的快乐。自此，他便一发不可收拾。在课余时间，他总把两只眼睛紧紧盯住同学们的消费品。大家刚习惯用卡式电话时，他就四处打听找到了IC卡经销商，把更低廉的话卡介绍给同学，在自己小赚一点辛苦费的同时，也让很多同学得了实惠。后来，游泳课的游泳衣、考研的资料、英语磁带……他总有低于校外价格的商品出售，大一时的他已成为校园里小有名气的生意精。

2002年，钱俊冬找来同学崔蕾和马光伟一起讨论，当谈到对校园市场的开发设想时，三人一拍即合，决定成立一个利用创业协会的人力资源从事校园市场的校园信息服务中心。中心定名“三人行”，主要以校园和学生的需求为市场，开展介绍家教、校园活动策划、产品展示、市场调查以及小网站建设等业务。当年9月，在迎接2002级新生的时候，钱俊冬敏锐地发现新生宿舍里的电话接线上都没有配电话机，很多新生打电话都纷涌到电话亭和IC电话处。他立即召集三人行的成员商量给学生宿舍装电话机，大家协商一致后，由钱俊冬和学校相关部门联系，从而取得了学校的允许和支持。崔蕾和马光伟负责购买电话机，他们还划分了个人责任区，既分工又协作。在很短的时间内，他们就给大一所有宿舍装上了电话机，自然也小赚了一笔。

他们没有被胜利冲昏头脑，接下来的几天，他们把业务扩展到了周围的几所大学。他们每人分一两所大学，找老乡，找同学，通过各种手段将进购的电话机销往周围的校园。没几天的工夫，周边十几所大学的新生宿舍全装上了电话，最多的时候一天收入竟有5万元。钱俊冬的“三人行”相继代理了移动校园卡、诺基亚手机等推广业务，仅半年就办理大户卡、校园卡等业务达13万张，直接收益接近30万元，从而顺利地走出了商业人生的第一步。

点评

学校是一个独特的市场，毫无生产能力只有消费潜力，但这种消费潜力并不比社会上的其他社区落后，很多社会上最前沿的产品也是最先流行于校园。无论是不是在校生，都不能忽视这个市场的规模。总之，机会一直是在更新的，关注机会就要经常思考，反复琢磨。

“王侯将相宁有种乎？”不要因为自己出身贫寒就感觉自卑，无形中忽视自己创业的潜力。机遇就在于转瞬之间，能否抓住，完全依赖你有没有决心。很多大学生不相信自己有做大事的能力，故而在机遇面前犹豫不决。其实只要坚信自己的能力，且愿为其付出艰辛努力，坚持不懈地做下去，很多事情均可有所收获。

接私活的创业方式依然是由工作衍生而来的机会。所谓私活多和自己的工作有紧密联系，大多就是自己的工作。上班时给公司做事，下班后，也可以自己做。虽然现在很多公司禁止员工接私活，不过，这种情况目前还是普遍存在的。这种接私活的做法，体现在社会各个行业，无论技术、销售还是咨询等，都可以以个人方式私下接活做。最为普遍的就是网络方式，比如程序员开发网站，美工设计网站等等，不多列举。

接私活就相当于兼职创业，这种方式的成功率最高。有了自己在本行业的技术经验，加上客户的积累，很快就可以让自己在接私活的过程中赚取更多的报酬。这种方式做到一定程度后，私活的收入必然远远超过工作的收入，因此也就可以辞职，以全职的方式继续开拓这项业务。换句话说，这个时候你自己的事业也就开始了。现在网络如此发达，接私活的广告在网上随处可见，更有甚者在接私活的过程中瞄准了更大的机会，索性直接做了一个专门为大家接私活的网站平台，从而实现了更大的商业价值。

主动地迎战生活虽然艰辛一些，可由于自己有清晰的目标，心中还是快乐的；相反，被动地接受工作和生活，不仅同样需要经历艰辛，且在付出艰辛的同时，内心却是痛苦的，看不到未来的希望，到头来必然还是一无所获，这样的人生怎能快乐呢？

人世中的许多事，只要想做，都能做到，该克服的困难，也都能克服。这个过程也用不着什么钢铁般的意志，更用不着什么技巧或谋略。只要一个人还在朴实而饶有兴趣地生活，他终究会发现，造物主对世事的安排都是水到渠成的。把事情想得太困难，只会挫伤自己的信心。就好比我们世间本没有鬼神，人们之所以怕就是因为自己心中有鬼，自己吓自己，结果自己被自己吓得够呛。困难是在所难免的，但只要耐心地解决，时间一长，所有问题均可迎刃而解，剩下的除了成功，还有什么？

六、凝聚人脉

凝聚人气和上面的承包比较相似，都是靠人情获得成功。所不同的是，承包是借助比自己有实力的人物，通俗地说就是结识手中拥有实权的人物。凝聚人气则相反，主要就是把那些与自己一样立志创业却不得志的人聚在一起，有了人，事情就好办多了。

谈起有关人脉的创业，最为经典的案例就是三国时代的刘备。刘备作为一个乱世中胸怀大志的草根平民，在一穷二白的情况下投身从戎，征战一生，艰苦创业，即便在最惨淡的低谷时刻也绝不放弃理想。他待人友善、重情重义的品质以及对事业孜孜追求的精神，给他聚集了诸多人气。他身边的人才如张飞、关羽等，自始至终一直跟着他，最终辅助他打出了属于自己的基业，同其他强手形成三足鼎立之势。这是中国历史上一个草根平民自我奋斗创造的奇迹，其成功的核心就是注重经营人脉资源。想当年刘备落魄时，如果不是把关羽、张飞聚集到自己身边共同创业，也许只能卖一辈子草鞋，这可以说是凝聚人气最为典型的成功案例了。

关于凝聚集人脉，在商业上的创业方式更为普遍，尤其在经济迅速发展的今天，单靠个人力量难以成就大事，只有借助各种帮手，综合利用大家的力量，才能获取成功。包工头的创业方式，完全就是靠聚集一群人实现梦想，这可谓最为典型的聚集人气的创业手段。

【案例1】 1978年，时年24岁的张宏伟带领50人组成的施工队奔赴哈尔滨。张宏伟用“先干活后给钱，干不好不要钱”的方式承揽下哈尔滨酱菜厂的厂房工程，这可是他第一次挥动“长袖子”。经过数年的辛苦积累，到了1984年，他所创立的哈尔滨东方建筑公司，就已拥有400万元的资产。以包工头方式来创业起家，无疑是“凝聚人气”这种创业方式的最集中体现。因为做这个行业的大多数人生活在社会底层，他们没有过高的期望，只要能够挣到钱养活家人就行了，再苦再累都无所谓。这种做法即使是现在也不过时。

点评

凝聚人气是一种最原始的创业方式，也比较有趣。如果你想一下子说服很多人是不太容易的，但可采用滚雪球的方式。秦朝末年陈胜起义时，就是先说服吴广，然后再和吴广合伙说服几个得力助手，用现在的话来说就是形成了一个团队。凭借这个团队再去说服更多的人，就相当容易了，起码你给人的感觉不是骗子了。各位，到这个时候，你是否应该好好想想生活中有哪些方面可采用此类方式聚集人气来实现自己的计划呢？

【案例2】 胡雪岩12岁时，父亲就去世了，经亲友介绍，他到杭州一家钱庄当学徒。他机敏勤勉，深得老板器重。按当时钱庄的规矩，学徒必须在5年后才能独立做一些业务，升任“跑街”，可胡雪岩4年后即当上了“跑街”。半年后，他又被破格提升为“出店”，即可以出门接洽业务并经手银钱，相当于现在的“业务主管”。

任“出店”不久，胡雪岩在街上结识了一位落魄文人王有龄。王有龄是官宦世家，到他父亲时，已家道中落。为替祖上“争气”，王家变卖了所有家当，为王有龄捐了个“盐大使”的虚衔。王有龄是个有知识、有见地的人，言谈高雅，出口成章。胡雪岩觉得他是个人才，王有龄也佩服胡雪岩的机灵干练。不久，两人便以兄弟相称。为了让王有龄尽快得到官方的重用，胡雪岩将一笔他讨回的“死账”500两银子交给王有龄，让他进京打点，早日实现自己的人生抱负。

王有龄凭着这笔钱，“启动”了一个个“关节”，很快就被安排在浙江省海运局当“坐办”。此官不大，但收入较高。随后，他听了胡雪岩的话将挣来的钱再投入到“打通关节”上，不久又被安排做了湖州知府。

王有龄出于对胡雪岩的感激，将他在工作中涉及到的所有钱粮之事，一律交给胡雪岩承办。胡雪岩也因此为钱庄老板捞到不少好处。

胡雪岩到钱庄工作的第8年，钱庄老板突然去世。老板因为没有儿子，临终时留下“遗嘱”，将钱庄所有财产赠与胡雪岩。一夜之间，胡雪岩便变成了老板。有了钱庄，又有了官场上的支持，胡雪岩的生意自然越做越顺，越做越大。所有这些成功，哪一样离得开胡雪岩的人脉积累呢？

也许你没有亿万身价的富爸爸，也没有可减少奋斗20年的意外之财，但只要懂得人情学，一样可以得贵人相助，获多方助力。不过，千万不要怀着一份过于势利的短浅眼光经营人脉，别人现在富贵，出金入银，就一副小人嘴脸伺候着，但等到别人穷困潦倒时，就不屑与之为伍。这种做法最容易让人产生反感。你应该学会综合考虑，对于一个真正的人才来说，即使处于逆境，也可彰显出他的黄金品质，因为成功对他来说只是时间问题，切不可因他暂时处于人生低落时期而轻视之，否则就会失去一个经营人脉网络的好机会。

既然是以人情为主的创业，就要靠彼此的人脉关系调动资源。人与人之间的关系，其本质就是相互利用。这是一个只可意会不可言传的道理，因为谁也不想被人利用，但又时刻逃脱不了这种本质关系。所以，在人性的基础上很好地理解这种本质，然后采取各种可靠手段让大家对自己有一个好印象，从而树立自己的威信，那必然就会成功。

点评

人脉创业是一个缓慢积累的过程，不像别的方式那样一蹴而就。日久见人心，没有好的品质和能力，难以聚集更多的人脉资源。可见，这种方式更多的是适用于辅助创业。无论做什么事情，都不能忽略人脉关系。细心打理自己周围的这些人脉资源，可以加快成功进度。

第2章

知识财富：创业持续成功的基石

人类社会正在经历一场从工业经济时代到创意经济时代的变革，阿尔文·托夫勒再次发出预言：“资本时代已经过去，创意时代正在来临。”

智慧可以变成黄金，点子可以使你发家。知识财富是创业持续成功的基石。许多人在刚开始创业的时候，身无分文，却能应时而起，靠的是什么？除了天不怕、地不怕的魄力之外，便是自己头脑中的智慧了。一个企业没有知识财富作为支撑的根底，基本上不会维持太久，一个人若有知识财富傍身，创业便会如虎添翼。

人类社会正在经历一场从工业经济时代到创意经济时代的变革，阿尔文·托夫勒再次发出预言：“资本时代已经过去，创意时代正在来临。”

当今世界发明专利的拥有量，不仅是一个国家强盛的标志，还是一个企业实力的证明。对于个人创业而言，靠专利发明进行创业更为重要。有了专利就像有了一把尚方宝剑，好好利用这把宝剑，就可以调动更多力量为己所用，充分运用专利进行运作，成就更大的事业。当然，假如自己没有更大的追求，而将专利卖给需要的人，同样也可成就掘取第一桶金的梦想。

但是，可以成为尚方宝剑的专利，并不只是大家通常所理解的那种传统意义上技术范围内的产品。下面我们详细介绍这些形式，供大家参考。

一、利用专利发明占尽商机

1.原创产品

一提起新技术、新产品的开发，在很多人的惯性思维中，他们就将此和受过高等教育的人才联系到了一起。对于受过高等教育的人来说，做这样的工作确实容易一些，但并非只有这样的人才可以做到。其实，有很多产品的技术含量并不是多么的高深。或许有些产品稍微改进一下，就是一个新产品。日常生活里，很多人在使用产品的过程中，都能发现产品的缺陷，之所以没有尝试去改进，是因为大多数人都是觉得这是科学家做的事情，是很高深的东西，自己去做岂不是有狗拿耗子之嫌，因此都不自信地束缚了自己的创新思想，机会就这样被白白浪费掉了。

智慧可以变成黄金，点子可以帮你发家。许多人在刚开始创业的时候，身无分文，却能应时而起，靠的是什么？除了天不怕、地不怕的魄力之外，便是自己头脑中的智慧了。而这些所谓的智慧，其实是人人都有的，并且各有各的特色，和学历的高低关系不大。实际上很多创新，即便是受过高等教育的人，如果没有合适的环境，他也未必能够做到。

大家看一下可口可乐吸管的故事，就明白这个道理了。

【案例1】 大家都用过可以弯曲的吸管喝可口可乐，但谁也不会对这个吸管产生兴趣，因为它太简单了。可就是这样一个简单的东西，竟然给它的发明人带来几千万美元的收益。发明人道格拉斯既不是什么科学家，也没有博士、硕士的文凭，还因为打架斗殴被判刑入狱。在狱中，他做梦都在思考如何改变自己的命运。

有一次，一则新闻报道引起了道格拉斯的兴趣，新闻说太空人在宇宙飞船上喝水非常困难。于是，他就想能不能发明一种吸管来改变水流的方向。经过几个小时的苦思冥想，答案出来了，那就是只要把普通吸管的前半截做成可拉可合的褶皱，就完全可以改变水流方向，即便是睡在床上喝，也不用担心水流到脖子上。

道格拉斯立即向美国专利局提出了自己的专利申请。这么简单的东西也能申请专利？许多犯人对此发出讥笑，奇怪的是专利申请不久就批了下来。这个弯曲的东西不仅解决了宇航员的喝水问题，而且被全美国人所接受，大家都乐意在沙滩上、草地上边晒太阳，边喝饮料。小小发明创造大生意，道格拉斯靠出售其生产许可权，几乎在一夜之间就成了千万富翁。

这样一个小发明，也许对于大部分人来说都不是难事，但就是这种不起眼的发明让道格拉斯成为千万富翁。小东西往往存在大商机。这样的例子时刻提醒我们，不要因为小而忽视它，否则，只能使自己错失很多良机。

在实际生活中，像这样因小发明变大富翁的例子很少，但是它告诉了我们一个道理，那就是要善于发现缺陷。并设法改进这些缺陷，许多发明其实就是从发现缺陷开始的。如果在你的眼中，只有一个完美的世界，那么可以肯定地说，你不适合这个商业社会，任何机会都不会轮到你的头上。

和道格拉斯的发明一样，类似的小发明大收获的事情还有很多，鸡尾酒的发明也是如此。

【案例2】 在一次盛大的宴会上，中国人、俄国人、法国人、德国人、意大利人争相夸耀自己民族的文化传统，唯有美国人笑而不语。

为了使自己的表述更加形象，更有说服力，他们纷纷拿出具有民族特色、能够体现悠久历史的实物——酒，来彼此相敬。中国人拿出古色古香、做工精细的茅台，打开瓶盖，香气四溢，众人为之称道。紧接着，俄国人拿出了伏特加，法国人拿出了大香槟，意大利人亮出葡萄酒，德国人取出威士忌，众彩纷呈。

最后，大家都把目光转向了美国人。美国人不慌不忙地站起来，把大家先前拿出的各种酒都倒出一点，兑在一起，说："这叫鸡尾酒，它体现了美国的民族精神——博采众长，综合创造。我们随时准备召开世界文明智慧的博览会。"

这个故事的真实性虽无从考证，但也可以说明美国人的创新精神。还有一件经典的真实案例。过去有橡皮也有铅笔，就是没有橡皮铅笔，一个美国人将橡皮固定在铅笔上创造了橡皮铅笔。今天，这个从生产橡皮铅笔起家的公司已经发展成为美国最大的文具公司。

点评

所谓创新，就是生产工艺、生产要素的重新组合。作为管理者，仔细观察现有的工艺、要素、产品，然后进行一些巧妙的小组合，就能达到意想不到的效果。

【案例3】 1992年，王俊从部队复员。两年后，他从成都来到深圳一家企业打工，因为工资比内地高，他敏感地感觉到深圳创业的机会一定更多。

1997年，王俊和几位部队战友聚会。酒酣耳热之际大家聊到了宾馆门锁，当时，大部分宾馆门锁都是用钥匙开的，很容易被盗。两位在军工企业搞研究的朋友说："只要用一种新式芯片，设计带有记忆功能的电子门锁就能解决这个问题！"王俊特别留意了这个话题，当得知这个创意在技术上来说"真的很简单"后，他和朋友决定试验一下。随后，在街上随便买了一把门锁，几个人开始研究起来。

很快，王俊和朋友开发出了iButton碰触钮型门锁。这种门锁具有记忆功能，能存储使用者的入住和离开的时间资料，实际上，这种门锁也是宾馆从传统的钥匙锁到现在的IC卡锁的一种过渡产品。直到现在，王俊和朋友开发的iButton碰触钮型门锁系列在一些旧式宾馆还能看到。这次"作坊式的科技研发"带来的"战绩"非常显著：短短6个月，仅靠把产品卖给各地的宾馆、招待所，王俊和其他5位朋友凑起的10万元资金就已经升至近40万元。

点评

多数发明其实就来源于生活中遇到的难题，正是因为这些不便，才给予我们发明的机会，而解决这些不便的新产品就是一个新发明。机会时刻出现在我们身边，生活中处处留心的人，往往最先发现良机。很多情况下是自己碰到了这样需要改进的地方，但由于担心自己没有足够的能力去完成而放弃了，但因此而放弃实在有些可惜。因为社会上可以解决该难题的人才毕竟不在少数，自己完全可以求助于别人，只要安排得当，同样可以获得该产品所带来的收益。

【案例4】 1990年唐骏赴美留学，正赶上美国经济复苏、腾飞的时期，唐骏攻读专业之外的唯一想法就是自己创业办公司。

一直研究数字信号处理的唐骏，想到了发明卡拉OK评分系统。他把自己的构思申请了专利，但由于没钱做芯片，唐骏找到了三星公司。三星花8万美元买断了唐骏的专利，唐骏乐坏了，因为他当时每月的奖学金只有800美元。8万美金对一个留学生来说已经是一笔巨款。靠着这第一桶金，他在1993年成立了一家名叫“双鹰”的软件公司。

事实上，像唐骏这样在校学习期间就靠自己所学的专业知识搞发明创造的学子很多，这里只是举出了一个例子。大学生属于高智商人群，其创业方式应该以知识为主，这样不仅成功的可能性更高，而且成功的速度也更快。假如不依托自己的特长而走其他路子，就会错失良机。

如果自己实在没有这个能力，可将发现的机会卖给有实力的企业，仅仅是一个想法也可以，但这样的想法或许就是你人生的第一笔财富。这样的发明，对于大家来说不算难事，只需要利用现有的技术进行重新组合，就能成为一个新产品。这类产品在国内暂时还没有出现，一旦出现，必将流行起来。这就是新产品带来的魅力。

在就业形式日益严峻的情况下，毕业即失业的说法也开始流行。为了摆脱困境，很多学生很无奈地走上考研、考博之路。很多学子都认为，其实这是一种逃避，一种不愿面对现实的表现，但这种被动逃避的心态只能带来更被动的局面。既然早晚都要走向社会，为什么在校期间不开始着手准备呢？孙正义就是一个很好的例子。

【案例5】 孙正义在加州大学读书的时候，很多同学都在搞勤工俭学，他也想尝试。但是，他觉得刷盘子一类的工作得不偿失，便决定搞发明，用发明来挣钱。

孙正义搞发明的办法很奇特：从字典里随意找3个名词，然后想办法把这3样东西组合成一个新东西。每天他给自己5分钟来做这件事情，做不来就拉倒。一年下来，竟然有250多项“发明”。在这些“发明”里，最成功的是“可以发声的多国语言翻译机”。它是从字典、声音合成器和计算机这3个单词组合而来的。

现在，很多人的计算机里面都装着一种叫“词霸”的翻译软件，孙正义的发明所实现的功能与之类似。它要做的是，当你在机器里输入日语，机器能自动发出与其相对应的英语的声音来。

有了这样一个机器，一个不会任何英文的日本人就可以和美国人“说话”了。孙正义觉得这个产品会有市场，他甚至连如何经营产品都想到了——即把它放在机场里，出租给外国游客，当游客回国时再还给机场。

他说服了“半导体声音合成芯片”的发明人和参与阿波罗登月计划的技术人员来实现自己的想法。然后，他又利用假期回国探亲的机会向日本的大公司推销自己的发明。夏普公司对这个发明很感兴趣，花1亿日元把它买了下来，这是孙正义赚到的第一桶金。

点评

孙正义的做法，很有现实意义。现在贫困学生勤工俭学的主要方式就是做兼职，除此之外很少涉及其他形式。做新产品开发的只是极少的一部分人，但这一部分人却为我们树立了榜样。开发自己的智慧，靠智慧勤工俭学，不仅锻炼了自己的能力，而且可以取得更高的回报，甚至因此获得自己的第一桶金，事实上这样的做法确实是最好的。假如自己没有足够的能力搞科研，可以将自己的想法卖给其他公司，当然也可以联合几个志同道合的同学共同创业，成功率会更高。

【案例6】 崔志春17岁那年，经人介绍，来到湘潭市区附近的一家拉丝厂工作。由于吃苦耐劳、认真好学，几年下来，他在车、钳、铆、电、焊等方面样样精通，深得师傅喜欢。后来，拉丝厂老板到别的行业发展，就把厂子交给他打理，每年只需上交一部分的利润。

一次，崔志春开车到江西萍乡送货，开到株洲醴陵时，对面开过来一辆大货车。他忙将远光灯换为近光灯，可大货车并不切换灯光，开着大灯径直闯过来，照得他眼花缭乱，差点没把住方向盘。事后他想，要是能利用科技手段对这交通陋习进行治理或规范，那夜间行车就安全多了。

后来崔志春反复琢磨，要是有一种安全装置能避免发生这种情况多好啊！发明的灵感一旦闪现就停不下来，他决心把这个想法变成现实。于是，他买来相关材料展开研究。试验一次次失败，但都没有打消他的信念。他就像着了魔一样，上网查资料，跑图书馆找答案，甚至到湘潭大学向专家学者请教。终于，他找到了失败的原因，原来问题出在他选用的金属材料上，他更换了一种材料再一次尝试后，果然成功了。

此后他发明的“汽车远灯互控、遇障防撞提示器”获得6项国家专利，一并申请了国际专利，还通过了公安部交通管理局的安全检测。他很快注册了公司，全力开展此项专利的开发和生产。

点评

事实上，很多重要的发明创造，都是由普通人完成的。他们可能没有上过大学，甚至没有系统地接受过专业培训，但这并不能阻止他们取得成功。多数情况下都是由他们开发出第一代产品，再由专业人才进行下一代产品的开发。

下面这个例子，你绝对不会想到发明者只是一位普通的农家女。

【案例7】 20世纪80年代末，正值改革开放的初期，社会上大多数人都处于贫困之中。仅有初中文化的农家女魏春霞，为了摆脱窘境，农闲时便骑着自行车去镇上甚至进城寻找脱贫致富的门路。

有一次，魏春霞给潍坊柴油机厂送一车稻草绳。这些稻草绳被厂家收购后，用于捆扎机器。在铸造车间，她发现工人们居然把草绳放入滚烫的铁水中烧掉了。一打听她才知道，原来铁水出炉后要用稻草灰覆盖以提高铸铁件的成品率。为什么不直接用草灰覆盖在铁水上呢？一个大胆的念头在她脑海中闪现。回到家，魏春霞将院落中积存的稻草全部焚烧成灰，然后装了几袋送到潍坊柴油机厂。厂技术员试验后说，稻草灰只有添加化学原料才能直接覆盖铁水，但厂里也没有掌握此项技术，无法提供帮助。

魏春霞回家后一直在想，稻草灰需要添加什么原料呢？为了破解这个难题，她多次跑到临沂市找人详细了解铸造所需的化学原料，然后在家里支起了炼灰炉，边学、边烧、边改进，废寝忘食地研究石灰、铝矾等原料的添加比例。功夫不负有心人，她最终配制出了自己满意的稻草灰。1990年初春，魏春霞从邻居家借了一辆地排车，装了一车稻草灰，再次踏上了去潍坊柴油机厂的路。这一次赚了100多元钱。厂里用后感到效果好，达到他们的要求，之后就不断打电话让她送货。从此，这个农家女烧制的稻草灰便成为潍坊柴油机厂等厂家的专用铁水铸造用品。

到目前为止，魏春霞以稻草灰为原料，共研制成功GT球化剂、GT型铁水孕育剂、稻草灰覆盖保温剂、GT型铁水净化覆盖剂、GTASC可塑料等8个品种的铸铁复料，其产品畅销山东、山西、江苏、安徽等26个省区，部分产品已销往日、韩、东南亚等国家和地区，实现年产值6000多万元。

点评

这些有形的产品，虽然技术含量不高，但新产品所带来的影响却很大。这些传统硬件领域的新产品，即使是没有受过高等教育的人，只要他努力去做，就可以做出来，像搭积木一样，靠经验也可以取得意想不到的效果。

当前我们正处于网络时代，新产品出现的频率非常快，不但如此，还多了一种表现方式，那就是无形的产品。对大学生而言，这是一个前所未有的适合创业的年代，只是要求的技术含量更高了，但这也是大学生依靠开发技术专利进行创业的优势。创业没有难易之说，只要确立了目标，就一定要坚持到底。创业需要的就是这种持之以恒的精神。

【案例8】 读大学的时候，布林发明了一种超文本语言格式的搜索系统。1998年，布林和佩奇决定以这个技术开个公司，公司提供的唯一服务就是搜索引擎。在对商业计划一无所知的情况下，布林从一位斯坦福校友那里顺利地拿到了第一笔10万美元的投资。依靠这10万美元，在朋友的一个车库里，布林和佩奇开始了Google的创业征程。他们的努力工作不久就得到了回报：当时的Google每天已经有1万人次的搜索量，并开始被媒体关注。一年后又有两名风险投资家向Google注入了2500万美元的资金，帮助Google进入了一个崭新的发展阶段。

Google取得的成功源于其创建者布林和佩奇的想象力，也源于他们的天赋。在Google创建之时，业界对互联网搜索功能的理解是，某个关键词在一个文档中出现的频率越高，该文档在搜索结果中的排列位置就要越显著。而布林则另有高见，他认为，决定文档在搜索结果中排列位置的因素是一个文档在其他网页中出现的频率和这些网页的可信度，网页在受众中的知名度和质量是决定性因素。事实证明，布林是正确的。

Google公司不仅创出奇特的搜索引擎技术，更在上市时以拍卖的方式进行定价，完成“对华尔街的清洗”。当时Google的竞争对手致力于成为门户网站，投入搜索服务的比重不大，布林反其道而行之，尽力完善其搜索引擎。Google的使用率越来越高，每天的搜索量由6年前的1万次增至目前的3亿次。很多广告商希望在Google网页刊登广告。同时，雅虎、宝洁、美国能源部等许多大公司和政府机构也纷纷使用Google的搜索技术，Google则按照搜索的次数来收取授权使用费。

作为一名技术天才，布林同样不缺乏商业才能。他们不仅创造出奇特的搜索引擎技术，更在Google公司上市时试图创新。他们以拍卖的方式进行首次公开募股定价，被美国媒体称为“对华尔街的清洗”。两个亿万富翁就这样诞生了。

点评

软件产业给青年人的理想插上了新的创业翅膀，再也不用为缺乏资金而担心创业前途了，只要有技术就可以成功。现在有这种能力的人很多，想创业的人也很多，但真正依靠自己所学的知识进行创业的人并不多。大家无论学什么专业，首先考虑的就是毕业后能找个好工作，这几乎已成了惯性思维只有突破这种思维定式，才能取得更大的成就。

术业有专攻。人的能力多有不同，聪明的人可以联合旁人，组成一个创业团队，亦可取得意想不到的成功。但是，也有很多人在成功之前就开始打小算盘，设想以后的利益分配问题，结果耽误了事业的进度。

【案例9】 1986年，正值深圳改革开放初见成效之时，求伯君从原单位辞职，甚至连户口、档案都抛在脑后。

去深圳的路上，求伯君在河北涿县和北京短暂逗留，推迟了他去深圳的步伐。在涿县，他在帮助同乡解决计算机打印问题的过程中，萌生了把原来只有自己能用的24点阵打印驱动程序，改进成一个通用的、支持多种打印机的西山文字打印驱动程序。在同乡的机房里，求伯君用了9个晚上，按照原来的思路，重写了打印驱动程序。

9天后，求伯君怀揣8张西山打印驱动程序软盘赶到北京，打算从北京去深圳。临行前，在同学的怂恿下，求伯君先去四通公司把自己的打印驱动程序给他们看了看。四通当时在推广OKI8320打印机，正缺少一个好的驱动程序。就这样，求伯君以2000元、分10个月付清的价格将西山打印驱动程序卖给了四通，而四通以500元一套，卖了好几百套。

正是在四通，求伯君结识了金山公司的老总张旋龙。当时张旋龙正在和四通合作推广SUPER机，但因一批机器的BIOS有问题，启动不了，求伯君花了一个晚上就把它改好了。深圳四通公司成立，求伯君终于来到了向往已久的深圳。刚到深圳时，四通让他负责公司的一个经营部。与他做对口生意的，恰巧是张旋龙的弟弟张小龙。正在这时，香港金山公司答应提供条件让他专心致志地开发WPS。

求伯君决定大干一场。他目标很明确，做一张汉卡装字库，写一个汉字处理系统，能够取代Word Star。这个目标就是后来的WPS。为了实现这个目标，从1988年5月到1989年9月，求伯君把自己关在房间里，只要是醒着，就不停地工作。求伯君在这种孤独的环境中，写下了十几万行的WPS，当写完最后一行程序时，他终于如释重负。

WPS没有做广告，也没有去评什么奖，仅仅凭借口碑，就迅速火了起来。WPS开始赢利，每年销售3万多套，每套批发价2200多元，利润可想而知。

点评

在这个时代，传统而偏激的思维只会阻止个人前进。凡创业成功者，多是先考虑创业，创业不成再考虑就业。其实，这样做能力反而提高更快，因为这是主动适应世界，更能充分发挥自己的聪明才智。退一步讲，坚持创业不成再就业，无论结果怎样，都是成功的。我们相信这样的生活更富有激情，唯有生活充实，才能让人更快乐。

世界在飞速发展，科技进步的步伐尤为迅猛，新技术新产品层出不穷，让人们几乎没有足够的时间去适应。生活在这样的一个世界里，我们随时能听到时代前进的声音，感受时代的变迁。开发一个新产品，无论技术含量高低，即便如道格拉斯的吸管那样简单，只要对这个世界有实用价值，就是好产品，就会得到人们的肯定。靠技术创业的人就像奔月计划，一旦成功就是一步登天，让人望尘莫及。

2.改进现有产品

这种创业方式和前面的技术创业有些类似，不同的是其主要是改进已经存在的产品，让这种产品更成熟，更方便人们的使用。由于不具独创性，做起来就比较容易，只要仔细分析产品的特性，进行一下改进即可成功。虽然在社会上的影响没有独创产品那样大，但一旦操作成功，获得的效果也十分明显。

【案例1】 吉列既不是理发员出身，也不是著名大学的毕业生，更没有做过剃刀生意。他发明吉列剃须刀完全是从自己的生活需要出发的。

有一次，吉列急着要去办一件事情，就想赶忙把自己修饰一番。可越心急，他手中的剃刀越不听使唤，在他的脸上创造了许多“杰作”，疼得他几次想把剃刀扔出去。但胡子刚刮了一半，扔出去不还是要刮吗？他想难道就不能生产一种安全的剃刀以解决世界将近一半人口的胡子问题吗？这个念头在他脑海一闪，立即生了根。在之后的几年里，他仔细研究，立志设计出一种安全的剃刀。

这一过程所历经的艰辛就不用多说了。他不停地实验，不停地改动设计方案，却都不能令他感到满意。有一次，他到田间散步，不经意看见一个农夫耕地的耙子，使他茅塞顿开。耙子的形状帮助他构思好理想中剃刀的结构，并很快付诸于开发和生产。然而，这种剃刀上市后，销路并不是很好，第一年竟然只卖出53把剃刀和170片刀片。吉列没有灰心，他坚信自己的设计是完美的，之所以出现这样的情况，主要是大家还不了解这种剃刀的好处。

第二年，吉列决定对剃刀进行大力宣传。他请一位著名的漫画家为吉列做了幅宣传画。画面上，一位漂亮的女郎一手捂着自己的脸蛋，另一只手则指着她情人的络腮胡子，而那位男人则一脸尴尬地看着不远处的吉列剃刀。这个广告让更多的人开始注意胡子问题了，也使得吉列有了一些名气。

第二次世界大战开始后，吉列作出了一个重大决策，决定低价为前线军人提供剃刀，只收成本费用。他之所以这样做，是因为他知道如果这些军人用惯了吉列剃刀，就会成为他的最好宣传员。果然，后来的事实正如他想的那样，大战胜利后的盟国部队，为吉列做了一次规模庞大的义务宣传，产生了意想不到的效果。吉列剃刀的名声伴随着胜利的凯歌蜚声全球，吉列梦想中的剃刀王国也由此开始建立了。美国《商业周刊》评选的20世纪人类的重大发明中，吉列剃刀榜上有名，理由是“它改变了世界上将近一半的男人处理胡子的方式”。小小剃刀挥舞全球，是因为大家都需要它，尽管它是一种小商品，但需求量巨大，累加起来，总量就相当可观。所以，着重于大多数人需求的投资，一般都会有出乎意料的回报。

点评

类似吉列剃刀这样，对原产品进行改进的创业方式，比较显著的特点是一旦改进成功，进行规模化生产的可能性就很大。而前面那些独创的发明多是将专利卖给别人，任别人去支配。这是两者最大的区别之一。当然，这也是因为改进相对容易，如果卖给别人得到的实际效益不会太大。

卢楚其的做法更说明了这一点。

【案例2】 卢楚其经过辛苦努力，靠修理电视机积累了一些资金，然后用这些资金买了一台二手的线切割机，稳定地经营自己的生意。不久，香港的一个老板联系上了他，并给了他一个连续脉冲的打火机。这个小打火机很精巧，一按开关，火花就嗒嗒地出来了。香港老板希望卢楚其好好研究这个东西，又给了他足够的科研经费。卢楚其经过精心钻研和测试，终于成功地研究出了这种打火机。

遗憾的是香港老板的公司没做这个产品，卢楚其觉得太可惜了，索性把这个技术介绍给万家乐。不过，万家乐希望卢楚其帮他们做一个全自动点火的燃气热水器。卢楚其爽快地答应了，不久就做出了一个完整的样品。但是，万家乐方面因为自己的产品已经供不应求，每一次的供货会都是所谓的“分货会”，根本不用为销路伤脑筋。在这种情况下，万家乐认为不做这个新产品，也不会影响公司的业绩。

卢楚其花了大量时间、精力和费用研制出全自动热水器的核心技术后，本来准备与万家乐联手大干一场，没想到对方并不领情。眼看全自动燃气热水器的项目濒临流产，他感到痛苦万分。他承认万家乐当时的市场状况良好，他们可以放下来以后慢慢开发，但对自己来说就必须尽快着手操作。

为了不让辛苦努力的成果付之东流，卢楚其决定以万和为品牌来做自己的燃气热水器，由于技术创新优势，加上使用确实方便，此后万和以最先进的第三代全自动热水器进入市场，口碑相传从而获得了空前的成功，销售业绩奇佳。此时卢楚其没有因此志得意满，而是出奇制胜，不断推出新产品，同时把旧产品大幅降价，这一招让所有对手都措手不及。价格上不跟进就要损失市场份额，一旦跟进就会损失利润，这使得对手们如芒刺背，极不舒坦。

在这个经济飞速发展时期，各国都有自己的优势，新产品也更是层出不穷，这给我们提供了很多商机。采用这种复制并改进国外产品的方法，仅靠微薄的5000元也能够创造奇迹，这绝不是毫无根据的。

【案例3】 赵松青当了两年的教师，只存下了5000元钱。1997年暑假过后，尽管家里人和朋友没有一个人赞同，他还是辞职了。

5000元钱究竟可以做什么？赵松青把自己关在屋子里整整一个星期，翻遍他看过的所有书，本以为能找到好项目，可到了第6天时还是一无所获。一个人越想越气，也不知哪里来的邪火，他一把将写字台的抽屉拽出来，狠狠摔在地上，自己也一屁股坐在地上，这时屁股底下发出一种类似抽水马桶的怪声，吓得他一下子又跳了起来。他仔细一看，原来是父亲从美国带回来的一种小玩意儿——冰箱贴，因为被制造成了马桶的样子，拿手一摁，就会发出抽水的声音。赵松青捡起这个小玩意儿，看了半天，又将它拆开来琢磨，他突然知道他该做什么了。

第二天，赵松青与一个小工厂联系后，立刻乘车去了那个工厂。厂长特别热情，说只要能有生意做，不但保证质量和工期，价格也好商量。当天晚上，凭着学物理的这点功底，赵松青连夜制作出了工艺图。他给了那个工厂1000元钱的定金后，马上返回了北京。

回到北京城的第二天，赵松青马上到北京所有小商品批发市场，与摊主们联系。他一将样品拿出来，这些老板都特别感兴趣。双方一番讨价还价后，最后将产品定价为6元钱一个，一般情况下5.5元就可成交。3天的时间里，赵松青就订出去了1000个。5天期满时，他去提货，没想到这个小工厂的效率挺高，5天的时间就制作出了1500多个，做工也还算精细。赵松青非常干脆，将所有的余款都给了厂长，并且告诉他马上还会再制作10000个。厂长一听，特别高兴，又让出了2毛钱的利。就这样，不到两个月的时间，他定做的13000个“抽水马桶”冰箱贴全部卖了出去，除去所有的开支和制作费用，赵松青一共赚了5万元。

有一天，赵松青突然发高烧，高烧持续不退，每天只好用冰块降温。一次吃过药后，他依然浑身发热，便昏昏沉沉地睡着了，不久感觉脖子凉凉地特别舒服，才发现原来是冰块滑落到了枕头上。

高烧一退，赵松青就开始搜寻天气方面的资料，他预测1998年的夏天是酷暑，而前两年有一种“凉爽坐垫”曾经很畅销，如果将它制作成“冰枕”，销路应该不错。这一次，他还是将5万元全部投入了进去。当年夏天果然酷热，尽管多个厂家同时推出了“冰枕”，还互相压价，但由于自己的产品成本较低，获利也很可观，短短几个月，他的5万元迅速变成了70万元。赚到70万元后，赵松青就成立了自己的商贸公司，之后他又陆续开发了5个项目，到2000年年底时，他已经赚到了600多万元。

点评

赵松青的创业之路很有实际意义，这种模式成功的可能性极大。创业投入不是很大，即使失败也不损失什么，至少可以得到锻炼。正如我们在前面所说，创业能否成功最终取决于行动，所以鼓励大家在出国旅游时多逛逛商场，一旦发现机会，就不要轻易放过。

【案例4】 罗光明在商场做销售工作。有一次，一个顾客想买用于清新空气杀菌的机器。罗光明向她推荐时下正热销的臭氧消毒机，可是顾客还想要具有过滤空气并清除颗粒灰尘功能的机器。罗光明便向她推荐了单独的空气净化机，但顾客又嫌多买一个机器回家占地方，而且价格也贵。最后顾客什么也没有买就走了。

顾客走后，罗光明注意到，商场现有的一些空气净化器跟空气消毒机，都是单一性的产品，没有综合功能，如果将多种功能集中在一起，这样既能避免顾客买多种机器在家摆放占地的不便，还能降低成本，让顾客受益。这个想法让罗光明看到了创业的曙光，于是，他开始查找资料，实施这个创意。

当今，国内外空气净化普遍采用HEPA过滤技术、负氧离子、臭氧技术，经过30多年的应用，技术已十分成熟。罗光明将这3种技术集中在一起，经过刻苦钻研，终于设计出具有多重功能的空气清新机。产品技术完善后，罗光明还设计出了具有人性化独特外观的样机。带着样机，罗光明找到厦门好几个生产小家电的厂家与之合作。一连几天，当初感兴趣的厂家都没有与他联系，几个厂家都回了话，你要是有兴趣，可以付款，我们替你生产；但要双方合作，我们不愿意担风险。

罗光明只好再想办法。他找遍了朋友，将所有与他有过交往的商人在脑中浏览一遍，最后，一个与他有过一面之缘的香港商人林先生定格在他的脑海。虽然已事隔多年，但罗光明还是决定试一试。

与林先生见面后，罗光明讲明了自己的情况，林先生虽然感动于罗光明的诚意，但在商必言商，他提出产品有市场反馈时才能投资。这无疑又给罗光明出了难题，产品未生产出来，怎么能看到反馈？情急之中，罗光明猛然想到互联网，他提议，先将产品放到贸易网上获取反馈。

一个星期后，产品很快有了反馈，香港几家公司和欧盟国家的一些公司都发邮件询问，美国一家公司还希望订购500台这样的机器。虽然只是一笔意向性的业务订单，却带来了林先生跟罗光明合作的机会。产品在通过中国疾病预防控制中心、福建省卫生防疫站的检测和认证后，终于开始生产。

欧洲500台订单成了他们的第一笔业务，就是这一笔业务，让他们赚得了100多万元人民币。有了良好的开端后，林先生也信守承诺，与罗光明签订了合作协议，同时，罗光明以技术折价100万元拥有公司的部分股份。

签完协议当天，罗光明独自在新的办公室里坐了一夜。努力多年的他在此时终于有了一丝宽慰。不怕做不到，就怕想不到。只要抢先一步，就会与成功接近一步。遇到问题要善于思考，很多问题中都潜伏了各种机会，人类就是在这种不断改进创新的过程中前进的。天下兴亡，匹夫有责。生活中遇到了问题，解决这个问题也是我们每个人的责任。有了这种思想，那么再遇到问题的时候，你就会惊喜地发现，成功近在咫尺。

二、利用医药配方起家

医药配方领域的创业同样也是靠技术或者经验，但又有自己的特色。这绝非每个人都可以做到的，只适合那些从事该行业的人，或从事与之相关的行业的人。

【案例1】 赵章光是浙江乐清的一位乡村医生，在长期的行医实践中，他掌握了治疗皮肤病的诀窍，在乐清一带小有名气。一位慕名而来的病人，使赵章光的行医方向发生了改变，也改变了他一生的命运。这位病人是一位年轻漂亮的姑娘，从外表看她并没有什么特殊的，可仔细观察，就会发现她那一头秀发竟然是假的。原来，这位姑娘自幼得病，头发全掉光了，每天带假发上下班。有一次突然刮风，她的假发被风刮掉，遭到许多人的嘲笑，这位姑娘每天以泪洗面，产生了轻生的念头。她的家人听说赵章光治疗皮肤病很有一套，便抱着试试看的态度，请赵章光为她治疗。

望着一家人期待的目光，赵章光陷入了沉思。像这位姑娘的情况很常见。在行医过程中，赵章光多次目睹脱发给人造成的痛苦。医生的责任感，使他走上了治疗脱发的道路。他开始有意识地收集资料，认真地接待每一位要求治疗的病人，并详细询问患者脱发的原因。他不停地探索、实验、考察，相信只要坚持不懈地努力下去，脱发这个顽症一定能够攻克。根据自己行医的经验，他决定从祖国的中医宝库中寻找药方。最后，他得出这样一个结论：脱发的重要原因是精神紧张。

白天，他到处行医，走乡串岭，不断收集民间的偏方；夜晚，他点灯苦战，查阅典籍。他发现祖国的许多医典对脱发都有记载，根据对书籍的理解和自己的经验，赵章光配置了几种药水，并尝试为病人治疗。起初的困难是难以想象的，但他还是坚持下来。经过了80次、90次、100次实验，成功女神终于降临到他面前。

一天清晨，赵章光被一阵急促的敲门声惊醒。门外，他的好朋友林甲奶兴奋地喊着："章光，你看，我的头发长起来了！"赵章光有点不相信自己的耳朵，可林甲奶满头的新发却显示他确实成功了。赵章光没有立即陷入欣喜之中，而是在思考林甲奶是不是一个特例。在以后的时间里，他又多次用第101次配置的药水为病人治病。通过检验，赵章光终于相信自己确实获得了成功。

赵章光将这种治疗脱发的药命名为"101"，这个命名不仅见证了他数年如一日的钻研精神，也表明了他决心为天下脱发患者治疗的决心。

赵章光是一个朴素的乡村医生，他做梦也没有想到这一发明所产生的巨大经济价值，更没有想到自己解决了全球医学界长期无法解决的难题。当他怀着治病救人的单纯目的准备将这一发明推向社会时，却发现自己已经身无分文。

赵章光没有气馁，他拿出自己的看家本领，义务看病。渐渐地，相信他的人越来越多，"101"的威名也随之传扬。终于，他的发明引起有关部门的注意，他们组织专家组对其进行鉴定，认为"101"可以有效地治疗脂溢性脱发，是一种融中西医于一体的治疗脱发的技术，居于国际领先地位。

不久，赵章光的发明得到全世界的认可，并在布鲁塞尔国际发明博览会上夺得了金牌。许多用过"101"的人都称赞它的神奇功效。在日本，有脱发患者称它为"东方魔水"。随之，赵章光的名字也从乐清走向温州，走向浙江，走向北京，走向全世界，走向成千上万脱发患者的心中。而他的命运也发生了重大改变，从清贫的乡村医生，变成了亿万富翁。

点评

以上例子中的主人公在创业时没有足够的资金，但他依靠自己的智慧，开辟了新的天地。赵章光用艰苦的努力和汗水，研制出改变很多人命运的救世良药，他的故事蕴含着改变自己命运的决心和恒心，这就使得他超越了资本创业的局限，用个人的智慧实现了人生的飞跃。

【案例2】 和章光一样，张芝庭也是乡村医生。生活的磨难使张芝庭自小练就了顽强的生存能力，并培养了一颗济世救贫的信念。为了解除当地老百姓因脚癣所受的病痛困扰，他争取获得亲身经历的第一手资料。白天，他在一座座危崖峭壁间攀爬搜寻，广采良药；夜晚，他强忍着药液对皮肤的剧烈刺激，亲自试药。

在经过艰苦探索和反复试验之后，“脚癣一次净”的研究开发终于获得了成功。产品疗效显著，反应极好，很快得到了患者的一致好评。为了让更多的患者得到治疗，张芝庭承包了兴义制药厂的土霉素车间，此举不仅为更多的患者解除了病痛，而且利用这个小小的车间创造出了效益。两个月的时间不仅还清了所有贷款，还净赚3250元。县政府便希望他承包整个兴义制药厂，张芝庭欣然接受。不到半年，兴义制药厂就在他的管理下扭亏为盈，盈利7万元。

后来，当他得知在西安将举办一次全国性的药品展销会后，在没有得到邀请的情况下，他一个人背上研制的产品——简单到不能再简单的“脚癣一次净”，辗转赴会。但到了会上，他因不是展销单位而被拒绝“签到”，也就没有机会在展销会上分到摊位。但这在他去之前就料到了。

为了让众人特别是购药单位的人了解“脚癣一次净”这个产品，他就利用别人休息之时“串门子”。遭白眼不说，还可能被呵斥。终于，有人被他的真诚所打动，留下了联系电话说以后再联络，他知道这不过是有礼貌的托词罢了。但他不罢休，当场向别人承诺这个药品“30分钟一定见效”。有足癣者以为他吹牛，想用事实揭示其谎言，就真的要泡脚试试。结果，在预定时间内见了效果。这消息顿时一传十、十传百。张芝庭刚回到贵阳，全国各地的订单便如雪片般纷纷涌来，订货金额足有百万元。

所谓近水楼台先得月，在医学领域创业的人，大都是在这个行业工作的人。在这个行业工作的人太多了，但真正成功的还是那些有心之人。侯丽萍也是这样一位有心人。

【案例3】 32岁以前的侯丽萍与绝大部分上班族的经历没多大区别。她21岁从山西中医学校毕业后，被分配到太原一家医院，开始了11年的行医生涯。一次偶然的机会，让她成为了著名老中医石广济的入室弟子。侯丽萍的勤奋好学和聪颖天资让石广济尤为欢喜，每天都给她悉心传授中医秘方。在学习中，侯丽萍也找到了自己后来立志要终生奋斗的领域——类风湿病研究。搞过中医的人都知道，类风湿病是一种顽固的疑难杂症，医学界至今没弄清其发病原因，而这种疾病的患者十分普遍，在欧美发达国家，类风湿病患者在人口中的比例也高达3%—5%。

30岁出头之时，侯丽萍就以治疗类风湿病闻名，每天来看病的人络绎不绝，即使晚上回到家，仍有慕名而来的病人等着她。

工作中，侯丽萍逐渐感到传统医疗体制的诸多弊端，她开始尝试打破这种束缚。1987年11月，由侯丽萍亲手创办的太原市类风湿性关节病医院诞生了，这是中国第一家类风湿性关节病专科医院，也是山西第一家股份制中医专科医院。办院的10万元钱全是侯丽萍一个人。从亲朋好友处筹措而来的，而最初的医院场地也是租借的太原市坞城路一带的几十间民房。

侯丽萍在新天地里如鱼得水，先后研制出十几种治疗类风湿病的药剂，并获得了国家技术专利。在自己创办医院的同时，她还与省内外多家医院建立了科研协作关系，从而使她的小医院在短时期内获得了丰硕的科研成果。她将科研成果转化为产品迅速投入市场，创造了良好的社会和经济效益。

三、依托文学艺术起步

和技术专利相比，文学艺术方面的创业就显得容易一些。其实表面看起来容易，实际行动时就会发现并非如此。不过，做什么事情都要辩证考虑，不要太悲观，也不能过于乐观。把自己心中设想的事情付之于行动，就像朱德庸一样，把自己对世界的思考通过漫画画出来，这就是成功。

【案例1】 小时候的朱德庸被大伙认定是一个没有出息的孩子。老师歧视他，同学们对他很冷漠，家长也对他不抱任何期望。这个严重自闭的小男孩天生对任何事情都有一种本能的恐惧和抗拒。自闭的人要想不让自己憋死，总得找个法子吧。让他在窒闷的少年时代获得某种程度精神放松的就是漫画。漫画成了他守护自己精神世界的私人堡垒，可以说是他心理上的抚慰剂。高中毕业时，他准备报考台北的艺专，为此还恶补了一个月的素描和水彩，结果水彩、中国水墨和书法全不及格，只有素描得60分，被人认为“完全没有艺术天分”。

大学快毕业时，他发表在系刊上的漫画被《工商时报》的主编看中，主编主动打电话向他约稿。不久，《中国时报》美洲版也向他约稿。这个还没有毕业的大学生开始有很高的收入，一个月就有2万多台币。即使后来到了部队，他还是偷偷地画，然后想办法寄回台北，再由父亲寄给报社。朱德庸当了一年的兵就调到马祖。去马祖前他有10天假，《中国时报》便跟他约稿，让他画出够一个月用的稿子。他就画了一个月的《双响炮》给他们，然后他就去马祖了。朱德庸退伍回到台北后，才知道自己已经成了漫画界最受瞩目的明星。

朱德庸1985年8月退伍，之后就开始推出《双响炮3》，第一版只印了2万册，因为他们以为不会有多少人来买第3本。一个星期后出版社给他们打电话说需要赶快加印。以前印的2万册全卖光了，销售形势一片大好。

《双响炮》红了3年之后，朱德庸开始画《醋溜族》，灵感源自台北街头的新人类。《醋溜族》在《中国时报》连续刊登了10年，创下了台湾四格漫画在报纸上连载时间最长的记录。之后，他又关注了单身女性这样一个怪怪的“部落”，开始画起《涩女郎》系列作品。

点评

在文艺界获得成功的人是比较多的。美国的迪斯尼在落魄的时候发现了一只小老鼠，正是这只老鼠给了他灵感，让他创作出后来迷倒全球小朋友的米老鼠。日本人藤本弘和安孙子素雄合作创作的机器猫，其可爱的形象至今仍让大家喜爱不已。除了这些文艺创作外，还有一种形式，就是商标设计。

【案例2】 “牛奶奶”、“娃宝宝”……在上海联合产权交易所项目交易库中，经常可见一件件名称诙谐的商标叫卖。这些起价5万元的商标挂牌不久就被人买走。

这些商标的设计者都是一些刚毕业的大学生，擅长画图设计，萌发的新点子层出不穷。曾设计并高价卖出一个地板商标的小黄介绍，商标买卖正成为新的致富途径，一些职业炒标手看到一个立意巧妙、读起来朗朗上口并让人过耳不忘的商标后，就立刻买下，再转手高价出售。小黄无意做炒标者，宁愿赚小钱，全心做商标设计。设计一个商标，包括注册等费用，不超过2000元，但挂牌出售，起码要卖5万元。巨大的差价，让小黄的创业之路走得轻松而快乐。在短短一年中，他就赚了近百万元。

在这个行业创业的人，通常采取兼职的方式，甚至仅把创业当作个人的爱好。创业的精髓在于行动，只要迈出人生最重要的一步，成功就是必然的事情。机会到处都有，所以不必成天抱怨自己没有好点子，可怕的是你没有勇气迈出第一步。

很多人有创业的激情、冲劲，但没有实在的行动，结果一切照旧。也有一些人比较胆小，先在一旁观看别人是否做了，等别人做了后才敢去做。这样一来，大好机会便会从他身边悄悄溜走了。

【案例3】 2006年，还在大学读书的王卯卯，在博客里写出了对未来的迷茫，尤其抱怨自己的画总不能得奖。一次胃疼时，她随手勾勒了一只兔子，命名为“兔斯基”，并让兔斯基做一些夸张的动作来发泄自己郁闷的心情。王卯卯绝不会想到，作为“胃疼纪念品”的那只寥寥几笔的兔子，在一年后，会成为手机巨头摩托罗拉的第一位虚拟代言人，像周杰伦一样握着手机出现在各大城市的广告牌和公车上。

大旗网主办的“2007年坛论中国影响力”盛典上，兔斯基打败悠嘻猴和洋葱头等对手，获得“年度最佳娱乐形象奖”。就这样，兔斯基成为了2007年的“表情王”。自此，王卯卯的博客日点击量超过4万，并有了许多忠实的粉丝。

王卯卯设计的这款兔斯基生动活跃，十分活泼，个性爱玩，招人喜爱。2007年，摩托罗拉推出功能偏重于上网的Q8，在选择代言人时，摩托罗拉一眼就看上了兔斯基。因为兔斯基无论在网络上还是现实中都大受欢迎，这些特质与手机定位相契合。

和摩托罗拉这样的大公司合作让兔斯基真正开始走向商业化，随后，王卯卯为Q8画了一整套与手机相关的兔斯基，获得百万元酬劳。摩托罗拉对广告很满意，Q8销售成绩很不错，连说明书上都是上网冲浪的兔斯基，兔斯基也凭借摩托罗拉广告的大力推广在整个亚太区有了知名度。

看中兔斯基的巨大潜力和商业价值的公司还有惠普。去年底，惠普在北京启动“我的电脑我的舞台”年轻人市场策略，王卯卯和她的兔斯基作为“年轻领袖”获邀列席。兔斯基的成功让王卯卯开始像明星一样出席众多商业活动，还有机会和著名导演徐克等知名人士共进晚餐。王卯卯尚未毕业就走上了一条成功之路，这就是文艺方面的创新价值。

【案例4】 搞怪的创意口型秀组合“后舍男生”，从嬉闹搞怪到签约百事公司，也是一桩佳话。

黄艺馨和韦玮念书时经常一起进行搞怪表演。2005年，后舍男生的第一首网络歌曲视频《As long as you love me》推出了，方法是假唱，并翻拍成MV，有点类似于“双簧”。他们最初只是觉得好玩，算是找了个消遣的方式，纯属自娱自乐。“后舍男生”在网上发布他们模仿“后街男孩”的爆笑视频假唱后，一瞬间红遍了网络。后来，很多公司主动找上门要和他们签约，就连百事公司也上门来与他们商谈合作事宜。在百事可乐的一辑广告片中，“后舍男生”有机会与百事巨星谢霆锋合作。“后舍男生”顺利签约百事，打破了百事采用演艺明星的惯例。一方面是因为他们非凡的创意才能，另一方面，则是缘于这两个男生在网友中的强大号召力。从此，这两个普通大学生，轻松地踏上了星光大道。仅是一个不经意的娱乐创意，却给他们带来了难得的人生机遇。

社会经济日益发达的今天，文化艺术的创新亦日新月异。这是整个国家发展的方向，也是国家大力扶持的产业。因此，文化艺术领域的前景极为广阔。基于人民大众的欣赏力、审美新鲜感等因素，要在这个行业取得长足发展，必须有创新精神。

创新就是机会，就是财富。2006年世界杯期间，央视足球赛主持人黄健翔的一阵狂喊，竟让他成为了娱乐圈的名人。2003年，郝雨为了好玩，把自己发牢骚创作的搞笑歌曲《大学生自习室》发到网上，接下来的短短4个月，这首说唱歌曲迅速在网上创下了120万人次的下载量，郝雨也因此成为知名人物。

中国是一个拥有5000多年历史文化积淀的国度，随着我们国家经济、军事实力的强大，文化必然会随之逐步影响甚至渗透到全世界各个角落，以后的发展机会已不仅局限于国内的平台了。华夏文明几千年的文化所蕴含的思想乃至奇迹，将会逐步展现出来。关注历史变迁，关注文化艺术的每一次复兴，再根据自己的实际情况，创作出具有特色并能迎合时代潮流的作品，或许很快就会风靡全球。

四、发挥特长优势

1.天生特长

所谓特长，通常指并非每个人都容易做到的，例如，很少有人打篮球比姚明打得棒，很少有人唱歌比刘德华唱得好，这些即为特长。除了这些，还有一些特长比较特殊。这些特长归纳起来，也算是专利创业的一种，只是这种专利颇为独特。

疯狂英语创始人李阳，发现并总结了学习英语的“快捷方式”，这也是他的专利。

【案例1】 李阳上大学一二年级时，曾多次补考英语。后来，他独辟蹊径，摸索总结出一套独特的英语学习法，集“听说读写译”于一体，后被称作“疯狂英语”。他用这种自创的学习方法，又很快地学会了其他多种语言。受此启发，他觉得为什么不把自己的这种方法介绍给大家呢？中国现在学习英语的人几乎上亿，商业前景广阔。

于是，李阳开办了疯狂英语杂志，专门介绍自己的学习方法，销量果然很好。他每次现场示范，皆座无虚席。他所倡导的这种“疯狂”，代表着超越自我的精神和不达目的绝不罢休的激情。其实，人一旦有了这种“疯狂”，做任何事都能成功，何止是攻克英语呢？

1992年，李阳因出色的英语水平被调入广州，筹办中国第一家省级英语电台即广东人民广播电台英文台，并担任新闻播音员。期间，他还以独立口译员的身份担任美国总领事馆文化处、农业处和商务处的特邀翻译。

1994年，李阳辞去电台的工作，创办了“李阳—克立兹国际英语推广工作室”。他连续4年在广州宣传并组织英语演讲，后来，他开始在全国范围内推广李阳疯狂英语快速突破法，并将主要精力投入到出版事业中，一面着手筹备和组建培训机构。

2002年，李阳正式开办了“李阳外语培训学校”，已培训了数以万计的学员。由于他的杰出贡献，李阳先后担任了北京市政府英语顾问和2002年足球世界杯形象大使，并被评为“全国新青年十大新锐人物”。

李阳认为，全国的英语培训市场依然很广阔，对非应试类的英语培训需求增幅明显。当然，英语培训机构众多，竞争日趋激烈，这对机构本身的要求也更加严格，也从侧面反映了市场的细分越来越明显。李阳一直在努力改变传统应试教育中的外语学习理念，以快速突破英语的培训方法和课程，让中国近3亿的学习者讲一口流利的英语。

这种独特的创业形式所掀起的效应，是前所未有的。这些做法不一定是他们首次发现的，却是第一次被进行商业化运作。各个行业均会出现此类机会，但在教育行业尤其是外语学习中体现得最为典型。

点评

这就是你发现的一个社会经验，任何用心的人，只要长期从事某一行业，必然会对该行业有所发现和领悟，形成自己的理论，这些理论就是自己创业的途径。台湾职业经理人余世维，曾在很多大型跨国公司工作，在岗位上也表现很不错。他现在就凭这些经验给后来者进行讲解和培训，这也是一种创业方式。尽管这样的创业方式所创造的价值已不能被称为第一桶金了，但还要介绍，就是为了说明这些方式也是创业的一个选择。类似的做法，在汽车行业也很明显。

【案例2】 如今私家车越来越多，但大部分买车人对车的特点、性能了解甚少。所以，他们在买车过程中都需要一个懂行的人做参谋。很少有人想到这样的生财之道，北京一些眼光锐利的人士却抢先利用替人“验车”赚钱，并且日进斗金，让人刮目相看。

1991年，唐跃佳高中毕业后学了两年汽车修理，又帮人开了7年汽车。9年里，唐跃佳整天与各类汽车打交道，这使他对每款汽车的性能了如指掌。2000年3月，他的一个朋友钟先生请他帮忙验新车。钟先生选中车型后，唐跃佳开着新车去高速路上跑了两圈，进行了路况检测。唐跃佳将得出的结论逐条分析给钟先生听：这车装配的音响比说明书上的档次要低，至少得少花3000块钱；排气管安装有点偏……

在钟先生与销售商签合同时，钟先生把唐跃佳发现的问题一一说明。销售商起初还反驳，但在唐跃佳有理有据的分析下，销售商最后口服心服。为此，钟先生节省了近万元。签了买车合同的当晚，钟先生便给了唐跃佳1000元的酬谢费。之后，他又通过多种渠道了解到，很多买车人对汽车销售商都痛恨不已，由于坑蒙拐骗的事太多，他们很难辨清哪款车可放心购买。请个律师吧，律师虽然有专业的法律知识，但又不懂汽车知识，还是让人不放心。毕竟，买车动辄几十万元，谁都害怕被骗。他意识到，汽车销售市场存在"验车"这一项服务空白。他便有了以"验车"谋生创业的想法。

经过长时间对车市的认真调查，他先印了5000多张名片，到车市散发。名片上的头衔是"车辆体检师"，在名片背面还介绍了自己从事多年车辆维修和驾车的经历，服务口号是"为你找到物超所值的爱车"。

但出人意料的是，名片发出后竟没有一个人联系他。认真分析后，他认为这是由于人们对这个新行当还不了解。随后，他就跟北京市交通台一档晚间资讯节目进行联动，向收听节目咨询购车知识的听众提供免费"验车"服务。这一招果然非常奏效，几期节目播下来，就有不少人联系唐跃佳。就这样，一批批的听众陆续成为唐跃佳的主要顾客。很多有意买车的人都请他去"验车"。唐跃佳按验一辆车200到500元收取费用，到2000年7月，他的生意已应接不暇，月收入超过了1万元。

唐跃佳广泛结交汽车界的朋友，并从他们那里获取车界的最新信息。后来一些汽车销售公司的老板欲请唐跃佳介绍客户，并表示只要长期给他们提供客户，他们不但能给客户提供北京城最低的价格，成交后还能按成交价的5%给他提成。唐跃佳深知这些老板是利用自己的技术做销售商的"托儿"，但他转念一想，只要自己真实地对车的性能做评价，严把质量关，这其实是一件一举两得的事。

唐跃佳很快接受了这个邀请。他凭借自己过硬的汽车维修、驾驶和检测技术，一边为客户试车，一边向客户推荐各款车型。不到半个月，唐跃佳就成功地"卖"了3辆车，提成近5万元。

到了2002年，唐跃佳在北京的名气越来越大，收入也更加可观。在这一年中，他"卖出"278辆车，提成竟达100多万元。到2003年5

月，他与亚帝、麻芝等好几个大的汽车销售商建立了互惠互利关系，生意更是越做越大。

专利发明的创业方式，在今天几乎成了最快的创业选择。有了专利，就是不能利用专利进行其他资本运作，也可通过卖掉自己的专利获得第一桶金，以实现自己的初始目标。

正如笔者所写，这类创业方式要求偏高，但也不是高不可攀的。古人说过："天下事有难易乎，为之，则难者亦易也；不为，则易者亦难也。"任何事情都应该辩证来看，只要能成功，便没有难易之分。再容易的事情，如果完不成也不能称之为容易。因此，很多本该成功的人便与成功失之交臂了。比如：1＋2＋3＋…＋100＝？要得到正确的结果真的很困难吗？虽然这是一个复杂的计算过程，但即便是按一般的方法来计算，只需花点时间，答案自然会算出来。

点评

事实上，创业亦如此。表面看起来很困难的事情，步骤都比较多，这只能称为复杂。如果把复杂的事情分解开来，虽然多了一些步骤，但只要坚定最初的信念，一步步地走下去，也没有什么不可完成的。

专利发明是最适合大学生的创业方式。在大学里，大家都受过各种专业的学习和培训，而市场上的很多新产品也只是经过简单的组合，做法或许复杂了些，但只要愿意做还是可以做出来的。创业本来就不是人人都要经历的过程，不过，一旦选择了这条道路，就要坚持到底。无论遇到多大的困难，对有志于创业的年青人来说，前进的步伐始终不会停止。

2.可学的技术

很多人虽然没有受过高等教育，但为了谋生学了一些技术。俗话说"天旱饿不死手艺人"，就是这个理儿。不管时代如何变迁，机会总是平等的。有手艺的人，完全可以凭借自己的手艺创业。这种创业方式虽然不比专利创业来得快，却比较稳定，对于某些的创业者来说，同样是一个不错的选择。

【案例1】 上世纪80年代初期，中国开始实行改革开放，下海经商的热潮席卷了中国大地。左宗申辞去了重庆瓷厂的工作，开始了他从商生涯的第一步。但是事情并不如意，折腾了很长一段时间，不仅没赚到钱，还赔光了本钱。

屡受挫折的左宗申十分痛苦。当时，他已近而立之年，俗话说"人过三十不学艺"，照这样下去，或许自己只能平平淡淡地度过一生了。他跟大舅子学起了摩托车维修，从对摩托车一无所知，到一听发动机的轰鸣声就能判断车的毛病在什么地方，他吃了许多苦，总算练就了一手摩托车维修的高超技艺。

1990年，一次偶然机会，朋友托他到重庆南岸五中校办摩托厂买一辆三轮摩托车。去后，左宗申发现校办工厂的生意很好，学校周围的旅馆都住满了等待提车的人。一打听，他才知道发动机的货源很紧俏。左宗申想，修理摩托车发动机自己轻车熟路，为何不组装几台呢？打定主意后，他将自己的想法告诉校办工厂的厂长，得到厂长的赞同。几天后，厂长亲自上门，向他订购了一百台发动机，从此，左宗申的事业一发不可收拾。

在那个英雄辈出的年代，带着光荣与梦想，一群人凭借激情、智能和对"中国特色"的深切把握迅速成长了起来。经过几年的技术和财力积累，左宗申攒足20万元，又筹措了30万元，成立了重庆宗申摩托车科技开发有限公司。一个修理匠就这样迈进了摩托车工业的大门。

当年，"宗申"开发生产的70CC发动机在市场获得巨大成功，但左宗申却面临着巨大的压力。嘉陵、建设、望江三家本地大型摩托车企业的竞争对手在市场里互相打压。左宗申静静地等待机会降临。不久，国家允许私营企业进行发动机生产。拿到摩托车发动机生产许可证后，左宗申松了一口气。1994、1995两年，中国摩托车的发动机在市场表现出奇的好，那两年，几乎所有生产发动机的企业都赚了钱，宗申公司也迅速完成了资本积累。

点评

创业最难的莫过于迈开第一步，无论靠专利还是靠学习的技术，机会都是一样的。80年代起家的那一批企业家，大多靠自己的技术闯世界，而且都充满传奇色彩。

【案例2】 致力于打造木业王国的陶新康，8岁之后在上海奉贤农村长大，生活特别艰苦。高中刚毕业，陶新康就不得不自己谋生了。他的父亲是有名的奉帮裁缝，可他没有走父亲的路去做裁缝，而是按自己的兴趣去学木工。

学木工实乃不易。陶新康年轻时身体很棒，也比别人多吃苦、多下工夫，还特别会动脑子。所以，一般人家学4年，他学一年半就出师了。后来，陶新康开始自己做，还带了不少徒弟，最多时有20几个。当时，各种物资都紧缺，无论床、橱、沙发、桌子和椅子等等，产量都非常少。而且，当时城市小青年结婚买家具都很麻烦，从登记到提货的时间长不说，最终领到的家具也是式样单一，毫无特色。所以，很多人乐意请木匠师傅定做家具。

1978年，陶新康25岁时，靠自己的好手艺攒到了1万元。这个数字在当时是个天文数字。但陶新康并不满足，开始投资办起了家具厂，并在7年的时间里获利从1万扩充到50万，之后，他又开了一家规模更大的家具厂——高潮家具厂。据说，从1986年到1990年，高潮家具在上海供不应求，很多顾客们直接宣称“不见高潮家具不结婚”，所以，提前付定金、排队等货已成平常事。面对这个情况，陶新康坐飞机到长春，拿着客户预付的钱跑遍东北林区采购木头。正是此次经历使陶新康后来决定干脆放弃做家具，单做木材产业。

在林海雪原，单枪匹马闯天下的陶新康付出了十二分的艰辛。在大雪封山、交通阻塞的情况下，他坐过马车，乘过爬犁，甚至徒步行走，盖头遮脸的棉皮帽戴过，又冷又硬的窝窝头啃过……可他从没打算放弃过，最后果然取得了可喜的成功。这一切无不需要惊人的胆识和坚韧的毅力。和陶新康一样，张国芳也是靠自学木匠手艺起家的。

【案例3】 张国芳12岁念完小学便辍学在家，17岁拜师学艺做木工活，21岁开始到定西闯荡，靠走乡串户替人做家具谋生。改革开放以后，张国芳以出活快、质量好逐渐在当地有了名气。为了创业，他承包过定西城关油漆厂，还创办过“定西杭州沙发厂”，其生产的“西湖牌”床垫曾名噪一时。

如果说定西是张国芳的起家之地，那甘肃兰州则是他的发家之地。在做家具、卖家具赚到了第一桶金后，张国芳开始进军零售业。兰州最有人气的商场——国芳百盛购物广场，就是张国芳事业腾飞的助推器。

1998年，张国芳抓住兰州零售业的市场空白，在兰州最繁华的东方红广场旁边开设了国芳百盛商场，合资方是马来西亚金狮集团。由于地处黄金地段，再加上合资方先进的管理理念，国芳百盛一炮走红，曾创下了日最高销售额500多万元的骄人业绩。更令人叹服的是，1998年8月26日国芳百盛开业时，张国芳成功地制造了一个“新闻事件”，使他争取到了“兰洽会”永久主会场资格。原来，当时已举行了五届的兰洽会依然是“打一枪换一个地方”，精明的张国芳意识到其中的商业价值和宣传价值，主动提出用国芳百盛6至8楼承办“兰洽会”，从而巧妙地变政府资源为自己的商业资源。

点评

靠学习一门技术创业，相对其他创业形式来说，是一个比较简单的方式。虽然开始很难迅速取得创业上的飞跃，但总比没有思路、一味埋怨和哀叹自己命运不好要强很多。这个世界虽然有许多不公平的地方，但相对而言，上天赐予我们的机会还算平等。至于成功的过程，则完全取决于自己的决断与行动，任何对未来失去信心的念头都是懦弱的表现，只会加倍阻碍努力拼搏的激情。从这一点来看，周彦俊确实为我们树立了榜样。

【案例4】 周彦俊的童年是灰色的。1岁半时，他得了小儿麻痹症，从此永远失去了像正常人一样行走的机会。父亲是个篾匠，经常外出揽活，年幼的他只好被寄养在别人家。他并不甘心寄人篱下，10岁那年，他就开始拄起拐杖独立生活。

父亲希望残疾儿子学点实用的东西养活自己。周彦俊12岁那年，父亲买了一台缝纫机，让他学缝纫。然而，周彦俊却痴迷上了画画。没有专业老师的指点，只有狂热的兴趣，但他的画笔却从不停歇，画人物、画动物……为同学们描摹小人书，给班级出板报。他笔下的人物、动物、植物惟妙惟肖，让人拍手叫绝。谁也没想到，绘画竟成了他后来创业不可或缺的重要元素。

18岁那年，周彦俊在双脚做大手术后休学了。从此，村里人就经常看到一个双脚打着石膏、双手拄着拐杖、身背画架的少年。他到处给人画画，一张画卖2块至2块5。20岁那年，周彦俊迎来了生命中第一个转机。他退学了，怀揣着父亲给他的70元钱和朦胧的创业想法，独自前往县城自谋出路。

当地有个风俗，办喜事盛行赠送画匾。周彦俊认为这是个可以发挥自己特长的生意。但进县城的第一个月，周彦俊没有赚到足够的钱交房租，被房东扫地出门。然而，周彦俊的忠厚老实打动了第二个房东，不但把房子低价租给他，还答应他可以到年底再付房钱。有了落脚的地方，周彦俊预留一笔生活费后，把剩余的钱全买了玻璃、颜料、画框等，开起了自己的第一家小店。起初，他为别人画镜屏。别人做寿，他就画不老青松；别人结婚，他就画龙凤呈祥。他还加上玻璃、画框来提高档次。镜屏每块成本2元左右，卖出去则是3.8元。周彦俊的原始积累就是从这一笔笔细微的2元差价汇集而成的。

3个月下来，周彦俊攒了一笔小钱。他相信自己能做得更大更好。做大生意，资金显然不足。思来想去，他怀揣200元钱前去广西柳州。他本来想去找朋友借钱，没想到却撞上了生命中的第二次转机。

钱没有借到，满心失望的他在柳州商场闲逛。商场内一种用通草做成的立体画匾让他眼前一亮。

周彦俊认定这是可以开发的新产品，他注意到画匾的边角上印着一个印章“贵州贵定”。顾不得路途遥远和行走不便，他坐上了前往贵定的长途车。假装成进货商的周彦俊并没有引起厂方的防备，他仔细参观了整个工艺流程，临走时还买了一块成品和半斤通草，带回家进行改进。改进后的通草画匾被推出后，因其造型独特，在盛产画匾的湖南市场备受欢迎，并迅速抢占了广西市场。上门订货的厂家络绎不绝，其中还有他之前偷师的生产厂家。周彦俊顺势扩大规模，不久，小作坊被涟源县工商联收购，员工增加到了40多人。从此，周彦俊坐上了让人艳羡的位置——公办美术厂副厂长。然而，自立门户的想法始终在他心头激荡。不久，他毅然辞职，筹办兴华工艺美术厂。创业启动资金完全由朋友们东拼西凑来的。

周彦俊努力经营，不断进取，使美术厂的月收入很快从两三千上涨到几万元。后来，周彦俊用近20万买下近600平方米地皮，建起了300多平方米的厂房。此时，他脑子里有了进行产品转型的念头。虽然当年偷师学来的匾额生意不错，但他参加广州交易会后，意识到产品再不更新，客源必将萎缩。

自那时起，周彦俊一直在琢磨开发新产品。终于，笋壳进入了他的视野，用它来做野鸭、鹰等动物的羽毛效果一定非常逼真。他很快投入生产，新产品一上市，反响十分热烈。他很快为这个新产品申请了专利。一些商家找上门来指定要包销他的新产品，并定下协议，每天订货150个，而当时他的工厂一天生产能力只有60个。为此，工厂不断扩大规模。后来，他的业务遍及湖南省40多个县和北京、上海、四川等十几个省市。数百万元财富滚滚而来，30岁的周彦俊在湖南书写了让人惊叹的创业神话。这也是创业时可供选择的一种方式，几乎适合任何人。

五、依托模式创新

1.运营模式

经营模式的创新和销售模式差不多，其实二者可以组合起来，只不过销售也是一个大行业，分开来讲便于更好地分析和理解这种创业模式。

改革开放属于经营模式的创新，这是政治上经营模式的改变，军事上亦如此。当年国民党的800万军队听起来很厉害，但战斗力实在不怎么样，几年时间便被共产党消灭殆尽。若体现到商业上，这样的例子也不在少数，海尔集团就很典型。海尔刚开始只不过是一个将要破产的小作坊，可在经营模式改变之后，竟奇迹般地跃居家电行业的前列，这就是改变经营模式的魔力所在。

【案例1】 1896年，皮埃尔·顾拜旦创办了现代奥运会。他的目标是恢复古代奥运会最重要的传统，让来自世界各地的业余运动员汇集到一起，基于对体育的热爱和参与精神而互相竞争。至于奥运会收支平衡的维持，依靠的仅是个人捐献和会场的门票收入。

在1984年洛杉矶奥运会之前，主办奥运会是一个国家巨大的荣誉，但在短短17天后，其留下的巨额账单却让主办国吃尽了苦头。1976年蒙特利尔奥运会主办国加拿大到1984年仍在偿还当年的亏损，而当尤伯罗斯加入洛杉矶奥运会的筹委会时，筹委会正处于破产边缘。但洛杉矶不仅办成第一届没有赤字的奥运会，还留下了难以置信的2.2亿美元盈利。这一切，都是因为可口可乐、柯达、耐克等世界知名品牌“招摇”在奥运赛场上空所带来的收益。

如果顾拜旦被称为“现代奥运之父”，那给尤伯罗斯冠以“奥运会企业赞助之父”的头衔，一点也不为过。众所周知，尤伯罗斯之所以能完成1984年洛杉矶奥运会盈利2.2亿美元的得意之作，源于他大胆改革之前奥运会赞助商过多、过滥的弊端，形成了各大相关公司和企业激烈竞争的格局。1980年，美国冬奥会的赞助商多达381个，而尤伯罗斯将1984年洛杉矶奥运会的赞助商数目锐减到30个，同时将最低赞助额提高到400万美元。由此引发了企业之间的激烈竞争，其中包括可口可乐大战百事可乐，甩出1200万美元的高价，以及富士以700万美元击败柯达等。这些措施为奥组委筹集到了3.85亿美元的运转资金。

从此，企业赞助奥运会的规模飞速扩大。1992年巴塞罗那奥运会，企业赞助1.5亿美元；1996年亚特兰大奥运会，赞助费增至3亿至4亿美元。尽管赞助费用达到了天文数字，各家公司还是心甘情愿地付出这笔费用。因为他们知道，其带来的经济收益是不可估量的。为了表达对尤伯罗斯的感激之情，美国《时代周刊》将他评为1984年的风云人物。

奥运会，从各国刚开始的避之唯恐不及，到现在成为争相抢夺的“金饼”，是因为它不仅能给举办国带来巨大的荣誉，还能带来丰厚的利润。从这一点上来讲，我们确实应该感激尤伯罗斯对体育界的巨大贡献。这就是经营模式创新的魔力。

点评

传统的奥运会由于越办越大，资金便成了问题，连国家也无能为力，这一系列的问题成就了尤伯罗斯的丰功伟业。

【案例2】 亨利·福特首创世界第一条大规模流水作业生产线，为现代发达的汽车工业奠定了坚实的基础。他研制的物美价廉的T型车，打开了新兴的汽车市场，为美国迅速步入汽车时代作出了重要贡献。福特曾制定了一个划时代的决策，宣布从此致力于生产标准化，也就是只制造较低廉的单一品种。福特发现产品价格越低，利润越大。从销售、盈利相结合的角度看，转而生产统一规格、价格低廉、能为大众所接受的车辆确为明智之举。

福特认为，公司的产品若不制成像“别针或火柴”那样的统一规格，大规模生产的梦想就遥遥无期。同时，福特在考虑产品时，已经不再着眼于那些腰缠万贯的主顾，而是着重考虑普通的消费者。他希望制造一种农民们买得起，带有活动引擎，可拆可装的通用汽车。进一步讲，福特设想的是一种万能汽车，既能使农民们乘它去集市，又可以拆开用来锯木、汲水、驱动农机和搅乳。

由此，福特开发了他梦寐以求并能使他的公司征服市场的产品——T型车。T型车浑身上下找不到一丝装饰或华而不实，100%的实用。这正是福特所希望的样子。它车体轻，坚固而不求其外表美观，在性能上精益求精，普通人也能买得起。T型车被去掉了所有附件，以850美元一辆的价格出售，且规格一致，的确像“别针或火柴”一样。

T型车一投产就受到广泛欢迎。它无须推销自有主顾，其理由不言而喻。它之所以跃居当时各类汽车销量之首，最根本的一点是农民正需要这种车，普通人又都买得起。它的机械原理极为简单，任何用心的外行人都会很快地掌握。这种车底盘较高，可以像踩高跷那样通过乱石遍布或类似沼泽的路面，具有能穿越沙地、腐土和泥潭的优良性能。福特汽车公司这一时期的盈利情况也证明福特关于生产廉价车的决定是明智的。仅用一年时间，T型车就成为第一号盈利车。当年，福特汽车公司出售T型车达1.1万辆，在销售量和利润方面均超过其他汽车制造商。

T型汽车问世后，福特汽车公司的经理们很快发现，他们的设备不足以满足这种畅销产品的要求。随后，福特公司在底特律市郊高原公园购买了大片廉价地皮，同时雇用建筑师设计新办公楼和工厂区。福特及其工程师们作出的第一步重大改革，是在新建的部件中反复改组各部门的工序。技术人员在部件车间的布局上抛弃了老一套的作法，吸收了泰勒数年前在美国钢铁业提出的流水线生产理论，创造了新的汽车生产方式。福特的原则是：任何布局都必须能使工件尽可能不受阻碍地从一台机床“流”向另一台机床，尽量减少不必要的动作和碍手碍脚的隔机搬运。到了1910年，福特厂在流水线生产方面已居于同行业的最前列。

后来，福特又进行了反复的技术革新，先是在部件生产中采用传送带供应方式，接着又将这种方式移植到车体组装中，使汽车组装工序从头到尾都置于“运动之中”，此举将组装T型车的时耗缩短了50%，创造了汽车生产的新纪录。接着，福特公司宣布了一项新的世界纪录，即能在93分钟内从无到有地装成一辆汽车。这无疑在现代工业史上书写下了极为光辉的一篇，并为以后汽车工业技术发展制定了模式。其后，福特继续致力于流水线的改进。在1920年，他实现了每分钟生产一辆汽车的愿望，1925年，他创造了每10秒钟制造一辆汽车的纪录，在全世界同行业遥遥领先。

福特的故事再一次说明了经营模式的改变所带来的巨大威力，当传统的方式无法满足时代的需求时，只有改变整个模式才是最佳出路。这个行业的创业确实需要一定的实力（空手创业几乎不可能），但只要你能够发现机会，就一定有人愿意资助你走向成功。有了好项目再去找钱，创业就相对容易了。

如今，国内的制造业逐渐兴盛，无论哪个行业，都呈现出前所未有的规模化生产态势。因此，就必然存在生产方式变革的机会。至于该怎样变革，那就是八仙过海，各显神通了。比如格兰仕，它的企业模式就是采用大规模生产取胜，自己只生产产品，全世界大部分的微波炉都是格兰仕生产的，而它自己只做生产者，市场上并没有它的品牌，也就是所谓的OEM代工模式。由一个小作坊逐渐强大起来，再伺机推出自己的品牌。

21世纪是网络的时代，这个行业肯定存在许多机会，但目前中国的网络最需要什么？这个问题值得深思。据了解，现在中国网站产生的速度是每天两个，业内人士已开始预测，中国的互联网在不远的将来即将血流成河、尸横遍野，展开一场残酷的网络淘汰赛。

在工作中，我们会不知不觉地积累自己的创业资本，形成自己的创业理念。所谓资本不仅表现在金钱方面，创意和经验也是资本。创意是能力的源泉，经验是能力的体现，也是创业的一大资本，这是无可争议的事实。

【案例3】 克罗发现了一个经营模式创新的商机，可自己没钱，怎么办呢？如果你看了他靠经营模式的创新取得的成功，定会拍手叫绝。

克罗家里很穷，被迫在中学辍学出来做工。几年后，他在一家工厂做推销员，收入尚可，但他总是想自己出来创业。一次偶然的机会，他认识了经营快餐店的麦克唐纳兄弟。克罗对快餐的了解就是从这兄弟俩身上开始的。经过一番调查，克罗觉得应该对美国的快餐业进行改造，组成一个大的快餐托拉斯。

虽然克罗雄心勃勃，却一贫如洗，根本没有资本来实现自己的理想。这时，他想起了麦克唐纳兄弟，何不来个“借梯登楼”呢?很快克罗找到麦克唐纳兄弟，提出要到其快餐店打工，同时进行推销员的工作，还承诺将做推销员工作的5%薪水给麦克唐纳兄弟。这当然是一个好买卖，麦克唐纳兄弟做梦也没有想到，自己的堡垒中竟然混入了敌人。

在以后的6年里，为了赢得老板的信任，克罗工作特别勤奋。他多次向老板提出改进经营方法。比如：营造轻松环境，提出配制份饭、轻便包装、送饭上门等建议。在饭店里装上音响，使顾客就餐环境更加舒适。大力改善食品卫生，严格挑选服务员。每一次改革的建议，都获得了麦克唐纳兄弟的同意，也取得了良好的效果。麦克唐纳快餐店的招牌越来越响亮。克罗的新点子层出不穷，渐渐地，他在快餐店的地位超过了原来的老板。为加紧筹备创业步伐，克罗秘密筹集了大量资金，当他认为时机成熟后，便准备与麦克唐纳兄弟分道扬镳。

1961年的一个晚上，克罗与麦克唐纳兄弟进行了一次艰苦的谈判。开始时，克罗提出了苛刻的条件，麦克唐纳兄弟拒绝让步，随后，克罗把购买价格提高到了270万美元。麦克唐纳虽然舍不得自己的店，但又拒绝不了这个诱人的价格，最终同意由克罗独自经营。第二天，麦克唐纳成了快餐店的主人。克罗入主后，立即贯彻自己的经营理念，并迅速扩大到全国，在不长的时间里就赚回了270万美元，再经过20年的经营，总资产已经达到40多亿美元，其连锁店遍及世界各地。

有了创意后，再想办法去融资就比较容易了。当前，风险投资已非常成熟了，可以不必采用像克罗这样的方式。因为被雇用的周期比较长，万一别人也发现了这个商机，自己就太不划算了。但克罗成功的创业模式还是可以借鉴的。

克罗的创业属于经营模式的创新，但与前面不同的是，这个行业现在并没有面临经营危机。正是如此，才进一步说明克罗具有非凡的眼光，能先期预见到这个行业未来的经营模式。如果采用这种新的经营模式就可以给企业带来更大发展。否则，一旦对手率先发现，自己则会一步步坠入死胡同。“人无远虑，必有近忧”。现代社会发展如此神速，很多现有事实转眼之间就演变成另外一种模式，故步自封注定没有前途。

点评

大学生因为有丰富的理论知识，对未来的预测应该更准确，更易发现这样那样需要改革的商机。对企业这一方来说，大学生的潜力就在于此。一旦注重人才的企业和会思考的青年结合起来，必能造就一个生命力经久不息的企业。

在竞争中处于弱势的小企业，如想在未来的市场上占有一席之地，没有创新的经营模式，实在难以想象。如果你没有实力搞产品的创新开发，就要在经营或者销售模式的创新上苦下工夫。无论哪种模式取得突破，企业都能在激烈的市场竞争中站稳脚跟，立于不败之地。在这个方面，要群策群力。大学生是一个高智慧群体，但事实上，这个群体的智慧几乎一直处于闲置状态，如此浪费，实在可惜。

2.销售模式

销售模式的创业很独特，也是销售行业里最难的。不是难做到，而是被设想得太难。只要能想到，一定能做到，而且一尝试就能成功，一成功就是惊人的业绩。

【案例1】　麦当劳的老板雷·克罗克并没有发明或改进汉堡包，可他却发明了一种新的营销办法。他意识到与其说顾客注重最终产品，不如说更在乎迅捷的服务，连续不断的供应和比较低的价格，这些都可以变相提升产品的优势。通过把这些优势把产品推向市场，克罗克使麦当劳最终取得了巨大的成功。

最初的麦当劳只是加州圣伯那迪诺的一个汉堡包小排档。莫里斯和理查德两兄弟经营着这个摊位，而当时克罗克是一位52岁的多用搅拌机推销员。麦当劳兄弟用来做奶酪的正是这种搅拌机。当克罗克从位于沙漠边缘的这个汉堡包摊上收到8台多用搅拌机的订单时，他便亲自来打理这项生意了。

麦当劳的年销售额超过35万美元，是全美最成功的小饭店之一。顾客爱吃这种又便宜又简单的食物，也喜欢它快速的服务方式。麦当劳兄弟也知道，一份红火的买卖是可以推广到全国的，当克罗克提出与他们合作并承诺要认真进行特许经营时，兄弟俩便很快接受了。

克罗克于1961年以270万美元买下麦当劳，但他严格遵守原来的汉堡包、炸鸡和奶酪配方，主要是想让麦当劳的每位顾客，从安克雷奇到迈阿密都能吃到同样的食品。麦当劳的汉堡包必须是3.875英寸长，重1.6盎司，恰好含19%的脂肪，大的麦克面包上则含有178粒芝麻。

对麦当劳来说，比起每年卖出的大麦克更有价值的是它在顾客心中建立的观念，即每当他们购买麦当劳食品时，他们得到的是与全球任何一家麦当劳连锁店同样味道的食品，而且享受的服务快捷、热情周到。

品牌是一个名字，但在顾客心目中，却与公司产品的形象联系在一起。通过源源不断地提供食品和服务，麦当劳逐渐建立了一个品牌。无论你何时何地看到麦当劳的金门标志，都明白应该期待能得到什么样的食品、服务和价格。

你能比别人提供更好的产品或服务吗？如果你有信心回答这个问题，就可以培养核心竞争力。无论是提供更低的价格或者更多的好处，都能为顾客提供更优化的价值。如果你很清楚自己的核心竞争力，你的营销决策就会有的放矢。在今后的创业或工作中，每个广告、每次促销活动都应本着让顾客对你的核心竞争力兴奋起来的原则来设计，这样离成功自然就不远了。

“没有最好，只有更好”，正如澳柯玛的广告词说的那样，其实这个地球上的一切事物都遵循这个原则。人类从原始社会进化到高度发达的文明社会，就是这句广告词最好的体现。人类刚开始是爬行的，后来就开始走路，因为这样比较舒服，当然，让别人背着更舒服；后来开始骑马了，不仅舒服，跑得的还快；后来有了汽车，更舒服、更快了；这还不行，飞机又来了，日行千里已经很落后了；再后来是火箭，再后来就是……如此这般，一直延续下去。只要人类不灭，变革就不会终止。

点评

每一次改变，就意味一次飞跃、一个机会。或许这种机会太渺茫了，那就想想我们身边吧。拿写字用的笔来说，圆珠笔已经很成功了，大家觉得应该没什么可改进了，可是韩国人硬是发明了新型的笔芯，而且卖得特火爆，大有取代原有笔芯的势头。

说了这么多，好像与销售模式不相关，但理念是一脉相承的，都归功于创新，只不过销售模式的创新不是太好懂，但宋朝弟却不这么认为。

【案例2】 销售模式一旦创新就意味着一场革命的到来，根据现在媒体的特性，一旦有了名气，再做什么事情就容易得多。如果现在有一批学习资料，你能够想到更好的销售方式吗？宋朝弟就颇有独创性。他的第一笔生意卖的就是复习资料，他花了600元发出5000封信函，与别人不同的是他承诺用了满意后再付款。结果，订单如雪片一样飞来，最后，他竟卖出去5卡车复习资料。

1993年，在一间临时租用的农家小屋里，宋朝弟和他的伙伴们开发出了自己的第一个软件产品《校长办公系统》。当时，有计算机的学校都很少，更不用说用软件进行学校管理了。如何开拓市场成了宋朝弟亟待解决的大难题。当时，国内的大多用户都认为软件不值钱，硬件更值钱，而宋朝弟等人却不这么样想，他们举办了一个买软件赠微机的“科利华《校长办公系统》订货会”。他们万万没有想到，订货会上突然来了500多家学校的代表。大家排着队等着提货，由于货源不足，最后只能是先有号才可取到货。宋朝弟原来准备的100台机器很快就卖光了，他只得临时组织全体员工一起攒微机。结果3天时间，定价1.8万元的《校长办公系统》卖掉了500套，挣了500万元。

随后，宋朝弟经过深思熟虑又打算做一套价格在2000元左右的“科利华电脑家庭教师”软件。公司随即开会讨论，会议整整开了12个小时，结果除了宋朝弟所有人都反对。宋朝弟只得强硬地对他的副总们说：“我已经想好了，事情就这么定了。”这个新项目就这样被坚持了下来。在“科利华电脑家庭教师”软件通过国家教委鉴定后，科利华公司便在北京中学生当中举办了一次声势浩大的“万人测试”活动，此举开创了中国软件测试的先河，成为该年度计算机界十大新闻之一。首都近2万名中学生使用了这套软件后，立即爱不释手。

几个月后，科利华不失时机地推出了“科利华家庭电脑教师”初中版。1995年 9 月23日，科利华在中国革命博物馆举行的集中展示会竟有5万人参加，1500平米的展销大厅涌进的人群挤得密不透风，人流甚至一度难以控制的。博物馆的工作人员颇为感叹地说：“这么大的场面，我们从未见过。”产品推出时，宋朝弟为1800元一套的科利华高中版制定了“考不上大学就赔款”的营销计划，结果一个月内便售出了1万多套，赢利达1800万。

“科利华餐饮管理系统”开发出来，拿到餐饮界测试后，也是非常实用，但设备加软件一共要5.8万元，谁愿意买呢？用餐券换电脑如何？老板们一算挺合算。3个星期，科利华卖出了500多套餐饮管理系统，占领北京餐饮企业1/4的市场，赢利是3000多万元餐券。随后，科利华制定出一个政策：餐券可以按80%的价格转让，之后，再拿出500万元举办“让用户满意”的大抽奖活动。餐饮消费无论对个人还是企业，都是一个巨大的必需支出的项目。如此美事送上门来，谁能不要？3000万餐券迅速脱手。一算账，不论餐饮企业还是消费者都得到了实惠，科利华更是大赢家，此举是典型的双赢乃至多赢战术。

策划《学习的革命》一书上市，无疑是宋朝弟的又一得意之作。科利华公司高密度、轰炸式地炒作这本书，不仅从《学习的革命》中获得了可观的收益，而且大大提高了公司的知名度，更重要的是随着公司无形资产价值的激增，科利华在科利华电脑家庭教师初中版V3.0软件著作权的估价中，增加了强有力的谈判筹码。科利华通过《学习的革命》，演绎了一场完美的“上市革命”。这归功于宋朝弟在股权转让的支付环节上，进行了精心的安排，使得上市进程大大加快，从上报到批复只用了4个多月。

《学习的革命》这本书也许有些人没有看过，但肯定听过，这就是宋朝弟的销售模式所带来的强大效应。用现在的话说就是造势，企业在市场竞争中，唯有抢先占有优势，才可先声夺人。所以，企业无势者需造势，无力造势者需借势，有势者需用势。孔明初出茅庐第一把火，烧退了10万曹军，留下了一个火烧博望坡的典故。《孙子兵法》的“火攻篇”中最经典的一句话就是：“以火佐攻者明，以水佐攻者强。”水和火都是可以借助的力量。当自身力量不够强大时，指挥者常常需要借助外力而强身，这个外力，可以是自然力量，如水、火，也可以是友人的力量，甚至是敌人的力量。借助外力，不是为了被外力所支配，而是要操纵外力。

信息社会，各种资讯漫天飞，不造势还真是不行。在娱乐界，这招用的最为广泛，如果你尝试模仿宋朝弟将造势融合到自己的销售中来，不成功才怪。

【案例3】 霍英东“卖楼花”的传奇一直让人津津乐道。1953年的香港已进入人口剧增时期，住房严重不足，市场上逐渐形成对土地和楼宇庞大的需求。30岁的霍英东审时度势，在这一年成立了立信置业有限公司。他观察到当时的地产商都是整幢房屋出售，从买地、规划、建楼以至收租，资金周转期很长。若周转不过来，地产商就只好自己“跳楼”。于是他提出了“预售楼花”的策略，并提倡分期付款。这预售“楼花”和分期付款的经营方式在当时确是个大突破，一时地产商纷纷效仿，成为香港房地产市场的一大经营特色。从1955年到1965年的10年间，香港地产业蓬勃发展，霍英东也因此成为香港地产界的大佬。

点评

任何事情都有更好的处理方式，只要你愿意在上面花时间思考，正所谓“磨刀不误砍柴工”，一旦找准了方法，必然起到事半功倍的效果，在同行业也会引起反响。这对商人来说，是再好不过了。如果你所从事的行业已面临发展的瓶颈，可一时又想不出好点子，不妨借助众人的智慧达到绝佳效果。

在销售行业流行“薄利多销”，但也不能太过绝对。有时候，唯有图取厚利，方能多销，这也是一种模式的创新。

【案例4】 20世纪30年代，圆珠笔的使用尚未普及，其性能也有待改进。英国人杰克敦察觉到圆珠笔的商机，他认为这种笔改进性能后再作一些宣传，将会有极大的市场前景。于是，他当机立断，与人合作，昼夜不停地研究圆珠笔新产品，仅用20天，新型圆珠笔便问世了。当时西欧正掀起“原子热”，于是，杰克敦将该笔取名为“原子笔”，并立即启动所有宣传手段大肆宣传“原子时代奇妙之笔”的不凡之处——可以在水中写字，也可在高海拔地区写字。英国人自古有追求新奇的特性，而几大百货公司也对此深感兴趣，仅伦敦百货就一次性定购3000支。

生产这种圆珠笔的成本不足1美元，可杰克敦认为既然“原子笔”是与众不同的神奇之笔，就应该有相应的高价格才相配，于是他将笔的价格提到每只13美元。果然，因为价格很高，消费者皆视其为珍贵之物，人人都以有一支“原子笔”为时髦和有派头。于是，订单像雪片一样飞向杰克敦公司。这一年间，杰克敦就获利300万美元，而当初投入的成本仅为5万美元。

点评

既然是销售模式的创新，就会和传统的销售方法有所不同，这样才能突出其特殊性，但并不是所有行业都可生搬硬套。不切实际的生搬硬套，必然会适得其反。

【案例5】 戴尔的传奇故事很是出名。作为医生和股票经纪人的儿子，他成长在休斯敦的一个精明的商业家庭中。当成功地把订单卖给《休斯敦新闻》后，年轻的戴尔发现自己爱上了计算机。他买了一台苹果II庆祝自己15岁的生日，并把它拆开了。不久，他换成了IBM的PC机，照样把它拆开了，最终得出结论：蓝色巨人把价值约700美元的磁盘驱动器、主板和随机存储器芯片卖到3000美元。于是，戴尔开始从事自己的商业经营，他将IBM进行改进后变成了自己的计算机，竟能以低于IBM的收费做相同的事。

戴尔利用IBM销售的不合理性，以低于IBM经销商的价格购买库存过剩的PC机。随后，他升级了这些计算机，而后销售它们，直接和向厂家进货的正式销售商竞争。这项事业开始是在奥斯汀的得克萨斯大学的宿舍里进行的，等到他大学一年级结束时，他的办公场地已搬转移到了校园外的公寓里。戴尔并没有通过商店或经销商销售电脑。从一开始，PC都在采用直接销售的策略。所以，他们一般都是打电话给戴尔的客户即可完成销售任务。在戴尔把业务搬出公寓、组建公司并开始制造他自己的计算机前，每月的销售额已到了5万到8万美元。在公司最初阶段就开始盈利了，而且后来一直都在盈利。

这是一个伟大的奇迹，个人计算机产业是靠一些发展很快且由大学退学的学生领导的公司建立的。戴尔计算机的奇迹不在于它起步做得非常好，而在于它的持久性。除了康柏和IBM，从1984年起大多数戴尔的竞争对手都退出了市场，还能和戴尔相提并论的是来自微软的比尔·盖茨和Gateway的Ted Waitt。迈克尔·戴尔的奇迹不在于他在19岁创建了一个重要的PC公司，而在于他时至今日仍然在经营这个公司，并成为全世界最富的人之一。

点评

新的行业一旦出现，销售模式的创新自然会带来众多机遇，这已是业界都熟知的道理。难道，在传统的行业就不能有所作为吗？答案是否定的，只要你愿意去思考，正如太平洋老总严介和所说："机会到处都是。"

【案例6】 日本人小西国义，在创办公司之前从事的是医疗器材的买卖工作。他每次去理发，都只想快快理完头发走人，但只要进了理发店，从洗发、剪发到整发，不管再怎么赶也要等上40分钟 ，而且该收的钱一毛也不少。他感觉就像是被迫接受了整套服务，还要付出高昂的费用和时间成本。

小西国义想和他有相同感受的人，应该不在少数，这促使他产生了快速理发服务的念头。在投入这个产业之前，他先作了一次市场调查，发现有类似需求的人竟然高达43%。于是在1996年，他决定创业，开设了QB House。由于QB House只作理发工作，并以市价1/4的价格、10分钟的快速服务迅速吸引了不少不想花费太多时间及金钱理发的顾客，同时还意外获得想省钱的家庭主妇和粉领族的青睐，开创出庞大的商机。目前，小西国义在日本国内已开了154家连锁店，今年四月还进军新加坡，在当地开了3家分店，年营业额近40亿日元。

点评

这不是一种销售模式的创新吗？只不过他卖的是服务，获取的同样是可观的利润。这就是传统行业的新创意，旧酒装新瓶，别有一番风味。类似这样的机会还有很多，你甚至还可以在理发行业再来点创意，因为即使再过一万年，人也得理发，难道一万年之后还采用现在的理发方式吗？服务将逐步完善并适应社会变迁的需要，人类生活也会越来越好，但这样的好机会到底会不会被你想到呢？

六、善用模式复制的规模效应

如上文所说，复制型的创业就是复制自己以前所在企业的经营模式，这样的创业从一开始就有很多竞争对手，如果没有自己的特色，便很难在激烈的竞争中生存下去。

【案例1】 1996年大学毕业后，刘焕宝换过几份工作。1997年，他应聘到某知名洋快餐武汉分公司做见习经理，正是这份工作开启了他的创业之门。

这家快餐公司有个“规矩”，所有的店员必须从基层做起，包括食品的烹饪都必须亲自来做。刘焕宝因此学到了汉堡等洋快餐的制作方法。时间一长，他从见习经理升到了店长助理。

一次大学同学聚会，大家谈起各自的工作经历。刘焕宝笑称：“我现在成了大师傅，做汉堡、炸鸡翅根本不成问题。”有朋友戏言：“你怎么不自己开店卖呢？”说者无意，听者有心。创业之“芽”在刘焕宝心里顿时萌生了。自此，在平时工作之余，他开始留心打听洋快餐原材料供应商的信息。一个偶然的机会，他听说荆门有家禽蛋厂能供应洋快餐的鸡肉原料，第二天，他便乘车赶过去。对方很是吃惊，没想到这个年轻人想自己开店，不过还是爽快地答应了为他供货。靠着上班几年的积蓄，再加上朋友的支持，刘焕宝筹齐了开店的资金。1999年，他正式辞掉工作，开起了专做汉堡的快餐店。

第一家店选址在武汉六中附近。之前刘焕宝做过一些考察，高中生的消费能力不错，而且是汉堡产品的忠实拥护者。产品的价格定位让刘焕宝颇费心思，经过调查，他发现学生每天可支配的现金在6元左右，这个价格的产品最能被他们接受。于是，店内的产品大多围绕这个金额来销售，套餐也仅在10元左右。

开张前一天，刘焕宝一晚上没睡觉，忙着准备食物。担心开张的时候冷场，他请了一些朋友来捧场，但一直到中午12点钟，一个汉堡也没卖出去。他一次又一次跑到店门外张望，心里紧张得要命，比决定创业那时候还紧张。一个、两个、三个……终于有人上门了。不过几分钟时间，学生们接二连三地涌进来。店面不大，人一多连站的位置都没有，来捧场的几位朋友见状，赶紧把店内的桌椅都搬了出去。一天下来，刘焕宝算了算，竟然卖了900元钱。

汉堡店顺利运行了4个多月，但一场大火又把刘焕宝"烧"回了起点。不久，依然斗志昂扬的刘焕宝又在武汉二中旁边找到了门面。这次开店，他算是有了经验。没过多久，他的小店在学生中间形成强大的影响力，连附近学校的学生也过来购买，每天的营业额可达几千元。

点评

像这样经营餐饮的企业，可复制性极强。像我们这样有着悠久饮食文化的文明古国，理所应当产生几家国际知名的餐饮集团。但是，这样的企业目前还没有出现，对我们一代来说，这就是一个机会，一旦找到一个优异的运营模式，超过麦当劳的中国企业必然会迅速崛起，或许只是时间问题而已。用同样的创业方式，陈代友也开辟了属于自己的天地。

【案例2】 因家境贫寒，1993年刚过完春节，陈代友就携妻南下广州，来到一家具厂打工，一干就是5年。打工第一年，夫妻俩的月工资总额不过1000元。因陈代友吃苦耐劳，又有钻研精神，很快就掌握了家具的全部生产技术，成了厂里的技术骨干，很受老板器重。

1998年，老板以每月4000元的高薪挽留他，并提供"夫妻套房"，这些均被陈代友婉言谢绝，两口子义无反顾地踏上回家创业之路。当有人问陈代友为什么回家时，他说："我是大山的儿子，家乡有丰富的森林资源，广东人没有森林资源能致富，我既然学会了技术，回家搞木材深加工再凭借家乡的资源优势，肯定能发财，也能带领乡亲们致富。"

但是，一切并非一帆风顺，陈代友后来回忆说："回家后的一段时间，村民们很不理解我，认为我不该放弃高薪和舒适的工作环境。可经过这几年的发展，大家都对我刮目相看，事实证明，这条创业之路走对了。"在谈到厂里目前的经济发展状况时，陈代友介绍说："现在家具厂拥有固定资产近100万元，生产的具有现代特色的仿古式床、沙发、办公家具等广受都市人的青睐，产品畅销广州、长沙等大中城市，每年外销收入达60多万元，上交国家税收6万元，还解决了20多个村民的就业问题。"

点评

上述创业方式几乎没什么太大的变化，都是在复制别人的经营模式，在这里就不多介绍了。但在复制的同时应该认真分析一下，什么样的制度可以繁荣企业，什么样的制度会拖企业后腿？在筹划之初就解决这些问题，可起到事半功倍的效果。特别是IT的企业，因为互联网的成功很难复制，从门户网站到电子商务，从盛大到百度，前者圈下的网站后者很难有生存空间，可谓大树底下，寸草不生。唯有发掘由这个网站引起的其他商机，才是网络创业的出路。

【案例3】 1997年，王兴从清华大学电子工程系无线电专业毕业，拿着全额奖学金前往美国攻读电子与计算机工程系。在美国求学期间，正赶上互联网的出现和崛起，雅虎、google以及国内马化腾、丁磊、张朝阳的创业成长过程，对他产生了巨大的影响。此后，他那年轻的心再也难以平静，为此，在读书的过程，他就开始关注互联网方面的机会，希望自己有朝一日，也像他们一样，成为又一个纳斯达克英雄。

2003年的圣诞节，王兴注意到SNS社区网站在美国取得巨大成功，而这种模式在国内几乎是空白，他心情格外激动，然后迫不及待地怀揣着创业计划回了国。不过，由于经营和管理经验缺乏，初期并不顺利，他前后创立了好几个SNS网站，都没有获得成功。

经过深思熟虑，王兴决定要专注于一块细分市场：大学校园SNS。当时美国的facebook已开始崭露头角，机会又一次摆在了他面前。他仔细研究了美国在此方面的成功例子，结合国内的实际情况，直接将这种模式带入国内，开发出了校内网xiaonei。发布3个月后，校内网用户就增至3万多，获得空前成功。2006年，他思索再三，以200万的价格将校内网卖给了中国互联网的前辈陈一舟，从而实现了自己商业征程第一阶段的成功。

点评

在互联网行业，这种模式复制的创业方式层出不穷，可以说互联网为这个时期的年轻人带来了难得的机会。这不仅是因为进入这个行业的门槛不高，更主要是在这个领域里，还没有国外互联网公司在国内称霸的先例，无论他们多么强大，都会产生对国内市场水土不服的效应，而最终被熟悉国内市场的年轻人所领导的小公司击败。这是一个需要创新和进取的行业，更是属于年轻人的天下。机会不断，奇迹天天都在被创造和刷新。

第3章

代理销售：汇通天下渠道为王

市场是企业生存的空间、发展的条件和竞争的阵地。只有使产品适应不断变化的消费者的需求和欲望，做到适销对路，才能对变化的市场环境做出正确的反应并实现终极目标。而要做到适销对路，则讲究名人的效应、品牌的优势和创新的理念。但这三者的根本载体还是渠道！只有渠道广，货源才能足，产品才能铺得广。也只有渠道通而广，才能实现竞争开放的市场，才能使企业以最省的成本、最快的速度把产品送到消费者的手中。而只有实现两者双赢，流通才能像滚滚活水。渠道为王，无可非议！

记得《乔家大院》里的乔致庸说过，自己最大的理想就是汇通天下。那一代人持续地实现这个梦想何其艰难，而在现代商品经济条件下，通过流通中介的各种活动，各种产品可以以适当的时间，按适当的价格和数量，送到适当地点的消费者手里。要了解商品的销售流通，先从产品代理谈起吧。

一、产品代理

产品代理，是制造商与消费者的重要过渡，是分销渠道的重要的一环。产品代理的最大特点是不拥有产品的所有权。换句话来说，取得所代理产品的资本相对低，最起码基本金这一环没那么高的要求。这个特点正适合要处于创业阶段的我们。

【案例1】 “筷子王”白手起家赚百万

1992年，侯维华经营的搬家公司倒闭了。揣着仅剩的400元钱，未来的“筷子王”第一次做起了筷子生意，对当时的他而言，这1毛钱1双的筷子便是他全部的生计所在。侯维华回忆当年的奋斗经历时不无感慨地说：“创业是一种谋生手段，既然为了生存，就一定要认真地研究如何把事情干好。”

抱定这个信念后，侯维华一点也不敢马虎。他舍近求远，从温州进了一批高质量的“卫生筷子”，总共花了400元，购进5000双筷子。他精心选择了比较高档的小区，特别突出“卫生”的特点，果然，没出半月，这批筷子就销售一空。200多元，是侯维华卖筷子的第一笔收入。从此，侯维华走进了筷子的世界。

在早期的筷子销售生意中，侯维华始终坚持“一双筷子只赚1分钱”的原则，从而成功地将筷子打入沈阳各大餐馆、酒店。他平均每天销售10万双，利润过千元。到了1999年，依靠做厂家的代理，侯维华已经足足赚了50多万元。

恰逢生意越做越好之时，厂家却抛开了侯维华这个中间商。侯维华面临着再次抉择的困扰，更加深知重新寻找项目的难度。不过，后来他幸运地遇到了一位广州的筷子老板。那位老板说他卖的均是高档筷子，从几十元到几百元一双，在广州的市场很好。巧遇之后，侯维华专程赶赴广州。不看不知道，一看吓一跳。一双乌木或紫檀木的筷子，零售价在50元以上，专供各大宾馆、酒店使用，销路好得不得了。

侯维华茅塞顿开，他带了5000双高档筷子，重新杀回沈阳。没想到，5000双筷子一周就售光了，不但赚了1万多，试销的宾馆、酒店无一例外地要求他再次供货。一个全新的市场在侯维华的眼前展开了。想着全市有上百家宾馆、酒店，侯维华坚定了继续做筷了的信心。

1999年4月6日，侯维华成立了沈阳英华木制品有限公司，注册资金50万元。从此，他开始真正操刀，做起了筷子事业。后来，他又注册了“英华筷子”品牌，开办了沈阳首家英华筷子专卖店，特意将店址选在热闹繁华的太原街上。

卖筷子也搞专卖店，还在这寸土寸金的商业街上？面对很多人的不解，侯维华有着自己的打算。做什么都需要一个窗口展示，这个窗口既能宣传又能赚钱。对一家做日用品的小企业而言，品牌宣传难度极大。企业小、同类产品多，即便肯投入，也不好炒作。要想把产品打出去，让更多的人认识和接受，就必须具有长期的“宣传点”。所以，侯维华这才想到了“专卖店”，这样一来，既可以树立品牌形象，又能促进产品销售。既然是“宣传点”，首先就需要较高的人气，太原街便成了最好的选择。

对这个地段，侯维华事先做过统计：店门前每天的客流量大约有5000多人，相邻的时尚店每天还有近千人进出，人气相当高，消费群也对路。虽然每月租金上万是高了点，但为了更好地宣传以广泛赢得口碑也很值得。他认定，这里所能带来的预计效益是惊人的。在专卖店产品的选择上，他决定先荟萃天底下最著名的筷子来做展示，这样就可充分招揽人气，还可以培养人们对筷子的兴趣。打定主意后，他马不停蹄地跑了全国几十个地方，采购了1000多个品种的精品筷子，这其中既有15元钱一双的工艺筷，又有1500元钱一套的纯银筷。

没出一周，英华筷子店就被媒体盯上了。报纸、电视轮番报道，筷子店人气飙升，店里每天的人流都保持在1500人左右。英华筷子店成了太原街上最具人气的店铺之一。2002年国庆节期间，筷子店1天的营业额就达到了2.8万元。从此，人们才真正认识了英华，并接受了英华筷子，侯维华也拿到了打开本地市场的金钥匙。如今，通过成功经验的不断复制，侯维华已经在沈阳拥有了6家英华筷子店，预计2006年6家店的利润可达200万。从1家店拓展到6家店，侯维华打响了自己的名气，更把本地市场牢牢抓稳了。

点评

小小的筷子，实在再普通不过了，谁能想到这其中还有这么大的文章可做？不要看不起小物件，越是小东西利润越高，而且这些小东西容易被人忽视，竞争不激烈，做起来也相对容易——毕竟这是家家都需要的产品，市场需要根本不愁。如此推广开来，那么碗、碟之类的家用小物件，肯定也存在不小的市场。如果你细心研究，或许就会发现一个新天地。不过要记住，行动才是最重要的，只有少许人敢于冒险。

【案例2】 1997年，于超只身一人从河南到重庆淘金。8年间，他完成了从打工仔到老板的跨越，如今已经成为重庆最大的防水工程公司的董事长，个人财富更是“水涨船高”。

对于心怀创富梦想的年轻人，也许没有比于超的创业故事更能激动人心了。于超来自河南项城，初中二年级之后，他穿衣服从未掏过钱。那时他家里穷，衣服全是亲戚朋友送的，大学也是靠助学金和奖学金艰难完成的。小时候因为家里穷，小妹妹没读过一天书，小弟弟3岁时就送人了。

1994年，于超从河南大学法律系毕业后，留校端起了“铁饭碗”，一个月只有263元的工资。仅仅两个月后，于超就选择了“下海”。他先后在广东、浙江、上海等省市的11家企业打工。1997年，河南老家一个做防水工程的企业引起了于超的兴趣。当时，他查阅了不少资料和市场信息，断定这个行业很有市场前景，“凡是要挖土的工程都要做防水，房子旧了也要做防水。”

恰在此时，重庆被划为直辖市的消息传来了。“新直辖市必定有大量的工程即将建设，”此时的于超心里萌动了一个想法。他敲开了防水工程公司老板的办公室，直截了当地告诉老板：“我帮你去开发重庆市场”，老板当即答应了于超的要求。

于超在重庆的第一个落脚点是菜园坝。身上只有不到500元钱的于超来重庆当晚，就在菜园坝火车站附近找了一家便宜旅馆，每天住宿费7元。重庆夏天特别热，他在地上甚至床上都泼上水也难以入睡，索性就掏2元钱买了凉席，经常露宿在铁路边。于超当时每天的伙食费仅为3元，出门乘公共汽车也得算算账，能走路就尽量走路。生活虽艰苦，但于超对生活充满信心，对工作充满激情。

在周口工作时，于超曾自发看护一台价值2万多元的空调，趴在上面睡了一个晚上，浑身被蚊子咬得没有几块好皮。当时，没有人要求他这样做，但对工作的投入让他浑然忘我。重庆的市场就需要他这种激情来浇灌和开发。当时的状况是，外地来的新产品没有企业敢用，差不多有半年时间没有卖出一件产品。开局的日子确实有点难熬，既没有办公室，一个人还要做完所有的事，每天的工作就是到处跑市场，请教专家，希望能尽快找到市场的突破口。最后，于超以赊销的方式，在来重庆的第一年卖出了40万元的产品 。这个小小的突破让于超有了信心，而前期为打开市场所做的准备也开始有了回报。

1998年的年初，重庆主城区进入建设高潮，大量城市基础设施建设陆续动工，防水工程材料自然有了用武之地。重庆的大都会广场、地王广场、朝天门广场等，用的都是这种防水材料。那一刻，于超站在长江大桥南桥头的山头上，俯视渝中区大片旧城区，内心激动不已。“这一片民宅要是盖成高楼，能赚多少钱呀！”次年初，于超推销的防水材料已经在重庆开拓了一片天地，而此时，由于公司人事变动，于超被公司总部召回了河南。就这样，于超在重庆的第一次淘金经历戛然而止。

虽说第一次到重庆淘金，于超个人并没有赚到什么钱，不过市场所显露出来的商机激发了于超创业的野心。1999年下半年，于超怀揣1000元钱，再次返回重庆开始创业。机遇再次光临有准备的人。刚到重庆1个月，于超就被一家曾经是对手的外地防水公司看中。于超拿订单，对方供应材料。双方联手做市场的第一年，于超就赚到了170多万元。这是他在重庆赚到的第一桶金。2000年，于超拿着赚到的170多万元在重庆注册了重庆市上隧防水工程有限公司，真正拥有了属于自己的公司。于超的身份也一下子从打工仔摇身变成了老板。

现在，重庆大型基础设施工程30％都是由于超的公司做的防水，包括江北机场、三峡博物馆、奥体中心、龙湖花园、华宇花园等。目前，于超手上的订单多得接不过来。在一次民营企业座谈会上，重庆市市长告诉于超，全国防水行业现在还没有“大腕”，这对他们来说是难得的发展机遇，希望他抓住这个机遇，迅速做大做强。

点评

从一个特困生到一个成功的企业家，于超为所有的贫困大学生树立了绝好的榜样。生活不会因为你的贫困而怜悯你，要改变自己的生存现状，还是要靠自己的努力奋斗。很多成功的企业家之前都经历过贫困的煎熬，正是由于这种特殊的经历，才使他们对成功更多了一份渴望，使其拼搏和努力的决心更加坚决，成功的几率也就更大了。

代理这一行机会多的是，一个产品可以有很多代理。当然，最高端的代理所得到的利益肯定最大。可以代理的产品太多了，代理一个有潜力的产品轻轻松松做到百万富翁，简直就像玩游戏一样。比如，如果你考虑代理诺基亚手机，你应该清楚它的产品都是分开代理的，一个型号一个代理，这样是为了避免因为代理商出现问题而影响系列产品。但是，无论代理哪个型号，这么知名的品牌，所得利润都是以“百万级”来衡量的。

【案例3】 孙广信27岁开始创业时，手里只有3000元钱，那是他全部的复员费。

1962年，孙广信出生在新疆乌鲁木齐一个多民族的大杂院，父亲是当年从山东走西口“盲流”到新疆落脚的鞋匠。孙广信家中兄妹5人，除他之外，家中学历最高的连高中文凭也没有。高考未果的孙广信到了部队，之后，他考上了军校，成为家中唯一有干部身份的人。“人活着，就要进步。”孙广信在部队里很好强，他给自己定下了“199230师长计划”(即1992年30岁时当师长，然后是将军)的目标。可27岁之前，孙广信的将军梦破灭了，他有两次升迁的机会都被干部子弟挤掉了。于是他选择复员，彻底抛弃了干部身份，投身到可能适合自己的商战中。

1989年5月，当时的孙广信既没有启动资金，又没有合适的项目，怎么办呢？一个偶然的机会，他看到内地一个推土机厂在新疆做的广告，这个广告让他灵机一动。他主动找上门，以个体户的名义要替这个厂卖推土机。“卖一台给我1%的手续费，卖不掉分文不取。”于是孙广信走遍了新疆，每次出门20多天，大多时间睡9毛钱一晚的大通铺。10个月后，他走了10多万公里，卖出103台拖拉机。这是厂家在新疆10年的销售量之和。看着这个年轻人拿回的订单，厂方的人惊呆了，他们主动提出把原定1%的佣金提到2%，同时拿出10台推土机和装载机让他代销。这就意味着有200万元的资金可供他操纵了。成功的喜悦虽然来之不易，却是如此之甜蜜。孙广信紧握拳头，准备着向更大的目标前进。

点评

成功的道路有千万条，可失败的道路也只有一条，那就是懒惰。无论是身体还是思想的懒惰，都昭示着这个人是必定要失败的。

中国有句非常精辟的俗语：鹰有时候飞的比鸡还要低，可是鸡却永远也飞不到鹰的高度。现如今，很多人认为上大学是浪费时间和青春，实在是荒谬。所谓“厚积而薄发”，一旦发挥出来就是青云直上，非一般人可比。当然，如果没有远大的志向，一味地混日子，大学真的就是白上了。

【案例4】 1987年，只有16岁的刘玉栋，念完初中后就带着两块钱到济南“打天下”。那时他没什么手艺，找个工作异常难，最后只能跟一个师傅学修理自行车。2年多的学徒生涯让他挣了2万元，是回家盖房子结婚，还是继续在那里做呢？当时，他感到很困惑。在农村，男孩子一般20岁就要结婚了，父母也劝他回去。他最终还是“违背”了家人的意愿，在济南大厦附近花每月300元的租金租了一个门面，专门修理自行车。

那时，来修理自行车的人大多喜欢吸烟和喝酒，细心的刘玉栋就专门从别处进来一些烟酒放在店铺里进行辅助经营，这成了他做酒类代理的起点。时间一长，头脑灵活的他觉察出从别人那里进货成本高，于是把眼光盯到代理上。

做代理何尝容易，谁也不会把大批量的货发放给这个只有19岁的年轻人，而当时许多酒厂都有专门的代理。酒厂对一车两车的货根本不在乎，再说他也没有多少资金，实力微不足道。

不久，胆大的刘玉栋带着1万多块钱，来到当年旺销的兰陵白酒厂。厂长毫无商量地把他拒绝了，但刘玉栋并没有气馁。他一连在这个酒厂呆了一个星期,晚上就在厂长家门口露宿。厂长最终被这个小伙子感动了，但还是没答应把酒卖给他，却为他出了个主意：让他先收酒瓶，然后用酒瓶来换酒。

在厂长的点拨下，刘玉栋跑遍了整个济南，包括商河、济阳等地收酒瓶。厂长没有失信，最终把酒卖给了他。决心完成的事，就要不惜代价去做，还要善于把困难当作机遇，当作锻炼的机会。

1992年，在得知美国两家洋行开始从事可口可乐、德芙等产品的中国代理贸易后，21岁的刘玉栋跑到北京与这两家洋行进行谈判，希望在济南代理经销“洋牌子”。精明加上努力，刘玉栋最终如愿以偿。

随后，刘玉栋又陆续代理了费县老白干、景芝白干、泰山特曲等山东白酒。到了1994年，刘玉栋的公司每年的销售额达到上百万，他也完成了资金的原始积累。2002年10月，刘玉栋联手泸州老窖，开发了泸州老窖“古酿”、“窖藏”两个系列共20多个新产品，并取得其全国独家代理权。他在全国各主要省市设立分公司，建立了自己的销售渠道和物流配送网络，逐渐形成以济南为中心，依托山东、辐射全国的市场布局。至今，公司已是茅台、五粮液、泸州老窖、郎酒等50多个著名品牌、2000多个单品的济南代理商。不过，这并没有使他满足，他还要做外国名酒的中国区总代理，让中国老百姓与洋酒真正地亲密接触。

目前，刘玉栋所代理的产品不仅是酒水，还涉及副食调料、熟肉制品、保健食品、日用百货等。他甚至直接进入了产品的生产环节，并打造了自己的食品品牌“达达”牌。2003年，该产品仅在济南地区的销售额就达到1.5亿元，全国销售额超过2亿元。

点评

刘玉栋的经历多少有些传奇性，虽然他没什么学历，但由于心中始终保留着一个梦想，这促使他时时刻刻关心和思考同自己的计划相关的事。机会总是特别青睐有准备的头脑，这还不是关键之处，因为很多人都有自己的目标，都希望自己成功。机会也许曾到过你的面前，之所以没能抓住，关键的一点就是没有坚持行动的决心。学生们都知道努力学习，成绩就会提高，但结果往往是没能坚持行动以至于时常后悔。创业和学习一样，理智的行动是成功的关键。不想当将军的士兵不是好士兵，即使刚开始自己只是个不起眼的小推销员，也不能放弃成功的梦想，而务必时刻准备着迎接成功的到来。

穷则思变，贫困并不可怕，可怕的是在贫困面前失去自信，这才是最可悲的。倘若这样，只能一辈子处于贫困状态，形成恶性循环。这样说，并不是暗示只有处于贫困状态才能成功。工作无贵贱，创业无高低，任何人只要能意识到这一点，就不会过多地考虑所谓的面子问题，那么成功的几率自然会加大。

创业的道路只要踏出去一步，以后就容易多了。而大部分有志于创业的青年，在这关键的第一步面前却犹豫再三，自己把自己打败了，那么还谈什么创业呢？能看到机会的人绝对很多，但在起步之前，肯定会听到各种反对意见。听多了，自己也就相信不可能成功了，随后也就放弃了。

Google公司的创始人塞吉·布林说过：别做坏事，这就是通向成功的钥匙，仅此而已。为什么呢？布林解释到，只要能够做对未来、对人类有用的事情，迟早会成功。既然如此，为什么不坚持呢？

二、国际贸易

前面我们已经说过，现代经济金融杠杆力量之大，网络信息传递之速，物流分配之捷，已经使得世界经济一体化成为了现实。企业的跨国界经营促使市场的范围不再拘于国内，资源的跨国界运行使得货能通南北，物能尽其用，民能得其利。只有打好国际贸易这张牌，才能于民有利而国自强。

从本质上来说，国际贸易是国内贸易的延伸，也许从下面国际贸易的例子中我们能想到些什么。

【案例1】 祝义才是安徽桐城一个贫苦农家的孩子，两个兄长竟被活活饿死。1990年，把读书作为改变命运唯一出路的祝义才，大学毕业后在一家事业单位工作了1年，之后就辞职下海了。那时他月薪60元，工作也很清闲，但他不想在一张办公桌前坐到老，脑海中总浮现着一些还无法清晰描述的梦想。

当祝义才怀揣着200元积蓄，真正站在“商海”中时，才发觉自己真的是一穷二白——既无资金，也无当时很管用的“背景”。朋友看他创业无门，就告诉他做水产生意利润很大。祝义才便一头扎进水产市场，一个月后，他就把其中的门道摸了个“门儿清”。但是，他没在自由市场里做“小老板”，而是把目光投向利润比零售更大的水产品出口贸易。

祝义才从电话簿中查到一家水产品贸易公司的地址后，鼓足勇气上门自荐合伙。结果可想而知，此时的祝义才一无营业执照二无办公地点，充其量是个“皮包公司”的光杆司令。他被拒绝了。第二天早起定定神后，祝义才再次上门了……一连4次之后，对方终于松口了，说道："要不，试试看，先拿样品来。"

祝义才兴奋不已地直奔水产市场，从几个老板手中赊了几只上等虾蟹做样品，获得对方的首肯后，合作就开始了。拿到第一份订单后，祝义才租来一辆三轮车，将从水产摊上赊来的货一车一车送到贸易公司。坐在满是冰块的车上，他冻得四肢发麻，但他还是坚持自己收购自己送货。这股肯吃苦的实在劲儿帮他赢得了名声，他不断拿到大公司的订单，当年销售额就达到9000多万元，净赚480万元。

点评

祝义才是幸运的。在这么短的时间内，仅仅是从城南拉到城北的贸易，竟然让他赚到了这么丰厚的利润，这只是特殊的时期才有的机会。不过和祝义才同时代的人那么多，却只有他抓住机会获得成功，正可谓是一分付出一分收获啊。如果他不冒险辞去工作下海，也就不会有这样的收获了。倘若你发现了一个创业机会，但又不忍放弃自己稳定的工作和生活，那么这个机会也就只能让给别人了。

【案例2】 杨斌的发迹始于20世纪80年代末90年代初的东欧剧变，其第一桶金掘自东欧国家，如前苏联、罗马尼亚、波兰等。借东欧剧变之机，他向波兰、俄罗斯等国家转售中国计划定价、价格偏低的棉线产品，后发展到成衣等纺织品，毛利润大都在5倍以上。两三年内，他就积累了大约2000万美元的资金。1992年至1995年期间，他又改向国内转售荷兰鲜花，同时向国内花商推销进口荷兰温室和冷库设备。国内花卉业刚起步时，连温室水泥桩都依赖进口，杨斌由此又积累了大约4亿人民币的财富。

与杨斌一样，依靠20世纪80年代末90年代初东欧剧变，进行跨国贸易或者边境贸易完成原始积累的中国巨富不在少数，杨斌只是其中特别突出的一位。据《科学投资》研究，从较为先进地区向较为落后地区进行贸易或产业转移，创富机会比较多，赚大钱的可能性极大。但两地差距不可过大，以领先半步为宜，可称为"快半拍"贸易法或投资法。此方法不仅在国与国之间有效，在同一国家的地区与地区之间也卓有成效。

依此类推，亚洲的伊朗、伊拉克等国，南美洲的巴西、阿根廷等国以及部分非洲国家，都可作为有心者下一步关注的目标。当年公安大学毕业的上海交警吴江涛，就是这样一位有心人。

【案例3】 吴江涛离职后，以2000美元闯荡非洲国家津巴布韦。他发现大多数中国人对非洲国家有误解，非洲的某些国家和地区，比如津巴布韦的城市地带，远非人们所想象的那么落后，在商业上大有可为。1992年，他根据自己的发现，将中国商品贩运至津巴布韦，再将津巴布韦的石雕等艺术品贩运回国内，做双向贸易。

后来，吴江涛移居津巴布韦，数年间即成为津巴布韦最成功的商人，连津巴布韦总统专机上的食品皆由其供应。吴江涛觉得中国人在津巴布韦发财很容易，不但津巴布韦如此，可能在整个非洲都是如此。但须注意的是，在此类地区投资、贸易时，应严禁“假、冒、伪、劣”，以次充好，以免重蹈中国货品在东欧国家所遭遇到的诚信危机之覆辙。

国内有些报刊热衷宣传中国企业在阿富汗如何有商业机会，其实不然。权威杂志《科学投资》特别分析到，类似阿富汗、朝鲜这类国家提供给中国企业的机会并不多，一则国家落后，人们购买力有限；二则市场狭窄，拓展余地不大，即使想用传统的薄利多销的办法也不容易办到；三则环境复杂，贸易、投资成本过大。因此中国企业实不必过多在以上地区枉费工夫。另如欧美等国家和地区，因其发达程度远远超过中国，市场成熟、制度健全，企业大多只是赚取平均利润，想“暴发”的机会同样不多。

点评

现在盛行的贸易多是国际贸易。和国内贸易相比，国际贸易涉及的资金更大，各种限制相对较多，风险也较大，当然，利润亦很大。国际贸易不仅是单纯的国际间的贸易，很多国际贸易与国内贸易是相互联系的，只有彼此联系，才可以得到更好的发展。国际贸易最重要的是选择好商品，这需要对国内外形势有一定的了解才行，毕竟中国已成为世界性的加工厂，而其本身就是一个巨大的市场。无论是进口贸易还是出口贸易，务必根据市场的需求来确定，只要市场定位准确，就很容易取得成功。

三、借鸡生蛋

借鸡生蛋这一招在商界中经常被提及，而且属于空手道类创业模式，但放在这里主要源于以下两点：首先，它主要讲的是有关销售方面的创业；其次，投入和收获相比虽然小却不能忽略。从这两点来看，放在这里更适合。当然，这不是最重要的，能否让读者领悟到这种创业模式的实质才是最重要的。

理论再多亦是空洞的，理解起来极为费神。看了以下几个成功的事例后，即使不作阐释，大家也能明晓这种创业模式的本质。

【案例1】 1985年，尹明善创办了重庆教育书社，成为重庆最早也是最大的书商。他曾经编辑发行的《中学生一角钱丛书》销售突破千万册，红透大江南北，后由于预感到图书行业的前景有限，他索性决定转行。

在退出书刊发行业后，尹明善并没有立即从事新的业务，而是花了两年半时间，怀揣自己浪漫的商业梦想，南下北上，东西考察，深入市场的每一个角落，寻找能令自己茁壮成长的商机。机会总是偏爱有准备的头脑，他最终发现了家乡山城重庆独有的一个重大商机：摩托车。

55岁时，尹明善开始了第二次再创业的历程。20世纪90年代的山城重庆以摩托车闻名，行业老大“嘉陵”和老二“建设”都齐集于此，从而带动了一大批生产销售摩托车及配件的民营企业，人称“摩托帮”。不过，在外人看来，当时这条道上已有两只拦路虎，更有数不清的同行在虎视眈眈，没有相当实力，要一头扎进这个行业，风险肯定不小。两大摩托集团随便有个小动作，既可使一些人一夜致富，也能让另一些人转瞬垮台。

尹明善有一位“摩托帮”朋友，正在经营一家校办摩托车厂。有一次聊天时，他告诉尹明善，他每个月需要几百台发动机，却要到河南去买，价格很高而质量很差，而本地的嘉陵、建设就是不愿意把发动机卖给其他小厂。

正在到处探寻商机的尹明善，敏锐地从这个信息中找到了他想要的灵感。在仔细研究当时摩托行业的状况并盘算了其间的风险与机会的比率后，当时已55岁的尹明善，决定进入摩托车行业，并一下子倾注了他第一次创业时掘获的全部资金20万元，正式开始了他第二次再创业的辉煌历程。

1992年，尹明善注册成立了“轰达车辆配件研究所”，启动资金为20万，招来“散兵游勇”总计9号人。在租来的不足40平米的生产场地上，他却雄心勃勃地告诉每一个人：“我们的理想，是造出全中国没有的发动机。”但那时没两个人把尹明善的豪言壮语放在心上。

没有国企的资源依托，没有先入者的品牌优势，尹明善要想在夹缝中杀出条生路，只有剑走偏锋。他当时所使用的绝活，却又是一个老得不能再老的招式：战略创新。在他看来，创新不是为了被动适应市场，而是开创一个新市场，只要企业走在需求的前面，就没有饱和的市场与饱和的购买力。当有人认为摩托车产业已是夕阳产业时，尹明善却站出来反对：“只有夕阳的技术，没有夕阳的产业，只要创新不断，制造业永远是不落的太阳。”

尹明善没有重复其他小企业为大厂做边角料的老路，一开始就直指摩托车的“心脏”——发动机的生产。他尽管清楚当时的摩托车市场热浪灼人，但发动机一直是瓶颈，国内只有50毫升和70毫升两个型号，其余大多从日本进口，当地摩托车小厂不得不奔赴外地购买价高质劣的国产发动机。最终的结论是，做摩托车尽管市场空间不大，但技术空间很大，创新空间更大，利润空间无限大。

第一步发展战略确定后，尹便将实施战略的战术突破口选在当时有“摩托巨人”之称的中国重庆建设集团的发动机环节链上。这个摩托行业的巨人企业财大气粗，但受大锅饭体制制约，虽然能生产足够的配件，却不能充分提供发动机的整机，以满足市场需要。既然如此，那就由我们来补充吧。尹明善还发现，可以把建设集团维修部的发动机主配件买过来，由自己装配为发动机整机再卖出去，这样成本仅为1400元，而卖价可高达1998元。因为零部件系出名门，产品质量有保证，给尹明善免去许多麻烦。尹明善虽是此道生手，却借助建设集团的名牌零配件，迅速将销路打开。这是一条当时重庆市场上无人走过的捷径，建设集团对此自然浑然不觉，其他民营摩托小厂商们则想都不敢想自己能装配发动机。

于是，尹明善的小企业开始了悄悄采购摩托车零配件的“游击战”。今天去买1号到10号的零件中，明天去买11号到20号的零件，总之既要把配件买齐，又不能让对方意识到竞争的威胁，然后，便是组装。一台台供不应求的高质量的摩托车发动机从尹明善的公司里接连卖出去，大把大把的钞票不断赚回来，且一发不可收拾。公司最火的时候，订货的外地厂商竟提前几个月打来预付款，有的甚至天天到公司的组装厂门口排队取货，以至于公司每星期都得到机场包机发货。红红火火的业务，很快使55岁才入行的“新秀”尹明善，不仅在这个他从不熟悉的行业中站住了脚，还迅速成为了摩托行业里的强人。

尹明善当然知道，这样的日子长不了，一旦形成大气候，建设集团肯定会卡脖子。尹明善便在心里琢磨，哪些配件以后可能被卡呢？当然是建设集团生产的部分。于是，尹明善从开始组装发动机的第一天，就积极联系配套厂家，设计自己需要的零配件。大约4个月后，几个关键零件相继被开发了出来。当建设集团梦醒时，下令一个零件也不许卖给尹明善，然而这时他的替代品已经开发出来，摇篮里的婴儿早已能自己走路了。尹明善从摩托车行业掘的第一桶金便达百万以上，让人惊服。

点评

这种创业过程看起来好像有些偷偷摸摸，也许很多人认为可能是违法的，其实不然。放到现在来说就是所谓的OEM加工，即贴牌生产，只是当时还没有这种叫法。尹明善能发现这种模式，实在不简单。以尹明善这种手法进行创业的中国富豪不在少数。而且有意思的是，一些先前被“损害”的企业后来察觉其中存在的价值，反过来搞贴牌生产，创造出了双赢局面。

提及尹明善的创业过程，并不只是提醒大家该去做贴牌生产。仔细研究后你就会发现，他的这种想法本身就是一种模式。他敢于在大家还没有发现的领域创业，正是由于没人发现也就意味着还没有对手。此时，只要坚持行动，成功就是必然的。这种魄力就是卓越的企业家本色的完美体现。

笔者在这里介绍尹明善的创业手法只需后面一小部分就够了，为什么还要叙说他以前走过的那么长的道路呢？这是想让读者了解创业的道路并不是平坦的，人生同样也是不平坦的，但无论遇到什么样的困境，都要坚定信念，不能为一时的受挫而灰心，这也是能否成为一个真正企业家的必要条件。

即便是现在，这样的创业模式还一直在延续。举个例子，大家所熟悉的汽车配件行业就是如此，比较有代表性的有沃深、东安、长安源动力等。这些企业原本没有自己的产品，主要是采购各地的微车配件如活塞、缸套等一系列产品，均打印上自己的商标，然后招聘业务员到全国各地的维修点推销全套产品。由于产品都是各地名厂贴牌生产，质量有保证，做起来比较容易。经过这么多年的发展，这个行业基本成熟了，竞争日趋激烈，若想在这个行业创业，如果没有什么特殊的创意，肯定很困难。但你要相信，任何做法都不可能是最好的，只要愿意想，总有比现行做法更好的办法。

尹明善这种创业手法完全可以搬到其他行业，以IT行业中大家所熟悉的戴尔电脑来说，其实戴尔的电脑并不都是自己生产，其设计的产品多是交给其他有实力的厂家生产。戴尔卖的只是它的销售模式（直销），现在已非常流行。由于没有生产工厂，不但保证了产品质量，而且降低了成本，利润自然较高。既然任何事情都有更好的替代方法，那么，这种直销模式也不例外。如果你能想到更好的方式，几年之后，世界富豪榜也许就会因为你的出现而重新排名。

正如戴尔的这种做法一样，美国很多产业都是采取这种方式开拓市场的。这样做，既可综合利用各产业的资源实现自己的利益源，还能大大降低产品周期。而今，采取OEM（根据要求代工生产）甚至ODM（根据要求代工设计生产）模式的公司已经很多，全球商业进入了细节化时代，全部独立生产的成本太高，周期亦长，因此，每个企业都尽量发挥各自的长处，整个社会的生产效率也相应地提高了。在此背景下，美国需要的产品大都转移至别国生产，而美国只做与之配套的服务产业，这也正是工商产业链条的利润最高端。

目前，国内也逐渐在向这种商业模式过渡，比如网络直销行业PPG和百购得的做法，他们就是把网络作为一个平台，和厂家合作，采取合作加工的方式。具体做法就是由厂家根据市场要求代为设计和生产特定的产品，随后在网络平台上进行销售，这样就能很快让共同的网络资源铺设开来，迅速占领市场。这种模式的机会正逐步增多，但在国内尚处于起步阶段，未来几年，每个行业必会出现几个“巨头”，而目前只是零星的几家。可见，潜在的机会就像一座座金山，等待我们去思考和挖掘。

综上所述，我们可以这样对未来进行设想：无论你做什么产品，都能找到相应的代工企业。具体的生产过程，你断然不必操心。慢慢的，连销售、设计这样的工作也能找到代工公司，甚至不久以后，连创意都有聪明人来帮你想，你只需少许资金和能力进行综合利用，就可获得成功。看看，社会的发展已到了这一步，综合利用全民族甚至全人类的智慧，必然能创造出更多的奇迹。亲爱的朋友，试想一下，这样的生活该有多么奇妙啊！

四、资源回收

废品回收，通俗地讲，就是“捡破烂”，但请不要小瞧这个行业，靠这个行业起家的富豪绝不在少数。正所谓天道酬勤，也许正因为有人觉得干这一行丢脸，才给这一行业注入更多的机会，竞争自然相对没那么激烈。更让人想不到的是，这个行业的不少成功之士竟然受过高等教育。北京某高校热能工程专业的硕士小张，走的就是这样的创业道路。

【案例1】 1989年，小张从北京科技大学热能工程专业毕业后，被分配到海南钢铁公司。海钢有二三万职工，是海南最大的国营单位。他在这儿干了4年。那几年，国企经济效益还不错，上班很轻松，企业对他这样的大学生也格外重视。后来，他决定去北京读研深造。在京读研期间不是很忙，学校专门给了大家两年时间搞课题，小张只用了半年，就搞出来了。剩下一年闲得发慌，于是，他就想找点事做。

那时，小张在朝阳区租房子住，周围都是些做小本买卖的，有一些老乡也在做生意。大家时常在一起聊天，这对小张的影响非常大。小张的那些老乡中有的是捡拾垃圾的，有的是承包垃圾场的……跟他们长期接触后，他开始对垃圾及捡垃圾的人有了更深的认识。他们每月都能有上千元收入，承包者甚至能达到上万元。他们没什么本钱，也没有多高的文化和技能，却有自己的生存之道和发展之路。这让小张大为感叹。

小张的学校每个月给他200多元补助，这是他们全家的全部生活费。当时一是迫于生活，更主要的是想到市场中去体验一下，他开始蠢蠢欲动了。他想，既然那些从农村来的人捡垃圾都有比较好的收益，那些承包的人手下还雇佣很多劳力，从另一个方面讲这也为社会创造了就业机会，可以说是一种贡献。他最终作出判断：捡垃圾并不丢人。小张经常看老乡捡垃圾，就跟他们打听往哪儿卖，逐渐得知有的是厂家直接来收，有的是运往河北、山东等地。比如塑料一般运到河北，瓶子运到山东，还有的是拉到旧货市场去。小张住的地方有一个20世纪50年代毕业的大学生，是个外地人，他从旧货市场买来旧书然后再卖出去。受此启发，小张也打算先干这个。那时，他住在清华大学附近的八家村，附近有好几个旧货市场。1995年3月的一天，小张花了近500元钱买了一辆三轮车，一早来到八家村旧货市场，批发了80多元的书，大概有30多公斤。第一次不知在哪儿卖，他和爱人还有一个从老家来的亲戚，就拉着书在路上转悠，最后选定了一个车站。

头一次干此事，他站在那儿只觉得心里发慌，腿直发抖，更不敢喊出声来。虽如此狼狈，一天下来竟卖了60多元，几乎把本钱赚回来了，他心里别提多高兴了。自此，他就大着胆子卖了一星期，算下来竟赚了六七百元钱。有了第一次卖书的尝试后，他马上感觉自己的思路和从前大不一样了。随后，小张将生意的“龙头”转移到集贸市场、学校等地插空卖，好比打游击一样。一个月下来，竟赚了5000元。对他来说，这真是一笔不小的收入。他们每天起得很早，有时天不亮就到了旧货市场，因为旧货市场实行“早市”和“晚市”，一旦来晚了，位置就会让别人挑光。

毕竟是读书人出身，小张挑书比别人都快，因为他知道哪些书有用。比如英文资料，他一看就知道适合什么人，在学校卖时他还给学生作介绍，所以他的书卖得特别好。

手上有了点钱，小张马上想到废旧物品市场，干嘛不自己收书呢？于是他就在洼里十四旧货市场租了个摊位，一个月租金是1000多元。他开始集中收购书本报纸，从5月份一直干到夏季雨季来临，共收购10000多元的旧书本报纸。起初，他没有多少经验，将东西全部堆放在露天摊位，没想到几场雨过后全淋湿了、烂掉了，两个月辛苦挣来的10000多元货就这样泡汤了。

小张没有心灰意懒，他开始琢磨改改品种。收什么东西容易存放呢？他想到了玻璃，因为玻璃是不会烂掉的。事实证明，他的这个选择是对的，收玻璃瓶终于让他起死回生了。

冬季是旧货市场的旺季，头一个月收玻璃，他就挣了10000多元，但这让他尝尽了苦头。有时候，晚上发货他要押车，常常是半夜交货，瓶子一袋装50多公斤，特别沉，他这个文弱书生得跟人家一样抬包。袋子必须装满，刚开始，他不会装瓶子，速度也跟不上，后来练得一只手抓几只瓶子“哗哗”地一放一排，连找来帮忙的人也赶不上他。一车要装几百包，装得太慢绝对不行。他的手臂、皮鞋经常被玻璃划伤，出血是常有的事，“创可贴”随时放在身上备用。辛苦终于没有白搭，他干了一个冬天后，就赚了四五万元。

尝到甜头的小张毅然决定不再回工厂，索性留在北京发展。他思考着如何将自己的创业升级，尤其是在高科技与废旧物品之间找结合点。他想到了做二手电脑。事实证明，他的这个选择也是对的。旧电脑店开张后比他原先预想的还要好。

看完小张的经历，我们免不了感慨万千，可如果让你去从事这个行业，你能下得了这么大的决心吗？其实，废品回收是一个大行业，潜藏着很大的商机。现在社会发展这么迅速，有许多物品不断被淘汰，社区的住户不是靠这些淘汰品卖些小钱，而是为了给家里腾出更多空间……总之，淘汰品中商机无限。既然存在这样的机会，必然有更多的人去淘金，下面这个例子更是如此。

【案例2】 1990年，李辉毕业后，进入山东省化纤总厂当了一名技术员。1998年，厂里效益不好，李辉夫妻双双下岗。厂里不发工资，只交纳养老保险金。为了生计，李辉好不容易找到一份当搬运工的工作。戴着近视眼镜、身体瘦弱、文质彬彬的他，哪里受得了这份苦。抢不到业务不说，就是抢到业务，没有做过强体力劳动的他辛辛苦苦做下来，也累个半死。一个月后，他挣到了500元，家里的生活有了暂时的保障，可妻子说什么也不让他再去用劳力挣钱。

李辉开始思索和反省自己：再也不能这样盲干了，自己是受过教育的有文化的人，得动脑筋从市场中寻找商机。李辉开始骑着自行车在济南的大街小巷转，遇到吸引他的事物，就停下来查看。有一天，他来到一个废品收购站附近，与废品站的老板闲聊，无意中从对方的口中了解到他赚钱的来龙去脉。

收废品就是一条有前途的生存出路——李辉顿时眼前一亮。他分析了收废品的可行性：一是城市的住房面积不大，人们有点废品都想卖，因此卖废品的人一般不会计较卖钱多少；二是没有风险，几乎不需要什么投入，而且废品的利润也不低。不过，最关键也是最难突破的一点就是要放下面子，敢于走街串巷地去收购。

回家与妻子一商量，妻子立马赞成。李辉虽然分析得头头是道，可毕竟是受过高等教育的大学生，一想到收破烂的人布满灰尘的脸、藏满污垢的手、肮脏污黑的衣服，怎么也放不下这个面子与他们为伍。妻子看出了他的心思，说："你怕没面子，我不怕，我去！"望着从小在城市长大的娇弱的妻子，李辉感到非常吃惊。他本以为妻子只是为了激发他的士气，没想到，第二天一早，妻子吩咐好家中的事情后，果然蹬着三轮车出了门。

这一天，李辉在家一边带女儿，一边洗衣和做饭，几乎是在不安中度过了这一天。晚上，尘土满面的妻子一回到家，就欣喜地告诉他，今天挣了15元钱。望着妻子被太阳晒得通红的双颊和闪着光亮的双眼，李辉惭愧得不知道该把眼睛往哪里藏。之后，妻子每天都出去收破烂，卖的钱一天比一天多。妻子的行动，让李辉无地自容。一个星期后，他再也忍不住了。他替换了妻子，毅然走出了家门。

2000年6月16日，李辉一辈子都记得这个日子。从这一天起，他开始收破烂，正式进入到废品回收这个行业。闷着头收了一个星期后，他才敢像其他人一样开口吆喝。"有废报纸废塑料矿泉水瓶子找来卖钱啦！"当这句话第一次从他口中喊出时，他发现并没有人注意他，嘲笑他。他不禁哑然失笑：原来嘲笑自己的人就是自己。4个月后，李辉用收废品卖来的钱加上向亲戚借来的一部分钱，凑够了10000

元，在济南市北郊开起了收购站，当起了小老板。

这之后，李辉的聪明才智真正算有了用武之地。不久，他想出了几个扩大收购量的方法：一是提高收购价格，二是做宣传。办法很简单，每天买上几包香烟，骑着自行车到处转，见到捡废品的就递上支烟，然后介绍自己的收购站。他还到济南报纸上做了个废品收购的小广告，如此一来，前来卖废品的人多了起来。李辉也将捡废品的外来人当作朋友看待，当他们生活有了困难或是生了病，就主动关心和帮助他们。一些捡废品的人感慨地对他说："李老板，我们这些穷哥们，就是冲着你的人品来送货的！"正是靠着这支拾荒大军的支持，李辉的生意才一天比一天好。

不久，李辉将目光盯上了塑料加工。在朋友介绍下，他结识了一个做加工塑料粒子的广东人，并专门去看了他加工塑料粒子的过程。这个广东人来济南已经几年了，如今挣够了钱想回老家去，便主动提议将机器卖给李辉。机器是他从广东买来的，价值16000元，他折价8000元卖给李辉。李辉满口答应了。

有了机器，李辉可以连带开展废品回收和利用的工作，生意向前延伸了一步。2001年3月，李辉开始生产再生料。这台机器是利用废旧编织袋、大棚塑料薄膜和食品袋生产聚丙聚乙塑料颗粒，生产一阵后，李辉并没有赚到多少钱。他分析后发现，除了经验不足外，原因还很多：一是此项加工有一定的技术性，掌握不好，原料损耗大，一吨废料最多出1500斤粒子；二是机器不易操作，即便是电控温度，也不好掌握；三是用水用电量大，还会造成二次污染；四是虽然编织袋、大棚膜废旧原料多，但脏乱杂，加工起来很麻烦，出粒率也偏低；五是市场销售情况一般，从事这一行的人太多，卖不到好价钱。

李辉不愿意跟在别人后面走老路，他坚信废旧塑料这个行业一定还有别的商机。果然，通过查阅资料他了解到，玩具厂和运动鞋厂家大量需求用白色泡沫塑料生产出的PS原料，而在废旧塑料再生产品加工中，人们因为此种塑料体轻、数量收购上不去，所以做的人极少。经过进一步了解，李辉发现，其实白色泡沫废旧塑料的市场并不小，一个省会城市，每月的产生量在80—100吨，地级城市在12—16吨，县级城市也有4—6吨。看起来量不大，但做的人相对少，商机还是存在的。

市场的需求才是关键。为此，李辉先用现有的机器凑合着生产了一点样品，赶往福建生产运动鞋的集中地。厂家对他带来的样品非常感兴趣，因为购买新原料的价格在8000—9000元/吨之间，而他带来的具有同等质量的再生原料的价格几乎少了一半。厂家用李辉的原料试生产后，当即同他达成协议：原料有多少要多少，而且现款结账。

李辉很受鼓舞，旋即又到广东考查了其他废旧塑料再生产品的需求，又发现矿泉水瓶粉碎料的市场看好。接下来，他开始了对机器的考查，但遗憾的是，他以自己学化工机械专业的眼光审视后发现，南方的一些机器或多或少都存在一些缺点。另外，这些机器的价格偏高，一般都在12000—16000元，如果加上流动资金的投入，总投资要30000多元。还有一点，这些机器不太实用，做出的粒子和粉碎的碎片根本不均匀。

一个多月后，李辉回到了济南。他开始在现有的机器上做改进。大学所学的化工机械专业的知识终于派上了用场，他相信自己一定能造出价廉物美、适合没有多少资金的人投资的机器。功夫不负有心人，经过一段时间的研究改造，李辉成功地造出了泡沫塑料颗粒机。一个月内，他在济南尝试做了20吨原料。当第一批原料送到厂家时，对方对他的产品非常满意。

点评

可以这么说，李辉的创业之路是被生活逼迫无奈才开始的，毕竟一个大学生走这样的道路很难抛开面子。但是，有学问的人就是不一样，不做则已，一做就大有收获。现在已进入知识分子打天下的时期，暴发户的时代早已一去不复返。那些曾经的暴发户，如果不能很好地借助现有的人才实现更高层次的飞跃，不消多久，就会被后起之秀所赶超，甚至被淘汰。

大学生创业，如果选择高学历之辈不愿意涉及的行业，无形之中就避开了许多竞争风险。像这类废品回收利用的行业，从中国人的一般心态来说，学历高的人多是不愿从事的，这样一来，自己的对手就“弱”了一些。也许刚开始自己做的没有那些“老油条”厉害，这很正常，因为你欠缺人生阅历方面的知识。大学生的理论知识非常丰富，只要在阅历上修炼一年半载，弥补一下缺少的部分，必然有质的飞跃，这就是曲线创业的选择。高科技创业当然更好，但如果没有一定的实力，结果往往更为艰辛。看看鲁建国的经历，或许从反面验证了这个道理。

【案例3】 小时候，鲁建国是一个“不听话的孩子”。刚读初二，15岁的鲁建国就不愿再读书了，他追随父亲，从黄陂乡下来到武汉市区。

鲁建国的父亲在武昌解放桥开了一家打铁铺，打铁手艺远近闻名，打的菜刀非常锋利。父亲希望鲁建国继承父业，学好打铁手艺，经营好打铁铺。可十几岁的鲁建国在父亲的打铁铺干了几个月，就坚决不做了。当时他有着更大的理想，小小的打铁铺哪容得下他的雄心壮志？鲁建国发誓要创造自己的事业。

随后几年，鲁建国开始了自己断断续续的创业历程。他先后尝试了不同的行当，但对尚显稚嫩的鲁建国来说，初始的创业经历带给他的更多是失败的辛酸。起初，他在汉口扬子街一带卖服装，这个小小的门面叩开了他的创业之门。但卖服装的这两三年时间里，虽然他也成功过，但还是亏了数万元。

上个世纪80年代末，父亲又拿钱给鲁建国买了一辆中巴车，让他在武汉市区与黄陂之间跑客运。由于没有经验，在别人跑中巴都赚钱之际，鲁建国却不仅没赚钱反而赔了本。中巴车开了一两年，鲁建国竟亏掉了两三万。

一次又一次的失败，让鲁建国无颜面对父亲对他的一片苦心和殷切希望。1990年，他在武汉重新开始创业。这一次，他没有向家人要本钱。他揣着四五十元，干起了“最差最苦”的事情——收废品。别人收废品是坐等废品送上门，他是骑着自行车主动出击，到图书馆、大学、企业等单位联系废纸、废铁……他坚守一条理念，那就是做任何事情不要怕碰钉子。

鲁建国收废品不像别人，而是做得上档次。在干废品收购这一行的人中间，他可能是最早买BP机、摩托车和手机的。他买这些“奢侈品”，不仅是消费，也是为了联系业务。几年的辛苦，让鲁建国第一次尝到成功的喜悦。通过收废品，鲁建国赚了十几万元。不少人很快看到了收废品的商机，许多农村人纷纷涌入城市来收废品。此时，已经赚到第一桶金的鲁建国，开始寻求新的发展机遇。

鲁建国在收废品的时候，曾接触过一些钢铁企业，窥察到了钢铁贸易的商机。那时候，如火如荼的城市建设催生了钢材经销业的旺盛。1994年，鲁建国在武昌螃蟹甲一个破旧的厂房里，租了个50平方米左右的门面，办起了自己的第一个公司——武汉市龙发钢铁工贸公司。他从武钢、鄂钢进货，然后卖给一些中小建筑工地。此次，鲁建国旗开得胜，第一年就大获成功。收废品赚来的十几万元，加上借的十几万元，他开这个公司总共投入不到30万元，而其经销钢材第一年的毛利就达60万元。

然而，国家从1995年开始对过热的经济实行宏观调控，而且钢材经销行业的竞争对手也越来越多钢材市场开始出现供大于求的局面。鲁建国才初品成功滋味，就要在激烈的市场竞争夹缝中求生存。

鲁建国力争走出一条与众不同的道路，实施差异化竞争。他仔细研究全国钢材市场信息，在同行中率先从外省进货。他从外地进的货运到武汉，加上运费还比本地市场的价格低。由此，鲁建国在激烈的市场竞争中顽强地生存了下来。

同时，鲁建国举起了“诚信谦和，诚恳待人，诚实经营”的大旗。1999年初，他向武汉市某公司销售了400吨钢材，那批货物外观光洁度不太符合买方的心意，尽管买方没提出任何要求，鲁建国仍然将全部货物返库，重新发货。这一举措虽然对公司的利益造成了很大影响，但获得了客户的极大好感。

2000年，龙发公司送了一批钢材到阳逻国际集装箱外贸码头，客户要求对每批货进行质检，鲁建国不仅爽快答应，还派人到现场办理。这赢得了客户的充分信任，从此，这个大客户与鲁建国建立了牢固的业务关系，鲁建国的生意随之越做越大了。

这个案例让我们看到，大家很少介入的行业最终成就了鲁建国的创业梦想。有时候，曲线创业也是一种智慧的体现，既然自己没有那么大的实力和大鱼争夺生存空间，何不迅速转变思路与虾米竞争呢？这也是一种不错的选择。和鲁建国的人生轨迹颇有几分相似，徐文也是在无意中发现了这个机遇。

【案例4】 1990年，徐文初中毕业后，就揣上100块钱，不顾家人阻拦，独自来到了省城哈尔滨。很快，徐文在一家酒店里找到工作，做起了服务员。可一个月下来，除去买生活用品和其他开销，徐文总共才剩下40元钱。他想，这样下去，还不如在家种地挣得多。

不久，徐文就辞了职，开始四处奔波起来，他想找一份收入高一点而又稳定的工作。可他既没文化，也没技术，要达到这个目标，实在太难了。徐文瞎忙碌了10多天后发现，从家里带来的钱全被花光了。他非常着急。在四处找工作时，他曾经见到过几个废品收购站，知道空酒瓶子也能卖钱，这似乎让他看到了一丝希望。他便扛起一只破麻袋，来到收购站，把收集的那些废酒瓶子全卖了。他万万没有想到，那大半麻袋废酒瓶子，竟然卖了7元多钱。他想，既然废酒瓶子能卖钱，收废酒瓶子也肯定能赚钱。既然找不到好的工作，为什么不去收废酒瓶子呢？说不定，靠收酒瓶子，也能发一点小财。

为了怕被熟人认出来，徐文买了一只口罩戴上，背着那只破麻袋，以剩下的那几块多钱做本钱，走街串巷，收起了废酒瓶子……不顾家人的阻拦、认定收酒瓶子也会大有作为的徐文，在第一天一共走了三四十里路，往返废品收购站两三次，总计赚了10多元钱。虽然这10多元钱不起眼，可在当时，一个国家干部一个月的工资，也不过二三百元。他欣喜地想到，如此算下来，自己的收入要比国家干部的收入高得多。

徐文终于意识到，干这一行只要肯吃苦，就有干头。于是，他下定决心要一心一意地干下去。这样干了几天后，钱一天比一天赚得多了。渐渐的，徐文认识到自己是在靠劳动赚钱，并没有什么可耻的，便摘掉口罩，大大方方地收起了酒瓶子。

徐文“收破烂”的事，通过那些同乡们的嘴，传到了徐文父母那里。徐文的父母也急了，三番五次地来哈尔滨找徐文，非要让儿子跟他们回去。最后，父母说：“你要是不回去，我们就和你断绝关系！”徐文知道无论自己怎么解释也没有用，只好任由父母甩手而去。

徐文早出晚归，风里来雨里去，跑坏了两三双鞋子，可是，他每天的收入，也还是在二三十元之间徘徊，不见上涨。此时已到了夏天，天一暖，收废品的人也多起来，竞争更加激烈了。再加上他是“人走麻袋扛”，一次收不了多少。想要多挣一点钱，实在是很难很难。

明晓原因之后，徐文买了一辆旧自行车，一边绑上一只柳条筐，又开始了收购。这样一来，他不但装得多了，跑得也快了，每天赚到的钱，果然比原来多了不少。可他没有想到，其他收废品的人，见他骑着自行车收购，也都纷纷效仿，沿街叫喊起来。渐渐的，他每天赚的钱，又变得少了起来。他思忖好久，卖掉自行车，买了一辆人力三轮车。三轮车虽然速度没有自行车快，装的东西却足有自行车的七八倍。他节省了很多往返废品收购站的次数，赚的钱又一次多了起来。

同样是收酒瓶子，因为肯下苦力肯细琢磨，徐文赚的钱，总是比别人多，使得周围的人们对他佩服至极。随着时间的推移，徐文的理想也越来越远大了。经过几年的实践和总结，徐文意识到收废酒瓶子的最大客户并不在居民楼，而在餐饮娱乐场所。只要想办法将酒店、夜总会、歌舞厅的废酒瓶子统统收来，一定能赚大钱。

于是，徐文暂时放弃了“叫喊收买”的做法，一家酒店接着一家酒店，一家夜总会接着一家夜总会地联系起来。其实，不论多大的酒店和夜总会，酒瓶的存放量都是有限的，因为它们不但要占很大的空间，而且不论摆在哪里都不雅观。从事餐饮娱乐业的老板，无不为此伤透脑筋。

徐文对他们的承诺是，自己每天都来收取一次，且在价格上比那些散兵游勇略高。这样既得了实惠，又解决了酒瓶子占地方的苦恼，所以，那些餐饮娱乐场所的老板自然都非常高兴，一个接一个地点头同意了。

1995年春天，仅仅才用了20天左右的时间，徐文就和包括当时哈尔滨最红火的酒店之一的黑天鹅餐饮娱乐城等84家饮食娱乐场所签下了收购合同。这84家餐饮娱乐场所大多属于中高档水准的消费层次，每天产生的空酒瓶子，占整个哈尔滨产生出的空酒瓶子总量的1/2强。

生意好了，规模大了，徐文自然非常高兴，可烦恼也接踵而至。这84家餐饮娱乐场所不但每天产生的空酒瓶子数量奇多，地点也很不集中，几乎散乱地分布在哈尔滨市的各个角落，徐文一个人根本就忙不过来。

徐文忽然想到那些出门打工的同乡，便找到了他们，对他们说：

“你们帮我去取回收的酒瓶子，我每个月给你们开500元工资，如果回收的多，我再给你们加提成。”当时，一个打工仔在酒店累死累活干一个月，才二三百元的工资，徐文的那些同乡们，哪有不心动的？

徐文从他们当中挑出了10个人，又买了10辆人力脚蹬三轮车，轰轰烈烈地干了起来。因为收入高，每个月加上提成可以拿七八百元，而且这活也要比在酒店打工轻松得多，所以，打工仔们干得很卖力，徐文也因此财源滚滚，日进斗金。

为巩固基础和扩大范围，徐文建立了收购销售一条龙。他的事业越干越大，酒瓶子也越收越多。随后，徐文又想到了直接联系酒厂，便设法与哈尔滨一些著名的大酒厂取得了联系。因为互惠互利，更主要是徐文卖给各大酒厂的空瓶子的价格有很大的优惠，双方一拍即合，很快签订了回收合同。自此，徐文一举成为这些大酒厂的酒瓶回收代理商。徐文并没满足现状，而是着手向外扩张，向哈尔滨的周边市县发展。那时，他已经不再出去叫喊收买了，而是坐镇当起了老板。

没花多少时日，哈尔滨周边10余个市县的400多家收购点又被徐文纳入了自己的势力范围。为适应发展的需要，徐文又投资100多万元购买了一套旧瓶洗刷设备，还购买了电脑，制作了网页，通过网络与全国各地的酒厂及酒瓶收购商进行业务联系。到2000年时，他每年的纯收入已达到了60万元。

点评

许多有志投身商海的弄潮儿，都把拥有属于自己的事业当作人生的一大追求，这就需要有一个完整的创业战略。此战略必须依据创业者自身的自然条件和创业时的客观环境，兼顾自身所能掌握和利用的资源情况。我们必须选择适合自己创业的领域，而不是盲目为之，那样做不仅浪费时间，效果也不太理想。选择类似于比尔·盖茨的高科技创业，成功速度既快又有面子，俨然已成为青年人特别是大学生的奋斗目标。当然，如果真有这样的技术，那肯定会优先选择这个道路，但假如你不具备创新理念的特殊技术，前途就很渺茫了。你想，既然大家都希望从这条路起步创业，竞争必然十分残酷。

比尔·盖茨开始创业时，难道是一时头脑发热所致吗？肯定不是！那时，他从事这个行业已存在很多年了，只因这是一个新行业，对手极为有限，而他自己又具有这方面的独特优势，所以，他在认真分析了这些情况后，才毅然决定退学进行创业。

务必考虑清楚自己的创业战略，不可任性而为，那样往往会得不偿失的。只有根据自己的实际情况选择战略，方可达到事半功倍的效果。早起的鸟可以有吃不完的虫子，若虫子非要效仿，只能成为鸟儿的食物。成功的事例完全可以参考，一味照搬却不是良策，只有创新才能营造生存的空间，这就是我们现在所面对的世界。

五、缺陷商机

1.分析所悟

顾名思义，分析所悟就是自己根据身边的经历，经过理性分析而发现商机。在我们日常生活中，商机四处存在，然而这些商机并不是太明显，只有通过分析，才可从中发掘出来。正是因为这些商机稍显隐晦，所以，唯有有心之人方可得到。通俗地讲，只有那些在生活之中处处留心思考的人，才有机会获取这样的商机。

【案例1】 宠物殡葬助千万富翁重崛起

李建中在成都新汇家用化妆品厂上班时，朋友送了他一只名叫黑豹的狼狗。他非常疼爱这只狗。天有不测风云，一心想把企业做大的李建中，因盲目扩张和用人不当，公司亏损累累。2000年初，李建中的千万富翁生活彻底结束了。李建中几乎被击倒了。唯一欣慰的是，黑豹一如既往地陪伴着他。李建中早晨起床刷牙，黑豹在旁边推牙膏；他抽烟，它送打火机；他拿啤酒，它找启瓶器。

李建中不由感慨道，无论自己富有还是贫穷，只有黑豹一直在旁边默默地关心自己，黑豹是他最真心的朋友。慢慢地，黑豹没有以前那么矫健了。一天，李建中突然间发现黑豹有些老了，他才醒悟到，黑豹跟他已经13年了。一次，他从外地出差回到成都，没过多久，黑豹就去世了。看到黑豹不再动弹的那一刹那，李建中的眼泪夺眶而出。伤心归伤心，黑豹的身后事却很麻烦，黑豹块头相当大，处理起来极为麻烦。几经周折，他才把黑豹埋到了郊区。

李建中一直很怀念黑豹，一有时间，他就坐车去埋黑豹的地方，静静地坐上一两个小时。一天，他看到一只死掉的狮子狗被扔在垃圾桶里，狗身上的那件红背心特别扎眼。李建中心里一酸，旋即想到了自己的黑豹，但就在此时，他有了一个奇特的想法：宠物死了没人管，我能不能来做宠物的“身后事”呢？

2004年8月份，成都青羊区的一家宠物医院的医生告诉李建中，一位女士养了10多年的小狗去世了，这位女士不知道该怎么办。他马上赶到，把自己养狗的事情讲给这位女士听，并试探性地说：“我想帮你的狗狗料理身后事，你看怎么样？”这位女士很诧异，便问他该如何做。

当那个女士了解到李建中想以500元就把自己的狗狗解决掉后，感到很生气。她当即表示拒绝这个计划，因为在她眼里这个葬礼太简单，定价也不合适，她认为完全可以搞得更隆重一些，只要做得好，再多钱也愿意出。

这件事情给了李建中莫大的鼓舞，他从头梳理了一遍自己的想法：如果做宠物殡葬，首先要找到墓地，而且要有比较好的氛围，但墓地到哪儿去找呢？就在此时，他想到了家在成都彭州的朋友彭成，彭成在彭州市葛仙山镇有一块荒山。2004年10月，李建中找到彭成，彭成非常爽快地答应了他的要求，并要求一起来做宠物殡葬生意。

11月19日，彭成从成都彭州市工商局拿到了“宠物殡葬及用品零售”的个体工商户营业执照，这是全国第一张用于宠物殡葬的营业执照。两人还为宠物殡葬墓地取了一个动人的名字：天堂驿站。

11月21日，李建中的天堂驿站接到了第一单生意——那是一只名叫“可可”的苏格兰牧羊犬。李建中等人事先挖好了墓地，将吹起的塑料狗摆放在墓穴前，再摆上两排“鲜花”。随后，两位工作人员抬着“可可”缓缓走向墓穴，另两位紧随其后，手拿礼花弹射向天空。同时，漫天飞舞的野菊花花瓣纷纷扬扬撒在“可可”的身上。掩埋后，他们又为“可可”立上一块石刻的墓碑，最后，种上两株罗汉松幼苗。完毕后，李建中还找人把整个过程刻录成VCD光盘让主人留作纪念。

狗主人看到李建中的工作非常仔细，而且很全面，非常感激李建中。这一单生意李建中收了1200元。第一单生意的成功让李建中信心十足，他觉得这件事情既帮助了热爱宠物的人，又利于环境保护，而且自己也有了重新站立起来的机会。

“天堂驿站”很快在成都的宠物圈子里红火起来，不少宠物爱好者都主动打电话询问“天堂驿站”的详细情况。为能更好地满足宠物爱好者的需求，李建中又将服务内容进行分级，即分为舒心、普通、标准、豪华四个等级，根据不同级别，配送不同的服务，做不同的仪式。自然而然，价格的定位也更加准确了，从300元到3000元不等。宠物殡葬的创意让他重新崛起，半年就盈利了30万。

据统计，上海平均每年丢弃的宠物尸体达近万个，其中至少有20%的宠物主人有宠物殡葬的需求。这样算来，全国各大城市都应有很大的市场等待开发。在国外，宠物殡葬业是一个成熟产业，据统计，英国每年宠物市场的产值高达35亿英镑。宠物殡葬业可以提供诸如火化、棺木、宠物墓地和慰问卡等服务，而在日本，商家更是把宠物“身后事”的商机发掘到了无以复加的地步，不但有宠物火化、宠物葬礼、宠物墓地，甚至还有专为宠物服务的寺庙。

宠物葬礼确实是个很有潜力的市场，然而我们不能仅局限在此，介绍本例的用意就是提示大家，生活中有些事情虽小，但用心发现，却另有一番天地。生活中碰到的大多事情都可以和商机联系到一起，如果他人尚未发现这样的“关联”，那么，这必然是绝好的商机。

【案例2】 李文是个刚毕业的大学生，求职时经历了种种艰难。正沮丧时，与他同住一小区的张先生前来为自己的雌博美犬求偶，希望能与李文家的那只雄博美犬结成伴侣，共育佳儿。为此，张先生宁愿倒贴“彩礼”2000元。

这件事让李文灵机一动：何不开家宠物配种店，当个动物“红娘”呢？于是他向父母借款数万元，买回纯种的苏格兰牧羊犬、金毛犬、博美犬等种犬。每配一次种，收取的价格从2000元到6000元不等，并很快引来了一股“凤求凰”的热潮。挖到第一桶金后，李文做大了宠物店，开展寄养、美容、销售宠物食品等一系列业务，年赚百万元。

机会总是留给有准备的人，如何发现机会就在于自己是否留心了。

【案例3】 20世纪80年代初，李晓华进入了个体户的行列。他在朋友的劝说下，挤上南下的列车，忐忑不安地来到了广州。五光十色的景致令他眼花缭乱，在北京不多见的新鲜玩意儿目不暇接。

在反复的思考之后，他没有选择色彩斑斓的女裙，也没有选择当时还算新潮的牛仔、T恤，而是以他身上所带的全部本钱4000元，购进了一台在北京还见所未见、闻所未闻的喷泉果汁制冷机。那是一个直径约半米的透明玻璃大罐子，下宽上窄，里边橙黄色的果汗嫩鲜鲜的，也不知追随着一种什么力量，一直不安分地跳着，沿着玻璃壁上滑落下来的汁液，像是锅盖上蒸腾的水汽变成的水滴，巧妙地划着十分诱人的轨迹……如果从一旁的开口处接一杯尝一尝，又凉又甜，沁人心脾。

李晓华把这台新鲜玩意儿买回后，并没有在北京安装，而是把它运到北方旅游胜地北戴河。他想，这里游人如织，一定比在北京有更好的收益。果然不出所料，这台冷饮机在北戴河出尽了风头，人们排起长队，一杯接着一杯地购买这种既新鲜又不贵的冷饮。火爆了一个夏天后，李晓华赚了10万余元。他预测到第二年北戴河将会涌出不下100台的冷饮机，因此及时把这台为他立下汗马功劳的冷饮机转卖了。当时，还有些朋友不太理解。但第二年夏天当大伙目睹到这种冷饮机在北戴河挤成一团的事实后，无不佩服李晓华的独到眼光和超前意识。

1985年至1988年，李晓华赴日本自费留学，一边在日本经商。日本人生活水平高，非常注重个人形象，80年代中期，“101毛发再生精”成了日本市场的抢手货。李晓华为了争取到日本市场的销售代理权，不惜将自己的奔驰车送给了赵章光。在销售“101毛发再生精”之前，李晓华的商业行为皆为即兴的、随机的，而“101毛发再生精”的运作却是有目的、有步骤、系统化地实施，可算作他个人从商的嬗变。后来，甚至有人说李晓华在“101毛发再生精”上赚的钱比赵章光还多。

从李晓华选择经营制冷机开始，便注定了他成功的必然性。做别人没有做过的行业，虽然有些冒险，但是一旦成功，将会财源广进。这再一次证明了没有对手的行业是最好的行业，老是跟在别人后面没有多大前途。不过如果能够采取独特的经营方式，仍然会有希望，随后我们将详细介绍。

李晓华的创业不是被动地发现商机，而是主动寻找商机，这是当下社会的创业主流。大家都在找项目，找机会。既然找机会，就不能足不出户，呆在家里闭门造车是不行的。出去看看，到处转转，就会有所发现，甚至还可以调剂工作和学习的心情，一举两得。这也是为什么有些希望创业的人士选择工作之时，比较看好具有出差机会职位的道理了。见得多了，发现商机的机会也就增多了，但只是发现还不能成功，只有用自己的实际行动快速抓住商机，才能成为真正的成功者。宗庆后就是这样成功的。

【案例4】 靠着14万元借款，宗庆后带领两名退休老师，靠代销人家的汽水、棒冰及文具纸张赚一分一厘钱起家，开始了创业历程。当时的他还在每天戴着草帽、蹬着平板车走街串巷，叫卖棒冰和文具。

在1987年左右，中国的保健品市场还几乎是一片空白，以杭州保灵为代表的蜂王浆产品率先拉开了中国保健品市场的序幕。

娃哈哈的第一次崛起就在于准确地抓住了这个机遇。宗庆后了解到我国3亿多儿童的营养状况不容乐观，厌食、偏食现象相当普遍，于是在1988年，“全面促进儿童食欲”的娃哈哈儿童营养液上马了，并打出“喝了娃哈哈、吃饭就是香”的广告语。

据称，当时娃哈哈的账户中只有10多万元，厂长宗庆后却把它全部投进了公关策划和广告宣传。很快，这家小工厂开始从众多的保健品企业中脱颖而出。由于当时保健品刚刚为公众所接受，在广告和品牌意识上超出众人一等的娃哈哈自然也获益匪浅。同时，其民营体制更是为其制订灵活的营销策略提供了制度上的便利和保障。当年，娃哈哈实现了产值翻番，利税总额210万元。到1990年，娃哈哈的产值突破了亿元大关，宗庆后创造的发生在小学校园里的经济奇迹，开始引起了社会各界的广泛关注。

【案例5】 20世纪90年代初期，电脑还比较贵，祝维沙观察到中国很多人都希望拥有一台电脑，可大多数人没有这个经济实力，因此，他就设想了一个可以用电视做显示器、以VCD作为主机，能进行简单操作的电脑，他称之为电脑VCD。为了这个设想，他毅然辞去公职，从中国社会科学院工业经济研究所走到了上海，并和3个合伙人以10万元的启动金成立了北京裕兴公司，专门生产学生用的电脑，祝维沙出任公司总经理。1998年，裕兴成功地开发出世界上第一台信息家用电脑VCD，上市后一炮打响，一时间成为抢手货。电脑VCD从此成了裕兴的专利拳头产品。

这些想法现在看起来虽然稍显幼稚，不过在当时却很有震撼力。发明创造其实很简单，不要把一切想得那么难，否则，只能是自己吓自己，到头来依然是眼睁睁地看着别人成功。不要一味地认为人生就像一场戏，末了，自己在这部戏中的主要内容便是当观众，在台下观看别人表演，毫无作为，这样的人生确实有些遗憾。

【案例6】 1998年，互联网在中国悄然兴起，梁建章也觉得机会来了。“当时互联网非常热，风险资金又非常充裕，这是很好的创业机会。”于是他做了一个大胆之举，离开ORACLE，自立门户创立携程旅行网。

为何选择做旅游类网站？一是出于梁建章对国内旅游市场的预期，还有就是直觉。他觉得当时的旅行社很难满足像他这样的人，提供的服务根本不到位，另外，旅游业的“想象空间又非常大”。中国1998年的旅游业规模就达2391亿元人民币，旅游是老百姓的第二大支出，此项支出甚至还高于购买汽车的支出。梁建章将创业的目标瞄准旅游业是非常有眼光的。

成功之后，梁建章坦言，当时对旅游业并不熟悉，也没做深入调研，只是一种直觉，觉得做旅游网站从设计到配送、支付，非常适合电子商务。有了创意后，构建携程团队成了创业的关键。“一开始就是几个朋友，”梁建章说。与梁建章相熟的沈南鹏、季琦成了携程最初的创始人。3人很快决定从原来的工作中抽身出来，全力以赴把网站做好。在分工上，优势互补是他们的生存和经营理念。梁建章是ORACLE中国咨询总监，技术背景深厚；沈南鹏是耶鲁MBA，是个具有多年投资经验的银行家，具备相当的融资能力和宏观决策能力；而季琦则有着丰富的创业经验，擅长管理、销售。后来，为加强旅游行业，梁建章又找到上海旅行社总经理范敏加盟，自此，携程管理团队构建完善，正式起航了。

携程成立时正逢互联网高潮，不费多大力气，梁建章就迅速从IDG、软银、晨兴等风险投资商中融到了500多万美元的资金。打那时起，携程一路走来风调雨顺。谈起当年的互联网泡沫，梁建章认为，创业往往是看一个机会，但热情若超越机会就是泡沫，而机会再加上热情，就是创业的最好契机，而他恰好抓住了这个千载难逢的机会。

4年后，他们的梦想终于成了现实。2000年，携程的员工不足100人，如今这个数字已增长到1500多人。2002年，携程的营业额已高达10亿元人民币，而新浪2003年全年收入也不过9.4亿元人民币，携程的净利润更是让平均净利润率只有1%—2%的传统旅游行业望其项背。但在梁建章的手中，携程变得越来越不像网站了。4年来，携程先是收购了当时最大的酒店预定中心——现代运通；随后切入机票预订领域，一举并购机票代理公司——北京海岸；去年，它又将华程西南旅行社收入囊中，正式进军自助游市场。在梁建章的设想中，携程并不是家网站，而是高科技武装的旅行服务公司，可以说是传统行业的整合者。

这样独特的经营方法确实很有创意。世间万物的道理皆可相容，彼此借鉴，就能起到意想不到的效果。而今，很多企业家爱把商场看成战场，还将孙子兵法用到企业的经营中，就是这个道理。既然这样，我们把经营网站的方法用于经营传统企业可行否？这里只是给大家提个建议，说不定，真有人能想到很好的结合方式。不过，我们相信这样一个道理，用新的管理方式去改造传统的管理方式，必然是一大进步。

管理经验需要你在公司里积累，对刚毕业到社会上谋生的大学生而言没有先天优势，但相对而言机会总是均等的，就看你能否看到。在一个领域即使没有机会也不要紧，从其他方面可转化过来；一味抱怨的人，机会只会与你擦肩而过。总之，只有对社会充满感激之情的人，机会才会主动上门光顾。

【案例7】 2002年，王永江大学毕业后被成都一家设计公司聘用，负责会展现场布置的颜色搭配。工作一两个月后，他开始怀念大学期间设计和加工手工皮革饰品的时光。他意识到自己的兴趣并不在工作上，一直干下去会慢慢束缚自己的才能，而大学所学的那些皮革饰品的专长也会逐渐荒废。他决心辞职，依靠自己制作手工皮革饰品的技术到深圳创业。

到深圳后，王永江刚放下包袱，就把深圳的皮革饰品市场跑了个遍。他惊喜地发现，在深圳从事手工皮革饰品制作的厂家几乎为零，在深圳市场上销售的皮包几乎是外地生产的，而且并非纯手工制作的皮革饰品。王永江认为，深圳这个城市对新事物的接受程度较高，年轻人追求时尚和品味，手工皮革饰品肯定是个大商机。

在对深圳手工皮革饰品市场调查中，王永江结识了一些在深圳专门做皮革生意的行家。他们对王永江所制作的手工皮革制品很感兴趣，提出希望从他那里订货。王永江非常珍惜这次机会，他花了3000元订购牛皮和一些制作工具，亲自动手缝制了30多个精美的手工皮包。在朋友的建议下，他为自己的产品起名为“草人部落”。

王永江的第一批货卖得很好，钱赚到了，产品也渐渐在深圳的皮革制品行业打开了销路。王永江意识到商标对一个产品的重要性，开始着手注册“草人部落”。然而，他还是迟了一步，过完春节从老家返深的王永江发现，“草人部落”已被他的一个销售商家抢注。王永江只好重新设计自己产品的品牌名称。2004年3月，王永江给自己的产品注册了“牧马屯”的商标，从而开始了真正的创业之路。不久，他建起了自己的手工皮革饰品工厂，刚开始的两个月，整个工厂就靠他和女友两人支撑。他既是工厂的老板，又是设计师和工人，女友则管理财务。

最初，他的产品大都供应给深圳一些皮革制品的销售商，随着产品知名度不断上升，他的生意也越来越好，不少外地商家直接找他定货。他的手工工厂慢慢成长起来，现在工厂招了10来个工人专门负责加工，王永江也真正做起了老板。一个成本80元的牛皮钱包，批发给商家的价格是100元，他可以从中赚取20%的利润，而摆在专卖店零售则可以卖到250元左右。一个月下来，零售和批发的销售总额达到了7至8万元，月利润在3万元左右。

现下，一些大学生在校学到的东西，毕业后大半处于荒废状态。其实，很多专业知识如果被利用起来，所产生的效果将是惊人的。几乎每个专业都可敲开创业之门，只要根据自己的专业特点，稍微加工一下，一个新的创业机会便会展现在面前。可惜的是，多数同学的业余时间，不是花在玩游戏上，就是以睡觉来打发，确实太浪费了。如果老是这样，等到毕业后走出校门找工作时，自己便没什么值得自信的资本了，单剩下一双迷茫的眼睛。

国家不仅积极鼓励大学生创业，还为大学生创业提供了种种优惠政策，这不能不说是一个机会。创业绝非一个口号，需要深度实践。当然，一提起创业，大家最头疼的就是没有资金，若以这为借口磨灭自己的积极性，以至创业只停留在愿望的状态，甚至连一个思路也没有，长此以往，怎么可能在创业征途上有所作为呢？你要认识到，虽然自己的条件不够成熟，但如果抱定创业的决心，那么平时就要经常分析当前的商业环境，时刻关注身边的商机。主动地追求创业，总比被动地等待时机要强许多倍。

【案例8】 豆浆是早点工程的“四大金刚”之一。还在上大学时，年轻的小伙王旭宁就以敏锐的目光瞄准了豆浆市场。他觉得这个市场关系到各家各户的生活问题，必然有较好的赢利前景。大学毕业不久，他就放弃安逸稳定的工作，从豆浆的生产工具入手开始创业。1994年，他筹资创办了九阳电器公司，开始研制生产九阳豆浆机。当年，公司销售2万台，年产值600万元。此后，公司便以惊人的速度飞速发展，销量连年翻番，到1999年已实现年销量40万台，年产值1．2亿。

王旭宁常说自己是“靠一杯豆浆打天下”的人，正是这不起眼的小小豆浆，让他闯出了一片红火的业。王旭宁逐渐建立了遍布全国160多个地市的总经销营销网络，并以有限的人力资源在短期内将九阳豆浆机迅速推向全国市场，近两年还出口海外，深受外国用户欢迎。如今的九阳电器在电脑豆浆机行业首屈一指，少有同行能及。

点评

生活中处处有商机，只是这些机会太平凡了，以至于无人关注，直到有人发现并将之发扬光大时，我们才恍然大悟。越是显而易见的商机，被人发现的机会也就越大，无形之中就增加了创业的风险，因为真正行动起来的人不只一个，竞争的激烈程度可以想象。

很多情况下，表面的优势往往就是行动的劣势，看起来很容易的事，做起来却相当困难。以弱胜强的公司不乏其例，而根本原因就在于越是平凡的商机关注的人越少，也就越容易成功。

【案例9】 1995年，29岁的李冬莲从景德镇物资局下岗。面对生活压力，她没有抱怨，没有气馁，而是挺直腰杆重新寻求人生出路。由于工作期间曾接触过建筑陶瓷，李冬莲认定建陶定有广阔前景，于是决定开一家建陶店。没有太多资金，她就借钱在建材街租了一间最小的店面；没有货，她就向朋友赊了200箱面砖。

由于店面小、品种单一，很少有人光顾。尽管如此，李冬莲仍用最好的服务态度和最优惠的价格对待每一位顾客，慢慢的，顾客多了起来。有了一些固定收入后，李冬莲就开始丰富建陶的品种。为能进到一些款式新的产品，她白天在店里做生意，晚上乘车去乐平进货。辛苦熬了大半年后，她终于积攒到1万元，于是，她决定去广州采购更多的新品种。

经过4年的摸爬滚打，李冬莲不断扩大经营，将店面做成了建材街最大、经营品种最多的商店，店里的员工也从自己一个人发展到10多人，销售量达到500多万元，她的腰包随之鼓了起来。

成功的故事说起来这么简单，然而确实也就这样，只要定位好自己的创业方向，必然能抢在别人前面成就自己的事业。形象地说，成功就像用电脑计算1+1一样，只要把前面的数据输入电脑，结果自然会出现在面前。

【案例10】 董德福在摩托罗拉工作的时候，作为公司的一名销售主管，他注意到中国的手机制造业正处在上升时期，但绝大部分厂商的手机设计缺乏新意。他忽然意识到这是一个绝佳的机会，他又想，为什么自己不去争取开发这个市场呢？于是他在2002年7月说服了13名摩托罗拉的设计师和工程师辞职，与他一道组建了德信无线技术有限公司，专门为国内手机厂商提供手机设计和研发服务。

董德福觉得中国品牌正在变得日渐强大，但手机研发主要依托韩国引进。他坚信这一念头，成立一家手机设计研发公司肯定能赚钱。毫无疑问，机会的确是在那里。到2002年底，董德福和他的德信无线已经成功地签下了3家公司，德信无线的员工数量也增加到了100人。而今，德信无线的设计师、软硬件工程师总数已多达1800人，德信无线在北京四环路边一座写字楼里占据了4层楼。迄今，公司已开发出了100多种手机样式，国内十大手机厂商中已有9家采用过该公司的设计，不仅如此，就连日本的NEC、京瓷和三菱等手机厂商也开始陆续采用德信的设计了。

随着市场需求的不断变化，德信无线的手机设计也开始发生了变化，视频播放手机、MP3手机、高像素拍照手机、3G手机先后进入了德信的视野。

灵感的闪现不是无缘无故的，而是间接说明它经历了长时间的思考。其实，这不需要太多时间，只需关注身边的事并认真分析他们的现象和本质，时间一长，自然会有所收获。有心之人处处皆能发现商机，无心之人只能眼睁睁地看着别人来发现自己身边的商机。

【案例11】 靠卖另类宠物创业

1994年的春节后，18岁的陆石科跟着村里人来到广东南海打工。因为只上过初中，在外打了几年工，他依旧是流水线上的工人。1999年底，陆石科的叔叔在南海黄歧菜市场开了一个水族店，因为人手不够，便叫他前去帮忙。于是，陆石科就从一家铝合金厂辞了工，来到叔叔的水族店。

有一次，陆石科经过人民公园附近时，见两个学生蹲在草地上围着一个肚大口小的透明玻璃瓶子，玩得兴高采烈。陆石科感到很好奇，走上前一看，原来玻璃瓶内有一只蝎子，两个学生正用铁丝逗它玩。陆石科便问："你们是从哪弄来的蝎子啊？"学生中的一个答道："放暑假时，我去乡下的爷爷家抓的。"陆石科又问："蝎子有什么好玩啊？"那个小学生神气地说："嘿，你不知道吧，班上同学都羡慕我有这只大蝎子呢！很多同学要用东西给我换，甚至用钱买，我都不干哩！"听学生们这么说，陆石科就想：既然蝎子是城里孩子的"宠物"，我何不将此当作商机，弄些蝎子来卖呢？陆石科为自己的想法感到兴奋不已。

陆石科的叔叔有不少客户是黄歧镇郊区养殖场的农民，他对他们一说，这些人分文不取给他弄来了10多只蝎子。那个农民还对他嘱咐道："要蝎子没有毒，只要把它尾巴上的那根刺拔掉就行，蝎子只有那刺有毒，拔了那根刺，它就像毒蛇拔了毒牙一样……"他照办后，又跑到市场上买来有盖的玻璃瓶，然后将这些蝎子一一放进去。

陆石科带着那些瓶瓶罐罐，到附近学校的街巷去卖。一看到有学生走过来，他就装作兴趣盎然的样子逗着蝎子玩。没想到这招真灵，吸引了不少小孩，第一天，他连瓶一起卖了6只蝎子，每只售价7元，除去2元的瓶子成本，他当天就净赚了30元。虽然赚钱不多，但他依然很高兴，因为他发现这小买卖的确有市场。

第二天，10几只蝎子就卖光了。没了货源，陆石科已经不好意思再向叔叔的客户开口求助了。叔叔就给他出主意，叫他委托别人收购。他想：对呀，在乡下收购这小东西花不了多少钱，绝对抵得上路费和人工。这样一来，即使在黄歧，陆石科每天都能卖四五十元以上，除去成本，一个月就能赚近千元。

但是，只卖蝎子毕竟太单调了。陆石科就想，既然蝎子有人喜欢，那么乡下的其他小动物会不会也有人喜欢呢？抱着试试看的想法，他叫自己的委托人陆续帮他收来壁虎、蜥蜴、蜘蛛和蚂蚱等小动物，到市场上一试，果然也大受欢迎。品种一多，他的收入自然比以前多了许多。

黄歧终究只是一个镇，市场很有限。陆石科便产生了把这些小动物卖到广州去的想法。2001年4月，陆石科来到广州，在芳村花鸟鱼艺市场附近租了间民房做落脚点，然后去学校集中的地方摆卖。次年年初，陆石科在广州芳村花鸟鱼艺市场开了第一家店，取名叫“另类宠物店”。

相对于本土的蜥蜴10元一只、小青蛇20元一条而言，外国“另类宠物”就显得有些“高贵”了，如一只亚洲帝王蝎的售价80元，一只墨西哥红膝舞蛛的售价则高达650元，正如陆石科所预料的那样，这些小动物同样受到一些顾客的欢迎。许多白领家庭和单身贵族都喜欢买回去摆在客厅，既可以观赏，又可以逗着玩。一次，一对年轻情侣看中了几只泰国斗鱼，这种斗鱼中的雄类十分好斗，常为抢占地盘、争夺雌鱼拉开战场。陆石科“演示”一番后，那对年轻情侣开心得立即掏出200多元钱买走了。

生意火了，陆石科的胆子也就更大了。2003年11月，他在广州中山三路流行前线开了第一家分店；随后不久，他又在越秀区繁华的街道上开了第二家分店……如今，陆石科已经有5家这样的“另类宠物”店。虽然这几家店的面积都不大，有的甚至只有区区几平方米，但每个店的赢利却不见得比那些大店少——他的每个店每月均能挣5000元以上。短短的3年多时间，他已赚了上百万元。

身边一件小小的事情竟然可以引出这么大的一个商机，这充分说明机会是留给有准备之人的。倘若你时刻做好创业的准备，及时关注身边的事情，那必然有更多的机会主动向你走来。陆石科的这个成功例子只是由关注身边的小事情促发的，其实关注大事情也行，大事情也许有大机会。

【案例12】 李银潮起初是中关村一个小小的打工仔。1999年9月21日，台湾发生大地震，李银潮不同于其他人，他眼里看到的不只是地震事件本身，而是将这次地震和自己从事的行业联系了起来。基于当时的市场特性，李银潮敏锐地觉得，这必将给依靠从台湾地区大量进口内存的中国内地电脑市场带来一场大震荡，内存条的价格必然会上涨。李银潮向老板进言，要他大量囤货。可是老板害怕判断失误，根本不敢下这场豪赌。

李银潮相信自己的判断，他向亲朋好友借来一笔巨款，以最快的速度购进大量内存条。等别人发现这一信息时，李银潮已奇货可居。随即而来的内存条价格不可抑制地疯涨，让李银潮一夜暴富，而老板事后捶胸顿足，后悔不已。这次行动，奠定了李银潮的事业基础，他从一个普通打工仔迅速演变成大老板。如果靠打工赚钱再慢慢开店，李银潮的成功路至少延长10年甚至永无到达之日。

机会不是没有，就看自己以怎样的心态去分析。善于用兵的将军可以糊弄敌军，达到草木皆兵的效果。而在商场上可利用的机会也很多，就像上面讲到的那样，哪怕是远方的一些自然灾害，只要仔细分析，也能发现其中的商机。

熟能生巧，这是最简单的道理。只要对市场上的各种信息有一定的了解，再经常以这些信息与身边的事情相结合进行分析，时间久了，自然就形成了一套灵敏的商业论题。在古代，战争是人类智慧碰撞最激烈的地方。在现代，商场取代了战场，成为人类智慧碰撞最激烈的地方。在这里，人类智慧的火花最易生成，这种火花必将照耀人类继续走向更远的未来。

2.受到启发

这一部分介绍的创业方式和上面的大同小异，但在商机获取的方式上，还是有所区别。上述是主动思考得到的灵感，而这一节则着重叙述被动发现的商机。本来同属一个部分，在此加以细分，便于读者更好的理解与分析。

虽然不是主动发现的商机，但也不是说天天呆在家什么也不做，一味地等待财富的灵光。若这样做，根本看不见成功的希翼。为了更好地阐释，让我们看看靠煤气发家的王玉锁的创业经历吧。

【案例1】 三年高考不第的王玉锁弃学从商，但很快就“迷失”在茫茫商海中。他开始做些小生意，比如，卖葵花子、啤酒、女用泡泡纱背心等等。期间，他还做过一家塑料厂的业务员，但都没有赚到什么钱。

在诸多行业的探索和尝试之后，王玉锁偶然进入了燃气行业。1986年春节，生意失败的王玉锁拿着100块钱，准备去租车跑运输，没想到来了新规定不许租车了。王玉锁在茫然之际，忽然想到倒液化气或许能赚钱。于是，他半途改道来到任丘。在任丘，他路上邂逅的一位熟人帮他赊了一罐液化气，他就骑着借来的自行车，将液化气罐拉回家，做起了经销液化气的生意。没想到无意间的选择竟然对了路。几天时间，液化气罐竟卖出40多套，让他净赚1000多元。

20世纪80年代中后期，国家开始对液化气实行“国家定价和市场浮动”价格双轨制。生意虽然做得并不轻松，但价格的双轨制依然留有相当大的利润空间。随着市场不断扩大，几年时间里，王玉锁就赢得了创富的“第一桶金”。

从王玉锁的创业经历可以看出，这种受启发而得到商机的创业模式并不是白白等来的机会，而是在四处努力争取到的。同样，胡志标的创业也取得了极大的成功。

【案例2】 胡志标出生于广东中山一个十分偏僻的小山村，村人迄今对胡最深刻的印象是能吃苦。因为家境贫寒，胡志标没有读过几年书，很早就出来“跑码头”。胡志标对家电有一种天生的爱好，他从小就以组装半导体为乐。成年后，胡不知从哪儿弄到一本松下幸之助的自传，从此梦想着要当“中国的松下”。

1995年一个偶然的机会，胡在中山市东升镇上的一间小饭馆里听到一个消息：有一种叫“数字压缩芯片”的技术正流入中国，用它生产出的播放机叫VCD，用来看盗版碟片比正流行的LD好过百倍，这个东西一定会卖疯。简单的几句话一下子触动了胡志标的心扉。经了解，胡志标得知之前已有一家名叫万燕的中国公司正式在国内市场推出VCD产品，胡志标决心加以仿制。

1995年7月20日，在胡志标26岁生日那天，他靠筹集来的钱注册成立了一家公司，开始做VCD播放机。公司的资本结构是：胡志标同公司的另一位创业者陈天南各占45%股份，胡志标的家乡益隆村占10%。其时，适逢张学友《每天爱你多一点》刚刚登上流行歌曲排行榜，爱唱卡拉OK的胡就此确定新公司名称和品牌叫“爱多”。

当年10月，“真心实意，爱多VCD”的广告便在当地电视台以惊人的频率播出。同样是在这个月，胡志标将千辛万苦从银行贷到的几百万元除留下一部分买原材料外，一股脑儿投进了中央电视台，买下体育新闻前的5秒标版，这是出现在中央台上的第一条VCD广告。通过广告轰炸，爱多迅速打开市场。6个月后，刚在广东市场站稳脚跟的胡志标，就买了一张中国地图挂在墙上。他发誓要将爱多的红旗插遍全中国。

随后，胡志标开始了征服全国的旅程。第一批随他出征的业务员千奇百怪，有卖咸鱼的，有卖雪糕的，有卖假肢的，有卖水泥的，还有刚刚卖完三株口服液的，唯独没有卖过家电的。但也正是这一奇怪组合，使胡志标可以百无禁忌，奇招迭出。1996年夏，胡志标顺利攻下上海市场，完成了第一轮全国推广运动。

后来，胡志标找到成龙拍广告，成龙开价450万元，几乎是爱多当年全部利润。胡志标没有丝毫犹豫，立马答应了。不久，成龙版广告拍竣播出：“爱多VCD，好功夫！”一句话使爱多一夜风靡全国。胡志标再接再厉，在1996年的11月8日，胡志标揣着成龙的广告片和8000多万元经销商集资款，以8200万元夺得次年央视天气预报后的一个5秒标版，成为当年的央视标王。1997年，爱多销售额从前一年的2亿元骤增至16亿元，奇兵突起，赫然耸立于中国电子50强排行榜之列。

胡志标的创业过程壮观而有魄力，但其商机也是来自他人的发现。正所谓“心有灵犀一点通”，由于胡志标一直在等待一个机会，所以很快就捕捉到了。他的商业头脑始终处于高度戒备状态，当有了这样的启示后，肯定会引起其他脑细胞的高度共鸣。

创业过程，绝对不只是一种单一模式。本书介绍的这么多的创业模式，是可以综合利用的，而且这样的效果肯定比单个运用强许多。胡志标的创业过程就是一种综合方式，这样的创业模式一般在事前准备较充分，一旦成功，将可能达到一步登天的效果。

有时候，发现商机的人并不一定是经营这个商机的人。我们都知道商机是有价值的，如果发现这样一个好机会，自己又没本事去做，可以考虑把这个智力财富卖给想要的人，这样也是明智的，至少比随便“丢”掉好多了。

【案例3】 水果蔬菜的附加值

1999年，从江西来北京的柯龙瑞开始做果蔬饮料的买卖。他并不满足现状，他相信这些水果蔬菜潜在的附加值一定能给他带来更大的利润，却一时不知从何下手。

一天，柯龙瑞的妻子把黄瓜切成一片一片地敷在脸上保养皮肤，这引起了他的注意。他想如果把水果蔬菜加工成专业的美容产品，肯定会有不小的商机。后来，他在一本杂志上看到，中国每年有400亿的美容市场，而且还在高速增长。这让他坚信了闯荡这个前景广阔的市场的决心。

接下来的几个月，柯龙瑞跑遍了北京的化妆品商场、美容院。经过调查，他发现，用水果蔬菜做专业美容在国内还处于起步阶段，这让他信心倍增，他随即开始用各类果蔬在自己的脸上做起了美容实验，但效果都不理想。为了让自己的产品科学有效，柯龙瑞查阅了大量的医学典籍，发现了一种能促使皮肤吸收果蔬中营养成分的物质——果活素。随后，经过反复实验，柯龙瑞研制出了40多种添加有果活素的果蔬面膜。

为了把面膜推向市场，柯龙瑞一边申请专利，一边筹划着开一家果蔬美容吧。虽然亲人朋友们并不支持他的想法，但他坚信果蔬美容一定会受到爱美女性的欢迎。

2002年，柯龙瑞的果蔬美容吧在北京开业了。然而，市场状况并不像他预计得那样好。除了一些朋友来捧场外，客户寥寥无几。柯龙瑞决定主动出击，上门推介自己的产品。他把一周的免费体验卡发给小区的住户，有人觉得反正是免费的，就抱着试一试的心理来做美容。一周下来，效果果真不错。一时间，顾客盈门，生意出奇火爆。

为了提高品牌知名度，柯龙瑞辗转打听到新加坡果蔬美容做得不错，于是在朋友的帮助下，他与新加坡的一家知名果蔬美容机构进行了接触，并最终以每年12万元的商标使用费为代价，成为这家机构的合作伙伴。依托这个国际品牌，柯龙瑞很快建立了国内连锁市场，加盟商纷至沓来。

一次，加盟商向柯龙瑞反映，不少顾客由于不能经常光顾美容院，想把产品带回家去做。柯龙瑞敏锐地发现这是一个新的利润增长点，而且这个消费群体更加庞大。于是，他又开始了新的果蔬护理配套产品的研发工作。如此一来，他就将自己的市场目标瞄准了所有爱美的女性。

创业要有亮剑的精神，只要认定了目标，就要坚持把脑海中的想法付诸实践。剑客无论见到任何高手，都要在倏忽间亮出自己的宝剑，这不单是一种勇气，更是一种气度。其实，只要把自己的想法做出来，你便会发现这就是成功。但关键是自己能否坚持下去，这才是成功的最大秘诀。柯龙瑞的想法只是滥觞于一个偶然的灵感，他却坚持做出来了，结果也正如当初所料一样大获成功。和柯龙瑞的做法一样，老姚的创业也是源于一个念头。

【案例4】 1985年，老姚从部队转业了。他是一名伤残军人，本可以靠政府安排工作，从此衣食无忧。但他决定放弃这种待遇，返乡务农。老姚除承包了几十亩耕地之外，农闲时就挑着箩筐，走村串户地收购鸡蛋。聚满两箩筐后，他再半夜起程，挑到城里去卖。由于他收购的鸡蛋全是“散养”的农家鸡下的蛋，而且价钱合理，因此，深受城里人的欢迎。

老姚挑着鸡蛋在乡村小路上行走，走得最多的是鹅卵石路，常常一不小心被脚下的鹅卵石绊一跤。累了，他就放下担子，坐在路边成堆的鹅卵石上休息。他们乡的矿产资源十分丰富，砂石矿里的黄砂被一车车运走后，剩下的鹅卵石就在路边堆成了一座座小山。

有时，老姚看着筐里的鸡蛋，再看看鹅卵石，一种奇怪的想法便在心中生起：要是这些鹅卵石能变成鸡蛋换钱该多好。这些鹅卵石究竟有没有经济价值？这些想法长久盘踞在老姚的脑海里，挥之不去。他进一步思考，正因为黄砂中含有丰富的矿产资源，才被开发商一车车运走，那么长期和它混在一起的这些鹅卵石，是不是也含有丰富的矿物质呢？

老姚蓦地回忆起几年前还在部队时，曾听过一堂技术讲座，专家说过，导弹中有些零部件，所用的原料二氧化硅就是从高领土、鹅卵石中提炼出来的。为了搞清当地鹅卵石的成份，老姚准备赌一把。他背上一包鹅卵石，揣了几百元的检测费，来到当地某研究所进行检测。

检测结果出来了，老姚带来的这包鹅卵石中二氧化硅的含量竟高达97.8%，是研磨高级陶瓷的优质原料。既然是用来生产陶瓷的，那么就得寻找陶瓷厂啊。他揣着检测报告单，身背一包鹅卵石，先后往返于各大城市的多家陶瓷厂，和他起初设想的一样，行情一路看好。

1988年9月的一天，老姚准备开工生产了。他先租用了两辆大卡车，装了10吨鹅卵石请人代料加工，再以每吨180元的价格把加工后的鹅卵石成功出售给一家陶瓷厂。他不欺不瞒，主动向提供鹅卵石的当地黄砂矿厂交了收购费，每吨价格比矿上的主打产品黄砂还高出8元，而仅此一项，老姚就赚取纯利润1100元。

旗开得胜的老姚看到了成功的希望，他立即办理了工商、税务等执照，在乡里办起了“鹅卵石加工厂”。几年来，年销售量一直维持在5000吨左右，每年盈利保持在20万到30万元之间。

【案例5】 王比在深圳的朋友家里见到一个塑像——头部是其朋友儿子的面相，而身体则是卡通模样。当时国内基本上没有这个创意，王比立即意识到这是一个巨大的市场。于是，他就开始自己实验。虽然在雕塑技艺方面没有任何问题，但在材料选择上却屡试屡败。

王比最初是仿照新加坡人的加工方式，先打泥稿，再用硅胶开模，最后浇铸成树脂。这样一来，费用起码要1000多元，而且表面效果不好。接着，王比又用石膏雕刻，再彩绘，但强度差。再后来，王比则考虑用树脂黏土，但这种材料遇水就化，而且容易开裂。王比又选用了陶泥、油泥以及木头，最后才确定为软陶，并做出了第一批产品。

不久，王比在网上将业务正式开通了。全国各地的消费者通过互联网将相片发到其网站，要求订制卡通公仔。目前，各地的订单平均在10个以上，其中20—30%是家长给孩子做的，有15%是庆祝结婚的，其他如子女为父母订做，为恋人和同学订做的也不少。就这样，王比的一个念头，坚持下来成就了他的创业梦想。受别人启发而发现的机会较多，只要做好打算，逼迫自己把当初的打算做出就是成功。

在创业过程中，“冒险”是经常被提及的两个字。你一定要豁达一些，光脚的不怕穿鞋的。既然自己一无所有，还担心啥呢？冒多大险就可能成就多大事业，没有冒险精神，还叫创业吗？实在地说，但凡有创业思想的人，从来就不惧怕冒险，甚至连冒险是什么都没考虑过。那些害怕冒险之人绝对不适合创业，这不是几句话就可说清楚的，这是一种亮剑精神，是一种气魄和胆识，没有这股子劲儿，什么事情都干不了。

【案例6】 靠小布鞋创业

1997年，徐力从山东沂源县一家机械厂下岗后，随同乡到深圳打了一年工。随后，他做了一阵子新型电子产品的推销员。再后来，他见缝插针搞起了药材和土特产批发。所有这些经历都没能给他带来大富和大贵，却使他的思维产生了质的变化。徐力是个有心之人，在经商之余，他每天都不忘利用闲暇时间抄录商业信息、管理方法及经营理念方面的知识，同时瞪大眼睛寻找每一个商机。

一天，徐力脚上所穿的家常布鞋，引起了深圳一位药材老客户的关注。对方打趣地称他是“赶国际时髦”，还说中国布鞋在国外非常流行，出口一台冰箱挣的外汇，还不如卖10双手工布鞋。说来也巧，没过两天，徐力又从央视国际频道获悉，国外对中国传统布鞋需求量很大，我国每年出口1000多万双手工布鞋，仅欧盟的需求额就达300万双。

这个消息令徐力眼前猛地一亮。布鞋，对啊！老家沂蒙山区的农妇，谁不是纳鞋的好手，要是真能把家乡的布鞋拿到国外去卖，那可真是商机无限啊！徐力即刻跑回住处，打开行李箱，里面有两双他一直舍不得穿的新布鞋。

第二天一早，徐力拿着鞋去找前一天说布鞋出口的客户，对方原是一句戏言，根本没想到会引起他这么大的兴趣。徐力却急了，动情地讲述起沂蒙山区农民的贫困，并认真分析了家乡农妇做手工鞋的优势。对方终于被他的真诚感动了，收下了布鞋并答应帮助寻找国外客户。

接下来，徐力连忙让家人赶制出一些鞋样来。当第一批120双布鞋寄到深圳后，他将鞋样送往一家又一家的外贸公司。看了徐力送来的布鞋样品后，业务员们都说好，但谁也不敢保证能卖掉。

直到1998年底，深圳外贸公司的朋友给了徐力一个惊喜，有外商需要一批布鞋，希望与他合作。徐力立即回到山东，他先在沂蒙山区挑出几十个有名的巧手媳妇，按外商提供的样品纳出了第一批手工布鞋。这笔货发到深圳后，得到了客户的高度赞赏，称赞他们做的布鞋质量一流。随后，外贸公司又给徐力下了第二张订单。

于是，徐力就在山东沂源招收了300多名农村妇女，正式成立了他的“养生鞋厂”。这300名“远程办公”的女人从鞋厂领回图纸、原材料后，就在自己家里进行纯手工制作。这种不需要厂房、没有污染也没有复杂工艺的生产项目，确实适合该地的实际情况。

不久，徐力把北京和上海生产布鞋上规模的鞋厂做了一次全面调查。他惊讶地发现：市场上每种鞋都有数十家、上百种品牌，唯有布鞋的品牌最少，除了老牌的北京布鞋外，就没有了第二家知名品牌。“这是不是市场上一条可以钻进去的‘缝隙’呢?”徐力的想法得到了济南一家电脑公司的大力支持，他们当天就把一台联想电脑送到沂源县徐力家里，并帮他调试好，连上了因特网。

1999年6月，徐力通过上网查询，将自己的鞋厂挂在了深圳一个叫“邮购世界”的网上，网页制作与维护全由深圳方面负责，他只需负责提供资料。很快，就有20多家国内外代理商从网上认识了沂源县养生鞋厂，并开始磋商代理事宜。同时，他还收到几家外国公司发来的要求合作的电子邮件。令他终身难忘的第一笔大宗电子商务，是他收到来自大洋彼岸美国麻省一家公司的电子信函，对方欲购500双布鞋。在深圳一家外贸公司的帮助下，徐力将这500双鞋卖出了国门。在接下来的8个月里，养生鞋厂共生产各类布鞋1.5万双，而通过网络销售约1万双，获毛利近10万元。

商机有时候就和徐力的布鞋一样普通，但同样具有创业价值。可以这么说，别人需要的任何东西都可以成为商品。假如有人需要而一时没人从事这一行业，这无疑是个好机会。一旦由此开始创业，断无失败的可能。无论是徐力的布鞋，还是李俊峰从手机衍生出的商机，都是绝好的证明。

【案例7】 上世纪90年代中叶，手机来到我们身边时还是稀罕物。十几年来，蓬勃发展的手机产业让很多人都发了大财。一想到手机，大家首先会想到这是个大投入大产出、小投入没产出的行业，一款手机要想在市场上打响，最终捞回成本并且赚到钱，不说研发、生产，光广告费就得投入一大笔钱……

1996年，21岁的李俊峰出门打工，直到2001年他26岁的时候，才真正拥有了第一部属于自己的手机。但那个时候，手机已经开始像洪水一样泛滥成灾。走在城市街头，几乎人手一部，对于好不容易才奋斗到手的宝物，转眼间便泯灭于芸芸众生之中，李俊峰很不甘心。他总想使自己的手机有点特色，与众不同。他没有钱赶潮流经常更换手机，便换汤不换药，为手机搞了些修饰。当时有一种小贴纸，本是让人家贴在墙上或书包上做装饰用的，他将其贴在手机上，没料到效果还不错，真产生了“区别众生”的观感。

后来，李俊峰将这种贴纸进行了改进。他在上面打印上自己喜欢的图案，再压上一层塑料膜。因为不是手机装饰专用贴纸，这些工作做完后，他还要用刻刀比着手机的大小和形状对贴纸进行“雕刻”和修改，之后，才能贴到手机上。经过这样“改装”的手机，不仅区别于别的手机，而且在众多手机中显得卓尔不群，李俊峰的虚荣心得到了极大的满足。

不过，这也给李俊峰惹来了不少麻烦，那就是同事们不断要求他帮忙“改装”自己的手机。李俊峰不能不答应，这使他几乎丧失了所有的休息时间，每天下班后，他就趴在那里给同事们做手机贴纸，进行手机美容。到后来，一些朋友的朋友为了排在别人前面得到他的手机贴纸，甚至愿意出钱购买他的贴纸，这使李俊峰心眼一动：原来这玩意儿还可以赚钱！愿意出钱买他的手机贴纸的人越来越多，到2002年初，李俊峰干脆辞了职，拿出6年打工的全部积蓄——一共1万8千块钱，在北京西单的一家商场租了一小间柜台，正式做起了手机贴纸和手机美容的生意。

3年过去了，李俊峰依靠一片小小的手机贴纸，成立了自己的公司

——大秦手机化妆公司。他不但自己做，还发展加盟代理，目前旗下已拥有加盟代理商数十家。一片小小的手机贴纸，3年来已为李俊峰带来了超过百万元的利润，以后还会给他带来多少收益，谁也不知道。不局限于手机贴纸，李俊峰还将业务开拓到手机添香、手机水晶刻印、手机镶钻等30多种手机美容业务，生意一片红火。

李俊峰根据主流行业开发附属行业，这样的机会是开创性的。因此一旦实施将会带来震撼的效果，群起效仿者不断。根据先入为主的商业传统，虽然后期将面对残酷的竞争，但要成功积累第一桶金，也非难事。

点评

如今，我们国家经济发展迅速，而且在可以预见的未来断无减弱的趋势，创造财富的机会也必然很多。无论做什么事情，最好多留意一下身边的商机，日积月累下来的意识沉淀，会让你对商业有一种独到的敏感性，捕捉商机的几率也就大大增加了。

第4章

个体户模式：循序渐进稳定发展

本章介绍的这类投资基本可称为“傻瓜型”创业，因为所投资的内容没有什么明显的特色，社会上此类经营遍地皆是。但由于市场需求很大，竞争很多限定在特定区域，因此面对的竞争也不象别的方式那么激烈，所以，这种创业比较稳妥且易操作。别人怎么做的，你完全可以仿效行事，只要用心经营，一般都能生存下来，并得到一定发展。

当然，这样做仅是获得生存的机会而已，如想取得更快的发展，必须在经营上下苦工。此类创业很难在短期内取得突飞猛进的发展，尤其是在刚开始时发展较慢，但实力一旦达到一定程度，就会发挥出特有的威力，并得到迅速壮大。

特定区域必须在经营上下苦工得到社会上的成功人士大多采取这一创业模式。在改革开放初期，这样的创业机会遍地都是，现在国内中小企业的老板，也多是在那个时期采用这种方式起家的。今天，这种创业方式也并不落后，只是因为时代不同了，经营的内容应随之有所改进而已。

同样，从事这方面的创业必须有一定的起步资金。根据个体户的这个特点，本章将从以下几个方面来阐述：

一、小生产加工

家庭作坊式的创业在创业项目中最为普遍，且对创业者的要求较低。现在的中小企业主，不少是在上世纪80年代起家的，而这些人起家的方式以家庭作坊式的小生产加工为主。一旦扩大生产规模，便能成就大事。

松下幸之助是世界著名电器财团“松下”电器的创始者，被称为日本的“经营之神”，他的企业经营管理经验享誉全球。尽管他取得了如此惊人的成就，但当初他创业的第一步同样是小小的作坊。

【案例1】 1894年，松下幸之助出生在日本一个贫寒的家庭。在松下很小的时候，由于家境窘困，兄长和姐姐相继夭折。而父亲又欠下许多债，刚上小学四年级的他不得不离开父母来到大阪，开始了个人独立生活的历程。刚到大阪时，松下进入一家火盆店当学徒。一年之后，经店主介绍，松下来到“五代自行车”店工作。

幸运的是，新老板一家对松下很好，他们教会了他许多作为商人应该具备的知识。松下长大后，开始了对未来的思索：是在自行车店继续干下去，还是另谋他职？在这个时候，松下表现出了他的敏锐目光和聪明才智。当时，自行车业虽然比较兴旺，但随着自行车的普及，利润已经越来越薄，而电气行业是新兴产业，如果转入这行，必然大有作为。

1910年，年轻的松下毅然辞去了自行车店的工作，来到大阪电灯公司做练习工。他每天都要推着装满工具和材料的手推车走街串巷，给人们装配电线和安置电灯。在热情服务的同时，松下逐渐提高了自己的技术。不久，松下因工作出色被提拔为检验员。但他不满足于现状，想过一种更有干劲、更有活力的生活。那时，他已设计出了一种改良灯插座，他想依托自己的技术，创办自己的企业，而不是做别人的员工，依靠工资生活。

于是，松下又一次辞职。他清检了一下自己的全部积蓄，总共100日元。一无资金，二无人员，三无厂房，创业谈何容易？

最难解决的是技术问题，新插座的外壳材料问题让松下和他的朋友一筹莫展。他们虽知道那是一种合成材料，其成分是沥青、石棉、滑石粉一类的东西，但究竟是如何配比合成却不得而知。松下没有退却，他和合作者反复实验，不断找其他厂家的材料加以分析与试制，但始终不能成功。经过很长一段时间的摸索，1917年11月，松下的工厂终于生产出了这种改良灯插座。生产出一部分样品之后，却又推销不出去。他们拿着样品，走遍了大阪的大街小巷，几乎问遍每一家销售电灯的商店，一天最多卖出10只灯头。10天下来，总共只卖了100来只，收入不过10日元。这就是他们苦苦奋斗4个月的结果。

出师不利，两位伙伴都自谋生路去了，松下夫妇和内弟3个人仍苦苦支撑着。那段时间真是异常艰难，但松下相信自己一定可以开创出一片新天地。不久他得到了一个好消息，有一家北川电器制造厂对这种产品感兴趣，欲订购1000只底座。这对当时的松下来说，无疑是“山重水复疑无路，柳暗花明又一村”。夫妇俩遂和年幼的内弟一起投入紧张的生产，大约10天工夫，他们完成了全部订货。不久，幸之助收到货款160日元，扣除成本，获毛利80日元，基本收回了开业之初的投资。第二年，他们又接到一批底座的订单。小小的家庭作坊已经满足不了生产需求，松下意识到必须扩大规模，于是，他决定搬迁到大开街，租赁一座新建的两层楼房，楼上住家，楼下当工厂。

幸之助是个善于发明和改进的人，他紧紧抓住“研制新产品，开拓新市场”这一环，以电灯为中心，不断发明出一系列相关的新产品。但从市场销售来看，主要产品仍是电灯改良插头和双灯用插头。这两种产品品质优良，价格低廉，其他厂家根本无法与之抗衡，因此需求量年年上升，市场渐渐扩大到东京、名古屋、九州乃至日本全国。这时，松下手下雇员只有50人，每月营业收入也只有1．5万日元。在当时国内的电器产品生产厂家中，无论企业规模还是生产能力，松下都属于“小人物”。幸之助知道，要想赶超同行，只有一个办法——研制新产品。那时候，自行车已成为日本日常交通工具，而城市的市政设施还比较落后，道路和路灯跟不上，夜间骑车的人们急需解决照明问题。虽然用干电池的车灯已经问世，但由于电池使用时间太短，几乎没有实用价值，所以，市民夜间骑车仍极为不便。

松下幸之助认为只要能延长电池的使用寿命，一种理想的车灯完全可以生产出来。松下经过约半年的试验，终于制造出一种炮弹形的电池车灯。该灯用3节干电池，使用时间近40个小时。这种车灯设计巧妙，价廉物美，产品被投放市场后，深受人们欢迎。不久，有一个叫山本武信的商人主动找上门来。这人极有商业头脑，且在大阪商界颇有声誉。他向松下幸之助提出由自己担任大阪地区总代理商，并保证1个月内售出1万只炮弹型车灯，3年总代销36万只。如果销售不出去，山本商店愿承担一切损失。更令松下大为吃惊的是山本武信答应将3年的货款一次性付给松下电器制造厂，就这样，松下步入了发展的快车道。

大学生拥有社会聪明的头脑，只要愿意加入创业者的行列，敢于闯荡，必然可以开拓出属于自己的一片天地。我们国家逐渐步入就业形势日益严峻的时代，20世纪八九十年代的作坊企业主大多是传统的农民，没有多少商业知识，大学生完全可以按照新的知识打造新的作坊企业。

【案例2】 索尼公司是世界上知名的生产通讯和电子产品的公司，但最初它只能算是一家小作坊，其唯一和大公司相像的地方是公司的领导人盛田昭夫精力充沛、胆略过人，对未来充满信心。

20世纪50年代末，索尼公司名叫东京通信工业公司，该公司虽然号称生产通信产品，但实际上只能生产一些通信的配套产品。在奋斗10年以后，盛田昭夫决定将公司改名为索尼公司，但是这家公司的银行负责人反对这样做，他们坚持说这个名字已经用了10年，好不容易在日本的通信市场上有了一席之地，放弃这个名字会前功尽弃。盛田昭夫解释道："我们公司迟早是要迈入世界市场，没有一个响亮的名字是绝对不行的。东京通信公司一听就是一个地方性公司，必须加以改变。"那家银行的负责人充满嘲讽地说："我看还是等你走出去再说罢！"面对嘲笑，盛田昭夫毫不动摇，坚持把公司名称改成索尼。几十年后，索尼公司的名字已家喻户晓，盛田昭夫的理想终于实现了。

盛田昭夫曾说："虽然目前我们的公司还很小，而且我们也把日本看作一个巨大的、有很大开发潜力的市场去开拓与推广，但我最终认识到，如果我们不把目光对准国外市场，那永远不能发展成我所设想的那种公司。日本产品在世界上以质量差闻名，我们必须改变这种状况。"

索尼在确定这个目标以后，就开始在全世界寻找机会。1952年，索尼公司开始在世界范围内率先生产晶体管收音机。这是一种可以装在衣服口袋里的收音机，注定会成为世界性的流行产品。在90年代，人们已经对各种各样的袖珍产品司空见惯，但在50年代那绝对是时髦的象征。制造这种新型收音机，要克服难以想象的困难，还要经过许多失败，而对于像索尼这样的小公司，这无疑是巨大的挑战。不过，被一个强大信念支配的索尼公司，坚决要进行这样的尝试，并坚信一定能成功。当公司的前任领导井深大将索尼的决定告诉公司的一位顾问时，这位顾问说："晶体管收音机？你没开玩笑吧，即使在美国，晶体管也只是用于资金不存在问题的防务领域，即使你生产出这样的收音机，造价那样昂贵，谁能买得起呢？"但就是靠开发晶体管收音机，索尼成为世界上最杰出的电子产品公司之一。

点评

索尼的成功首先归于坚定的信念，这种信念将索尼和其他小公司区别开来，使索尼能够迎接技术革命，获得更大的发展。其次，索尼公司的成功取决于其坚强的斗志，否则索尼绝不会冒着破产的危险去实验。若非如此，索尼现在或许还在通信领域修修补补。

许多成功人士也许不具有超人一等的能力，但他们都有异乎常人的远大目标，这种目标使他们能够超越当下平庸的生活，去追逐更大的成功。对于公司也是如此，如果在创业已经小有所成之时，你却仍然盯在目前的经营范围和成就上，这往往是失败的前奏。

【案例3】 1975年，当父亲率领哥哥们在广州海印桥边生炉打铁时，胡明聪也只是一名民办教师。1982年从中师毕业后，胡明聪被分配到家乡的神山中学讲授高中物理。在小作坊打铁的铁匠与高中物理老师看似风马牛不相及，但胡明聪却将两者统一起来。更加令人不可思议的是，1984年暑假过后，胡明聪辞去公职专司打铁。即便现在，也不是任何一个人都有这种勇气的。

在火炉旁挥汗如雨的同时，胡明聪先是花了1000多元买进一台65公斤的空气锤，节省了大量体力。尝到甜头后，他不断进行技术改造，为以后进军电气开关业打下了坚实的基础。从1995年起，胡明聪投资上亿元建设现代化厂房，并引进了当时世界最先进的数控机床。在牢牢抓住1998年国家城乡电网改造的机会后，他的事业迅速崛起。胡明聪描绘的白云电气发展蓝图是：国内电气行业龙头，跨国公司，拥有知名品牌，成为中国的"西门子"。

既然已选择从家庭作坊开始创业，就务必把目光放远些，努力做大做强，不停地向前发展，否则，不是倒闭就是被兼并。此类创业方式不在乎你起家时有多寒酸，但要取得不断的成功，就不能采取人云亦云的经营模式。你得像胡明聪一样，针对企业情况采取更为有效的方式，才能使自己立于不败之地。与胡明聪类似，夏春亭的创业也始于最初级的作坊工业，并取得了令人瞩目的成就。

【案例4】 1985年底，夏春亭领了营业执照后，开始做水泥制品。他先是为农村做机井洞，后为城市做排水管。夫妻俩只有48元本钱，从拉河沙到送成品，全靠两人挑担推车，确实吃了不少苦，夏春亭的妻子在干活时还摔断过锁骨。

做水泥制品，生产技术不难，难的是销售，难的是企业的性质和规模，当时很多人都在怀疑："个体户也能做水泥板？"有些甚至宁花高价买国营企业的产品，也不花小钱买个体户的产品。为了打开销售局面，夏春亭煞费苦心，不仅进一步改善了服务质量，还不断让利于客户，千方百计满足客户的需求。到了1994年，夏春亭已经成为威海水泥制件行业的大腕，其生产的水泥空心板占到全市总需求的1/4。

但是，水泥制件技术含量低，运费又大，其生产的产品在充分占领本地市场后，就再也没有更大的发展空间了。夏春亭开始认真研究市场，试图发展新产品。

不久，夏春亭瞄准了塔式起重机。这个想法看上去十分偏执：当时建筑业市场低迷，塔机不好卖。威海所辖的文登，又号称塔机之乡，竞争对手如林。夏春亭却觉得，建筑机械业的不景气是暂时的，此刻加入最能节约成本，而民营机制的优势，又有利于整合一些停业企业的市场营销网络。他坚信，出其不意往往是打开成功之门的最好钥匙。1994年胡春亭决定上塔机，并把公司改名华夏公司。

当时华夏的资金、品牌在威海都算是小字辈。夏春亭提出要超过山东海阳、济南的同行，厂里厂外，业内业外，大多不以为然。华夏塔机的头三年并不顺利。那时，"民营企业"还处于政治上的劣势地位，业务往来中不仅老尝白眼、受质疑，连发票上都要注一个"个体"。那华夏到底是靠什么后来居上呢？其实，塔机技术是相似的，差别在营销上，夏春亭的思想绝对是超前的。顾客就是上帝，而对于华夏集团而言，营销员就是最直接的上帝。在一个企业，业务人员的兜里若不能装满钱，老总的兜里就是有几个钱也长不了。在这个理念的驱动下，夏春亭极力提升营销员的地位，为他们配电话、配手机。麦收时节，专门派职工到在外出差的员工家收割庄稼。春节前，夏春亭自撰春联，写好后亲自贴在业务员的家里，他这样做的唯一信念就是“营销员工是华夏的脊梁”。

夏春亭提出对营销业务员的两个“一分”：“货款到后的提成，一分钟不等，一分钱不欠”。一位新业务员刚卖掉一台塔机，夏春亭当即给他数万元提成，还奖励一部手机。夏春亭不仅在营销上采取明智的手段，还尽力避免犯国有企业的通病。有的国企同行，居然有十几个副总，一个副总管一个科室，科室之间有什么事都得请示各自的副总。夏春亭根据实际情况，采取扁圆式管理，即他的意见可以直通科室。到了2004年的年底，全国生产、销售的每四台塔式起重机里，就有一台是“华夏”牌。

点评

前面我们说过，作坊式的创业，进入容易做强难。因为准入门槛低这是一个很多人都可进入的行业，倘在经营手法上没有独特见解，就会很快被社会淘汰。如今，受过高等教育的年轻人在思想上较易接受更为先进的方法，因而成功的可能性也会更大。

【案例5】 大学毕业后，陈金飞被分到了邮电部，这是一个令人羡慕的工作。然而，随着改革开放政策的深入人心，骨子里不甘寂寞的陈金飞坐不住了，1997年，他辞职下海。

当时，陈金飞身上一共只有600元钱。如何用这些钱来实现自己的梦想呢？陈金飞开始多方收集信息，做市场调查。后来，他发现当时文化衫流行，便想到成立一家T恤衫印染厂。

由于资金有限，陈金飞将目光转向郊区。通过朋友介绍，他来到北京市怀柔县高碑店乡。朋友带他来到一个猪圈的后面，指着一片空地对他说：“如果你不嫌弃这儿，这片地就归你用了，你自己盖间办公室吧。”看着坑坑洼洼的地面，闻着从猪圈里传过来的阵阵臭味，陈金飞想了想，说：“就建在这儿了。”

为了省钱，陈金飞和跟随他的几个兄弟到处搜罗能利用的东西。他们用捡来的砖头盖起了办公室和车间。车间有了，设备却空缺着。

陈金飞根本掏不出钱去买昂贵的设备，于是，他就去买钢材，然后照着台板印花机的模型边学边干。经过别人的指点，一台外观并不美观却实用的台板印花机终于问世了。

尽管环境寒碜，但大通装饰厂还是成立了。望着挂在门口的那个牌子，看看自己身上肮脏的工作服，闻着猪圈里散发出来的臭气，陈金飞不禁感慨万分。回想几个月前，作为一名国家干部的自己还坐在宽敞的办公室里，过着舒服的日子，而眼前的一切与之相比简直是天壤之别，他心潮起伏，但并不后悔。他相信只要不断努力，一定会有灿烂的明天。

为了寻找生意，陈金飞骑着自行车几乎跑遍了整个北京市。最后，他终于在先农坛体育场找到了第一笔生意：印制7件背心的号码。这笔生意来一共只能赚35元，还不够跑腿钱，但陈金飞仍然接下了，并且用最快的速度、最好的质量印制完成。他认为不能只把眼睛盯在大生意上，今后的成功也是靠最初的点点滴滴积累而成的，只要以诚信为本，就一定会赢得客源。

果然，好运接踵而至。有一位加拿大的纺织品进口商想从中国进口一批儿童服装，通过各种努力，陈金飞和这位外商取得了联系。之后，一位漂亮的女士亲自来到了陈金飞位于猪圈后的办公室。那时正是北京最冷的季节，而办公室里却没有暖气。那位外商坐在那张破竹椅上，越坐越冷。最后，她不得不蹲在地上和陈金飞谈判。那也许是这位外商一生中经历过的最艰苦的谈判环境，她完全可以不与陈金飞合作，但通过与陈金飞接触，外商被陈金飞身上那股特殊的气质所折服，更被他的自信和诚实所打动。于是，她当场拍板与陈金飞做这笔生意，陈金飞也由此获得了10多万美元的利润。

点评

生意场上最重要的是信用，是敬业精神，这些在初创时期更为珍贵。有这两点作保证，就会让合作者放心。曾经有人研究过：一个人如果觉得某种产品好，他会告诉至少6个人；如果他觉得某种产品不好，他会告诉至少12个人。这说明了一点，在任何时候，忽视产品的质量必然会带来严重的后果。

【案例6】 1988年，王振滔东拼西凑了3万元钱，创办了永嘉奥林皮鞋厂，开始了他在民营制鞋业的艰苦跋涉。王振滔家境贫寒，有兄妹4人。在他读高中一年级时，只因自己是兄长而提前退学，全力供弟妹上学。十六七岁的王振滔外出谋生的第一份工作就是学木工。持续多年的居无定所、食无守时的"游方木匠"生涯，对少年王振滔是一种磨炼。他在湖北见到了不少推销电器、服装、皮鞋的温州老乡，他们的收入比他做木工多了好几倍，这让王振滔动了心。一番苦思后，他决定改行做皮鞋推销生意。

正当王振滔推销皮鞋的生意做得红火时，1987年一场围剿"温州鞋"的暴风骤雨席卷了全国。南京、上海、湖北等地查抄的温州鞋堆积成山，杭州的武林门广场上，还当众烧掉5000多双温州鞋……温州鞋成了假冒伪劣的代名词，成了人人喊打的"过街老鼠"。火烧温州鞋的风暴，使温州许多皮鞋厂纷纷易帜，但王振滔却没有退缩。他以"产品体现人品、人品决定产品"的质量观，办起了"永嘉奥林鞋厂"。他之所以取这个名字，就是要用"奥林匹克"精神作为办厂准则，走出温州众多鞋厂靠仿冒起步的圈囿，最终创出温州的品牌。从此，火烧温州鞋的这一耻辱变成了激励他奋力前行的动力，他也顽强地等待着为温州鞋雪耻的那一天。

1999年，在杭州市郊中村，经过数年卧薪尝胆、已使奥康赢得市场美誉的王振滔和浙江省、温州市领导，在那块让温州人蒙羞的土地上一起点燃了第二把火，把从全国收缴的假冒温州鞋付之一炬，为温州人正了名，也为温州正了名。王振滔感慨地说，这把火他等了12年。这把火载入了温州经济发展的史册，2001年，中央电视台"实话实说"栏目以"新鞋子 旧鞋子"为题，彻底宣告了温州制造的胜利，王振滔也作为唯一的业界嘉宾对亿万观众"忆苦思甜"。

与此同时，王振滔高举"温州制造"这杆大旗，毅然挺进了上海滩。20世纪八九十年代，个别温州企业不敢在自己的产品上标注温州字样；2001年3月，王振滔在素有中华第一街之称的"南京路"上开出了温州鞋业的第一家连锁专卖店，在上海引起极大轰动，更为温州企业进军上海做出了榜样。

点评

王振滔的成功最重要的是他始终保持着一种对企业、对行业、对社会的强烈责任心。创业之初，王振滔就以振兴民族工业、创建世界名牌、实现产业报国为己任，在企业运营、西部开发、回报社会上开展了大量工作，最终取得了可喜的成绩，在同行及社会上产生了深远影响，并带来了巨大的社会和经济效益。一个博大胸怀的养成是一点一滴汇成的，深入分析他的个人发展轨迹后，我们可以看到他的梦想是脚踏实地的，是具体而清晰的。

【案例7】 1977年，因为家里穷，邱继宝，只读了3天的高中，就不得不离开深爱的校园走上了社会。改革开放后，他的家乡冒出了一个个家庭小作坊。邱继宝心中压抑了许久的创业欲望开始萌芽，但他自己什么都不懂，如何创业呢？于是，他开始在附近的缝纫机零件厂等企业做学徒。

1982年，邱继宝用尽自己的积蓄，又贷了300元款，租下了大队的三间旧房，办起了椒江市水陡电器仪表厂，专门生产喷雾器零件。那时候的他一心只想着尽快把贷款还上，再转向与他有缘分的缝纫机产业。在他的努力下，一个作坊式工厂渐趋成熟，并有继续赢利和扩大规模的可能。但是，在关键时刻，邱继宝毅然作出决定——转产缝纫机零件。这就是闻名海内外的飞跃集团的前身。

工厂终于办起来了，但白手起家的飞跃集团面临着严峻的市场形势。当时，国内缝纫机市场已被四大工厂把守，海外市场则被日本、美国和台湾实力雄厚的公司瓜分。面对这种形势，初中文化程度的邱继宝在钻研了大量资料后，作出如下分析：衣食住行，衣当首位，中国这个世界上人口最多的国家，完全具备成为缝纫机生产大国的条件。

那个年代办产业难度巨大，周围的人对邱继宝的不理解更是显而易见的。大家都在质疑，一个补鞋匠，只有初中文化程度，还想做成国家大型企业，简直是不自量力。可邱继宝愣是憋了一股子劲儿，非要做出点名堂来。对他来说，做一个大型企业一切都得从头来。但邱继宝深深懂得科技创新的重要性，便不惜重金购买技术，引进科技人员……在经历了无数次失败之后，“飞跃”终于昂然出现在世界缝纫机行业的前列，并创造了年产各类缝纫机60多万台、年出口创汇6500万美元、上缴税收4624万元的神话。

点评

小小的作坊，如果始终以提升产品价值为目标，不断改进产品设计及生产工艺，总有一天也可成为巨大的盈利航母。和邱继宝做法类似的创业故事在20世纪80年代层出不穷，郭台铭也是其中一位。

【案例8】 郭台铭在家中是兄长，由于家境贫寒，1966年，他进入台湾“中国海事专科学校”学习，靠半工半读完成学业。1973年退伍后，郭台铭进入复兴航运上班，并利用晚上补习英文。一年后，他将母亲给他的20万元一半用来结婚，一半用于创业。随后，他与朋友在台北县创立了鸿海塑料企业有限公司，生产塑料产品。不过一年时间，因经营不善，原股东逐一退出，企业成了郭台铭的全资公司。

野心勃勃之人时常忽略细微处，郭台铭却能从一个不起眼的小零件切入，并且大获其利。当时，黑白电视机刚刚在台湾兴起，郭台铭便从制造黑白电视机选台的按钮做起。这时的鸿海不过是个规模只有30万元新台币的小公司，仅有15名员工。1975年，公司易名为鸿海工业有限公司。1977年，公司开始扭亏为盈，郭台铭当即从日本购进设备建立模具厂，为日后发展奠定了坚实基础。其后，他又陆续投资建立了电镀部门与冲压厂。20世纪80年代，世界进入个人电脑时代，郭台铭靠所掌握的成熟模具技术，以连接器、机壳等产品为重心，力行“量大、低价”的竞争策略，迅速占领了市场。1982年公司再度更名为“鸿海精密工业股份有限公司”，郭继续投资1600万元进入计算机线缆装配领域。1985年，郭在美国成立分公司，开始在台湾之外开拓市场，并创出“FOXCONN”品牌。至此，郭台铭已经成功打造出他的“连接器王国”。1988年，“鸿海”年营业额突破10亿元。20世纪80年代末，郭台铭经过慎重考虑，决定在深圳成立广东深圳富士康精密组件厂，生产电脑周边接插件。在这里，郭台铭找到了他成功的着力点，也开始了企业飞速发展的宏伟历程。20世纪90年代，企业界掀起了以资金密集型为主的第二波台商投资内地的热潮，此时，“富士康”已经依靠前期积累的力量，在深圳和昆山分别设立了科技工业园，这成为公司一个新的增长点。如今，“鸿海”在内地的深圳、昆山、杭州、天津等地设有36家全资子公司，在苏格兰、爱尔兰、捷克、美国休斯敦、洛杉矶等地设立了海外制造中心及广布全球的60余个国际分支机构，俨然成为全球最大的PC连接器、PC准系统的制造商。

如郭台铭这样一直坚持走制造业道路的人是不多的。这样的好处就是很容易在本领域处于前列，一旦达到这样的地位，再进行其他方面的经营就有优势了。比如双星就是采用这样的策略，当双星鞋成功以后，集团就开始做与自己特长相关的产品，双星轮胎很自然地诞生了。

点评

富士康坚持在制造业领域推进，在模具方面一直处于世界领先地位，与模具相关的其他产品也因此陆续出台。特别是汽车产业，富士康进入后就逐渐显示出了自己的优势。这样的发展战略，有点类似军事上的集中优势兵力，攻下敌国一座城市后，再以此为基础对其他城市进行辐射，从而达到迅速兼并此国的目的。此类战略在作坊创业方式中很有参考价值，许生的做法亦是如此。

【案例9】 1岁的许生跟随父母及哥哥从乡下来到香港时，家里很穷。童年的他就开始挣钱养家，甚至干过养猪、送货、推销家庭用品等苦力活。1974年，他开办手工制作木棉花枕头的“章记”小厂，开始了他的健康睡眠事业。通过他发展的一个个精彩故事，让我们慢慢品味出他事业成功的过人谋略。

许生是个勤于思考的人，这让他总能从别人习以为常的事物中发现新问题，从而找到领先的“捷径”。他创办“章记”枕头厂后，虽然利润可观，但因为是手工缝制，生产效率很低。后来，他在从事机电工程行业的朋友的帮助下，设计自创了枕头机，枕头产量一下子提高了10倍，令他初尝了科技创新的甜头。

1983年，许生看到欧美和日货在香港走俏，尤其是床上用品设计新颖、实用美观，但奇高的价格让大多数香港人消费不起。他想，为什么自己不生产一些欧式风格的床品来满足香港消费者的需求呢？在这一年，他把“章记”易名为带有欧美味道的“雅芳婷”，并引进欧洲的纹样和设计风格，一改本地货土气的形象，同时还成功开发出“多用被”产品。凭借价廉物美和方便实用这两着高棋，“雅芳婷”在香港一炮走红。“雅芳婷”多用被至今仍是“雅芳婷”的镇店之宝。

要处处领先并不那么容易，必须有过人之处。许生的过人之处就在于他的“目光犀利”，他认定可以大发展时，定会全力以赴。他第一个把西方床品概念引入香港。从床品款式到花型设计，“雅芳婷”无疑是第一家中国人办的生产欧式风格的床品企业，而“多用被”的发明也让“雅芳婷”床品在鲜有竞争对手的香港市场独领风骚数年。1979年，他在深圳开办了第一家工厂，成为来内地办床品工厂的第一家港资企业。后来，他还利用广东沿海观众能接收香港电视节目之便，率先在香港的电视台为“雅芳婷”床品做广告，将“雅芳婷”品牌推向内地市场。

除了针对性的产品推广，“雅芳婷”还采用形象代言人作宣传策略，它特意邀请香港家喻户晓的电视剧红人佘诗曼出任形象代言人，让观众通过她主演的电视剧来认知“雅芳婷”品牌。现在，国内一些知名床品企业的负责人提起“雅芳婷”时，都会由衷地说，当年的“雅芳婷”是一个标杆，我们都是学着“雅芳婷”起步的。

许生是从木棉枕头开始起步的，对枕头一直情有独钟。一只小小的枕头，古今中外无多大分别，许生却从中找到了玄机。他觉得人的一生有1/3的时间是在睡眠中度过的，可以说枕头是我们睡觉时最亲密的伙伴，但这个伙伴一旦使用不当，就会影响健康。据统计，全球有近一半的人受到各种睡眠问题的困扰。每个人的头、颈、肩的尺寸均有所不同，为何枕头的尺寸却是一致的，能不能让每个人都有适合自己尺寸的枕头，让枕头来改善睡眠质量呢？这一切深深触动了许生研究智能枕的好奇心。一次偶然的机会，许生在寺庙里看到佛祖侧睡的雕像，睡姿极为安详，这激发了他的灵感：佛祖为何要用手托着头睡呢？一定是仰睡和侧睡对枕头的高度要求不同。意念在那一瞬间产生后，他搞发明的“傻劲”就上来了，自此一发不可收拾，持续了10来年，至今仍在不断地完善产品。他先跑到德国去找专家设计生产线，寻找不同密度的材料，又请物理治疗师做头形研究，样品出来后分发给高层同事试用，提出问题，再研究、改良，然后再试用，如此反复，终于在2000年推出了一个近于完美的智能枕。靠这个智能枕，他获得2000香港国际发明展览会金奖及随后的2002年日内瓦国际发明博览会发明金奖。2004年，全球卖出的“雅芳婷”智能枕已超过20万个。

许生认为，只有不断开发新产品，才能确保自己的市场不会很快被同行吞噬。同样，宋郑也认定只有不断推出适合社会的新产品，才能在竞争激烈的市场中取得一席之地。

【案例10】 80年代中期，宋郑担任昆山一个中学的副校长，为了响应政府经商的号召，学校开始生产微波炉。显然，这个项目的选择超过了现实水准。那个年月，每个家庭的收入不足百元，谁享受得起微波炉？教师们用自己的大半工资投进去启动生产，没想到全赔了。教师们开始罢工，学校随之关闭了。

此时，身为副校长的宋郑被推到了风口浪尖。他的任务是：使企业盈利，以支付教师和工人的工资，并重开学校。众人拼死拼活地争取各种合同，待稍有起色后，工厂便开始经营制锁、焊接电器部件、在轮胎上装橡胶等业务，但仍然举步维艰。

真是天无绝人之路。不久，宋郑认识了一个学生，他的父亲是部队里的总工，开办了一家手推童车厂。这位总工为了扩大生产规模，让宋郑的工厂也一起加工，凭借这个合作，工厂当年就生产了2万辆手推童车。靠着这笔货款，宋郑还清了学校的贷款。通过这次经历，他看到了新的机遇与挑战，便想创建更大的企业，充分发挥自己的价值。思忖再三后，宋郑就永远地告别了教师岗位。

为了重开学校，宋以担保方式，从地方银行贷款2万元，用于支付回校开课教师的工资，并扩大再生产。宋郑将自己生产的手推童车冠名为“好孩子”。1991年和1992年，“好孩子”的销售量连翻两番。1993年，“好孩子”已成为中国市场的领导者，总收入达到了1500万美元。占领中国市场后，宋郑开始进攻国际市场。1995年，他们接到美国公司10万辆童车的订单。宋郑如获至宝，希望通过它打开美国市场。他们报出了最低的价格，以便让美国人有利可图，从而确立牢固的合作关系。谁想，这一招失灵了，对方看了这个价，不屑一顾：这么低的价格，能把东西做好吗？一笔大订单就此黄了。从此，宋郑领悟出一个道理：进入国际市场，不能仅以低价取胜。“好孩子”打开中国市场靠的是开发创新，敲开美国的大门也要靠开发创新。于是，“好孩子”开始潜心研究美国市场，力求以新制胜。后来，他们终于通过一款叫“爸爸摇、妈妈摇”的产品打开了美国市场。随之，公司的规模又上了一个新台阶。为了增强开发实力，“好孩子”公司每年拿出销售额的4%投入研发，公司的研发队伍逐步发展到100多人。正由于以新取胜的发展战略，“好孩子”产品在国外价格不菲，至今没有遭遇反倾销等麻烦。

点评

其实，在与强手竞争的同时，自己的竞争能力也在不断提高，这就是“与狼共舞”的真实企图。即便现在不设法“与狼共舞”，但随着国内市场的全面开放，最终还是逃不掉严酷的竞争局面。不是“与狼共舞”，就是被狼吃掉，没有第三条出路。

如今的作坊创业，尽管面临着强大的对手，但只要你仔细研究一下对手的各种特点，就会发现再厉害的对手也有弱点。针对其弱点进行有效的出击，必能取得良好的效果。陈立东就是依托这种信念，靠一个小小的包装盒取得巨大的成功。

【案例11】 7年前，陈立东在深圳一个主要生产饼干盒的纸箱厂上班，每天的工作就是点数。这种纸盒是在已经印刷好图案的卡纸上，按规格切割好后，再在上面打出折痕。一天下午，他突然想，何不制作出漂亮的盒子，让更多的人“买椟还珠”呢？陈立东为自己的这个创意而激动，他立志开一家让所有人都“买椟还珠”的纸盒厂。

有了目标后，陈立东就经常到车间里向师傅请教制作纸盒的技巧。半个月下来，在这家小纸箱厂里，他学到了不少制作纸盒的技术。为了多积累经验，陈立东决定去一家大型包装盒厂打工，学习高档包装盒的制作技术。深圳的包装厂很多，陈立东通过查号台查到电话后，挨着打电话过去推销自己。终于，一家大型包装厂同意让他去做一名切割工。为了能实现自己开厂当老板的愿望，他在工作之时，就悄悄统计哪类包装盒的产量最高，并细心观察老板的经营策略。他把这些资料都偷偷地记录下来。

经过1年的积累，陈立东学到了许多技术和经验。他信心十足，决定自己当老板。随后，他开始在深圳一些偏远的郊区转悠起来，准备找一间厂房。然而，深圳寸土寸金，他手里仅有的5000元资金根本租不起厂房，这让他很沮丧，但他并不甘心。后来在龙华镇，他发现了一间空平房虽然破旧，门窗都还完好，拿来做厂房正好合适。陈立东跟房东商量了一下，希望房东参股，两个人合伙开厂。房东考虑几天后，终于答应了。

有了厂房后，陈立东的包装盒厂就算成立了。接下来，陈立东挨个拜访以前的老客户。他陆续接下了一些食品盒、包装纸袋的订单，不过，订量很少，而且这些老客户所给的报价比其他纸盒厂都低。陈立东默认了。因为资金短缺，陈立东给工人开的工资自然很低，他鼓励大家，等工厂效益好了，一定加倍补偿大家。开工头2个月，厂子业务很少，加之工人又都是新手，效率较低，每个工人一个月还挣不到300元的工资，不少工人纷纷辞职。这样一来，工厂常常不能按时交货，逐渐的，许多客户也不愿意再把订单下给陈立东了，工厂很快陷入了恶性循环。

不久，陈立东所投入的5000块钱用光了。他一天比一天焦急，如果不尽快接到订单，让工人们看到希望，工厂很快就会垮掉。2002年8月，一家糖果厂向陈立东下了一万个巧克力盒的订单，把样品交给陈立东后，厂方叮嘱他一定要尽快完成。陈立东把玩着客户交给他的四方形巧克力盒的样品思忖起来，样品盒四四方方显得太古板，如果帮他们改一改，一定会令他们惊喜。陈立东连夜设计并亲自打模、裱糊，制作出一个大红色的七星瓢虫形状的盒子。陈立东把样品交给工人，让他们加紧生产。两周后，客户来厂里询问时，陈立东兴致勃勃地拿出他改过的美丽异常的七星瓢虫盒子。没想到那个客户一看式样被改了，拍着桌子大叫道:“我们不要这些古怪的东西，一定要按我们的要求交货！”

这次自作主张不但没有给工厂带来转机，还损失了不少原材料。眼看着3000个“七星瓢虫”就这样全部成了废品，陈立东寝食难安，他心里明白这次是凶多吉少，全军覆没的可能性很大。正在他犯愁之时，有个员工建议将这些产品送给礼品厂。陈立东突然意识到，一个人的智慧就像被禁锢在黑暗盒子中的萤火虫，无法发光，如果把大家的智慧全部集中起来，或许会另有一片天空。那天，陈立东破天荒地开了一次会，号召每一个工人利用业余时间出去联系业务，推销盒子，如能推销出去，就按照一定的比例提成。

工人们开始八仙过海，各显神通。陈立东则到各个市场去考察，寻找新的客户。一天晚上，陈立东来到深圳市一家金店。一个刚选购了一枚钻石戒指的小伙子要求售货员给他包装起来。当售货员取出一个红色心形缎子首饰盒时，小伙子要求换一个。售货员摇摇头说，只有这一种盒子了。小伙子只好勉强接过盒子。陈立东赶紧追了出来，叫住小伙子说：“我可以专门给你量身定做一个盒子。”小伙子一听来了兴趣，他提出要陈立东为他制作一个绝无仅有的漂亮首饰盒，并且要在盒子里刻上他和新娘的名字。至于费用，要等他见了盒子，满意后再给。陈立东答应了。

回到厂里冥思苦想后，陈立东决定用红色绒布把这个首饰盒制作成一架小直升机。为了增强浪漫效果，陈立东把直升机设计成圆嘟嘟的样子，上面还安装了金灿灿的螺旋桨。当小伙子来取货时，捧起小盒子赞叹个不停，他满意地付了100元给陈立东。看来，自己的辛苦并没有白搭，虽然只是一个小盒子，他却从中窥察出个性化盒子潜伏着无限商机。陈立东开始精心设计高档的首饰盒，有布袋形、卡通形、木质、纸质等等，然后带着自己设计的盒子到深圳市各首饰商店、工艺厂联系业务。人们见到他带去的那些可爱的盒子，果然爱不释手。大家纷纷订购，工厂的生意终于有了起色。2003年2月，工厂接到一批10万个糖果盒的订单。考虑到这批货交工后不久就是儿童节，陈立东把糖果盒设计成一顶儿童西瓜帽的形状。想到上次的经验教训，陈立东决定还是先把样品拿给厂家看看。厂家一看，十分满意。当西瓜帽糖果盒面市后，孩子们一看到可爱的“西瓜帽”就走不动了，嚷嚷着要家长买。随后，其他食品厂商也都来找陈立东，订购他的盒子，陈立东的10人小厂一下子忙得喘不过气来。

2004年6月，一个浙江义乌生产竹炭饰品的商人找到了陈立东，他苦恼地说，竹炭本来是一种对身体有益的东西，可因为是黑色，许多人不喜欢，很难卖出去。他请陈立东帮他设计一个包装，看是否能让他的竹炭生意起死回生。陈立东拿着义乌商人带来的竹炭饰品琢磨起来。这种价格比较低廉的饰品，不适合用绒质或木质等高档盒子，但是纸质盒子又难以提升竹炭饰品的品位。陈立东决定还是选用色彩鲜艳的大红、天蓝、粉红等系列花纹纸，糊成方形盒子，在盒面用一根同色系的蕾丝带打成蝴蝶结。盒子制好后，他将一条黑色的竹炭手链放入盒子，鲜艳的盒子刚好中和了深沉的黑色，使原来显得沉闷的竹炭手链立刻“跳”起来。那个义乌商人将信将疑地拿了几百个盒子回去。没想到半个月后，他给陈立东打来电话要求继续订货。说那批盒子给他带来意想不到的惊喜，不但在短时间内卖了竹炭饰品，而且价钱比原来还高。

不久，找陈立东包装产品的人越来越多，他的盒子业务越做越大。很快，他在广东东莞又开了一家有500多名员工的分厂。陈立东不断变化自己的设计，让盒子吸引更多人的眼球。

点评

我们这个时代的创业者，即将取代那些起步于改革开放初期的创业者。任何一个跟不上时代步伐又漠视人才的企业，必然会被有眼光的后来者取代，这是一个有些“残酷”的好机会。

时势造英雄的年代已经来临，这么好的机会绝对是几千载难逢的，倘若你这么轻易地将其拒之门外，实在可惜。所幸，我们的民族是一个朝气蓬勃民族，张朝阳、丁磊、陈天桥等民族精英已然挑起未来中国的大旗，中华之龙腾飞在即，我们不能只为其欢呼，更有责任为国家民族、也为自己灿烂的一生做些实事。

二、畜牧养殖

记得小时候，父亲总是给我描绘这样一幅理想的畜牧养殖图：院子里养两三窝猪，几十只鸡鸭，猪粪鸡屎都流到池塘里养鱼，再挖些肥沃的塘泥培育果树、发酵生产沼气，卖鱼卖水果的钱用来买家畜的饲料……这样每年就有大把大把的“大团结”赚手里。现在想来这还真是可持续发展的典型例子。

培育种植、养殖属于农业生产的范畴，许多人不愿在这个领域发展，甚至在大学里学农业的学生也有一种鄙视农业的倾向。

依照传统观点，从事农业的人大多是没有什么本事的农民，然而，从古到今，民以食为天，粮食是国民生存的根本。我们国家有这么多人，有这么多人要吃饭，这就是市场。希望集团的刘氏兄弟在创业之初就认识到了这一点，并在此领域取得了非凡的成就。

【案例1】 希望集团是当今中国最大的私营企业，从事的行业涉及饲料、食品、商贸、房地产等多个领域，业务遍及全国，然而它当初的创业正是从农村开始的。

希望集团由刘氏兄弟四人创办。这四兄弟出生于四川新津县古家村一户穷苦的知识分子家庭，他们都非常争气，在70年代末——高考竞争最为激烈的年代——相继考上了大学。毕业后，他们都捧上了令当时的人们非常羡慕的“铁饭碗”：大哥刘永言在成都906厂计算机室工作，老二刘永好从事电子设备设计的维修工作，老三在县农业局当干部，老四在省机械工业管理干部学校当老师。但他们是不甘于平庸的人，总想改变自己平凡的命运。

1982年的一个星期天，刘家四兄弟作出了改变他们一生的决定：砸碎铁饭碗，开办自己的公司，创造属于自己的一片天地。办公司的计划定下之后，下一步就是把钱投向哪里、向哪个方向努力的问题了。他们把目光投向了自己最为熟悉的农村——这片后来为他们带来巨大财富的天地。当时改革开放方兴未艾，农村出现了很多养鸡专业户，此外还有一些农民零散地养些鸡作为副业。于是，兄弟四人决定就从鸡身上入手。

东拼西凑借了1000元钱后，他们办起了一个育新良种场，开始了艰难的创业之路。一开始，刘家兄弟每天凌晨4点起床，把孵好的种鸡装好，然后蹬3个多小时的自行车，跑80里路，赶到集市上叫卖。几千只小鸡卖完后，天已黑透了，他们这才拖着疲惫的身子蹬车回家；第二天一早又赶去卖。20多天下来，四兄弟都瘦了十几斤，他们算了一下账，一共卖出8万只鸡娃，加上其他的收入，竟然有了10万元收入。

以后，兄弟四人便开始各显神通。他们把大学所学的知识和自己灵活的头脑相结合，在良种场里调配饲料、优选良种，比如：用鹌鹑粪养猪，用猪粪养鱼，用鱼粪养鹌鹑，这样的生态循环为他们的事业创造了良好的增值途径。他们的事业开始初见规模了。到了1988年，刘氏兄弟意外发现一批“洋饲料”涌入了中国农村，仅泰国正大集团一家，每年就从大陆的饲料市场上赚走6亿人民币。虽然“洋饲料”贵，但用它养猪长得快、卖相好，大家都乐意买。外国人能干，我们中国人为什么就不能干呢？于是，他们果断决定，自己生产高档颗粒饲料。不久，他们用200万元办起了希望饲料科研所，专门聘请30多位专家教授担任兼职研究员，又与留学海外的学子建立了联系，请他们提供国际上最新的饲料研究信息。

随后，他们到美国、德国、俄罗斯等地考察学习，不断引进先进技术，并请国内外专家学者来讲学，开展学术交流。期间，他们投入上百万元进行试验，广采精选，反复论证，挑选出33个配方进行最后的论证……他们终于从农户那里得到反馈，他们生产的饲料和洋饲料一样好。1989年，兄弟四人开始正式向颗粒饲料的工业化迈进。投产后，公司日产100万吨，开始挑战洋饲料在中国的垄断地位。1990年，四川农村饲料市场已经是泰国正大的天下，因为它的效果好，竟出现了农民排队买这“比饼干还贵”的饲料的场景。恰在此时，“希望饲料”出现了，它的质量与正大的饲料相差无几，价格却比它便宜不少，农民们纷纷转向“希望”。

接下来，正大与希望之间展开了旷日持久的价格战。希望集团依靠自己的强大实力和灵活的政策最终大获全胜，取代正大，抢回了被外国人垄断的高等级饲料市场。

点评

我们感叹于刘氏兄弟的创业之路，但他们实质上只是以养殖为跳板，在成功后迅速把重心转移到其他与农业相关的产业，这是一个很不错的发展思路。

【案例2】 在20世纪70年代中期，韩伟在三涧镇做畜牧助理员。1984年，韩伟辞职下海，创业本金为从亲友处借得的3000元和养蛋鸡50只。同年底，韩伟从银行贷得15万元，开始兴办养鸡场，一举成为大连最大的饲养专业户，亦成为大连负债最多的个体户。韩伟此举所冒风险极大，他倾力一搏，满怀壮志，然而一旦发生鸡瘟或其他原因造成创业失败，其微薄的个人财产必将荡然无存，而银行那边也会产生极大一笔坏账。

韩伟之所以能在无抵押的情况下从银行贷出如此一笔巨款，原因在于当时大连市正在大搞“菜篮子工程”，韩伟的鸡场扩建计划正是“急政府之所急”。在政府支持下，韩伟很快又贷款集资208万元，建起一座占地44亩、建筑面积8000平方米、饲养8万只鸡的现代化养鸡场。这个鸡场第一年产值便达210万元，这也是白手起家的韩伟掘得的第一桶金。

商业上讲究规模效应，无论什么产业一旦形成规模经济，所产生的效益都是不可估量的。韩伟坚守这样的理念，一心只做养鸡业，形成规模后必然可以在竞争中处于有利地位，并最终取得更大成功。韩伟与刘氏兄弟的做法尽管有些区别，但实质是一致的，即从大家很少介入的领域寻求突破，这样做，可绕过更多的竞争，成功几率也相对高一些。

【案例3】 陈建龙、陈正阳兄弟俩的第一桶金也是来自养殖上。高中毕业后，兄弟俩就外出打工谋生，长期在本地一家鲍养殖场做工。他们希望有朝一日也有自己的鲍养殖场，“当上老板”是俩人共同的梦想。

1991年初，伴随着大陆开放潮，年仅20多岁的兄弟俩来到海峡西岸的东山岛考察，一下子就被优美的海湾、湛蓝的海水和优惠的政策吸引住了。说干就干，他们把养鲍场的地点选在陈城镇山东村海滨。县、镇有关部门对此项目特别关照，从征地、办证、供电等，一路“绿灯”。兄弟俩艰苦创业，领着20多名帮工修道路、砌水池为鲍建公……2个月后，总投资800万元人民币、面积1200多平方米、拥有40口育苗池、养成池的养鲍场竣工投产。这是福建第一家陆上工厂化鲍养殖场，兄弟俩终于圆了当老板的梦。

当年5月初，首批4万多粒九孔鲍良种从台湾落户到东山。经过他们的精心培育，1粒2厘米的鲍苗长成6厘米以上、可以出售的商品鲍仅用了6个月，比自然海区放养缩短2年时间。鲍养殖场实现当年投建、当年投产、当年见效。第二年，兄弟俩就收回了成本。

经过反复试验，兄弟俩还获得了“人工育苗与养成”的巨大成功，自己育苗，自己养鲍，年年盈利，事业兴旺。物以稀为贵，当时东山岛室内人工养鲍还是空白，1公斤商品鲍竟卖400元以上。鲍为海产“八珍之冠”，素有“软黄金”之称，其肉质鲜美，营养丰富，补肾明目，是宴席上的美味佳肴，是国内外大中城市和港澳市场、酒家、宾馆的抢手货。另外，鲍壳就是中药石决明，市场供不应求，价值高，效益好。可以说，养鲍好比是养“金”育“银”。

尝到甜头后，兄弟俩劲头倍增。1996年春，他俩在西埔镇冬古湾畔兴办“东山县宏洋水产公司”。公司占地面积30多亩，采取边建池、边养殖的办法，分三期建成，总投入超过1250万元，拟建成450多口、总面积1.7万平方米的规格化鲍培苗池、养成池。他们引进并养殖台湾九孔鲍良种150万粒，成为当时全省最大规模的陆上工厂化九孔鲍养殖公司，事业可谓一片红火。

鲍养殖业是一种被称为高技术、高投入、高风险、高效益的“四高”产业。1999年5月，东山县几十家鲍养殖场遇到历史上罕见的瘟疫，半成品鲍纷纷得病死亡，陈家的鲍养殖场也难逃厄运，兄弟俩心急如焚。尽管他们采取了许多防治病害的良策，仍然无济于事。省市有关专家闻讯，急忙赶到东山现场“会诊”，到陈氏兄弟办的宏洋“把脉”，虽然开出了一帖“良方”，但效果不甚明显。不久，第一批投放的100万多粒鲍苗几乎“全军覆灭”，随后，兄弟俩又投放了第二批、第三批鲍苗，但均以失败告终。那一年，陈氏兄弟共损失近百万元。

面对这些挫折和困难，陈氏兄弟心不灰、气不馁，他们刻苦钻研技术，最终在国家省市县水产、科研单位有关专家及县台办等领导的指导下，找到鲍发病的主要原因——海水受外来污染，并且水温、气温偏高等。随后，他们根据有关专家的指导意见，对症下药，科学管理、科学投饵，抓好水温调节及勤换水、勤清箱等技术环节，大力实施能有效减少环境污染并有序使用药物的陆上工厂集约化养殖新模式，终于使鲍大面积得病死亡的情况明显好转，渡过了难关。

养鲍业就像海面上的波涛，时起时落，但陈家兄弟坚信“爱拼才会赢”。1999年9月，在海南岛从事养鲍业的朋友、台胞李先生传来了好消息——海南没有发生鲍死亡现象。兄弟俩当机立断，由弟弟陈正阳到海南岛发展，投资1100万元，在海口市龙牙湾建成一个占地面积3.6万平方米、建筑面积2万多平方米的规格化鲍养殖场。次年，海南的鲍养殖场分批育出鲍苗700万多粒以供应东山的鲍养殖场，从而解决了鲍苗紧缺的问题。两年多来，东山鲍苗都面临“培育难”的问题，陈建龙抓住八九月份鲍苗盛产时机，从海南、广东等地买来1粒只有0.5厘米、价格仅1毛钱的小鲍苗，待暂养越冬成功后，他再将苗出售或自养，预计至中秋节前就可出售商品鲍。这样一来，比买1粒2厘米、价高1元钱的鲍鱼苗节省成本1倍以上。

10多年来，陈家兄弟为我国沿海地区，尤其是东山岛的鲍业发展作出了巨大贡献。他们不仅从台湾引进九孔鲍良种，而且供应东山本地、广东和福建漳浦、龙海等县的鲍苗3000万多粒，还积极推广和普及先进的养鲍技术；期间引来台商在东山兴办了7家养鲍公司，有力推动了该县鲍养殖业的发展。东山县商品鲍年产量占全国的1/4，年产值达4亿多元，成为当地经济的支柱产业之一。

点评

三百六十行，行行出状元。立足自己的长处，选择适合自己发展的行业，比盲目跟风要有效得多。然而，现实的情况是，很多大学毕业生在找工作时一味追求高工资，与别人攀比跟风，结果在岗位上不能迅速适应，以至于时常处于被动状态。这样的生活确实很累，也很无趣。顾澄勇就是意识到这一点，才选择自己有潜力的行业进行针对性发展，结果取得极大成功。

【案例4】 当年决定回乡卖鸡蛋，顾澄勇一度十分犹豫。他毕业于复旦大学计算机专业，想要找一份工作非常容易。他的好多同学都找到了不错的工作，月薪差不多在3000元左右，这对一个刚毕业的本科生来说已经很不错了。

如果单从眼前利益来看，或许应该和别的同学一样找家软件公司上班，总比回乡和鸡打交道好吧。但是，顾澄勇似乎对在计算机业中的发展欠缺某种热情，而对于生活了20多年的农村，却有着深刻的感情。在大学里，顾澄勇曾经有过多次实习，在那些企业里，他看到了工业、金融业在信息化方面取得的成就，也见惯了工业企业的先进管理模式，相形之下，父亲那种传统的农业操作模式——养鸡、鸡生蛋、卖蛋，让他深感农业发展的落后。

顾澄勇认为，在工业、金融业内，信息化进度已相对成熟了，作为一个计算机系的毕业生，进入这类企业后所要做的无非是修修补补，不可能有太大的发展空间。而农业信息化的发展依然是非常滞后的，顾澄勇认定，越是起点低的地方，越有发展空间。这个理智的推断让他坚定了利用自己的所学，在农业信息化发展上做出成绩的信心。基于这一考虑，23岁的顾澄勇做出了回乡养鸡这个足可改变他人生轨迹的决定。

凭着初生牛犊不怕虎的勇气，顾澄勇钻进了臭烘烘的鸡棚。初始的工作是乏味的，跟着饲养员学习养鸡的经验，看工作人员如何将大小不一、质量不一的鸡蛋分开包装，到一家一家超市了解市场……正是在这些非常基本而无趣的工作中，敏锐的顾澄勇慢慢发现了农产品发展中的薄弱环节——质量，这是一个被越来越多市民高度关注的话题。他立刻联想到，是否可以开发出一种软件系统，让市民可以了解自己买的鸡蛋是在哪儿生产的、在哪天生产的、是否经过检验等等，从而对自己买的鸡蛋质量作一个全面评估。

顾澄勇是个想到就做的人。2002年年底，他凭着大学四年学到的计算机专业知识以及对鸡蛋的初步了解，开始了他在农业信息化中的第一步：开发一个鸡蛋质量查询系统。为此，他还求助于精通计算机的大学同学和朋友，通过半年的探讨、实验，终于研制开发出“阿强”鸡蛋的“网上身份查询系统”，这在上海所有农产品营销系统中属于首家。从此，“阿强”鸡蛋的包装盒中多了一张薄薄的卡片，提醒消费者可以根据卡片上标明的查询号码和生产日期，到上海农业网上查询与这盒蛋有关的信息，比如：产蛋鸡舍、蛋鸡周龄、蛋鸡品系、饲料饮水及检验结果等，甚至还能看到鸡舍及员工消毒、喂养的视频画面。打那以后，市民购买“阿强”鸡蛋就更放心了，而消费者放心的结果，直接带来了经济效益的增长。有了“身份证”的鸡蛋销量迅速大增，仅2003年7月到年底半年时间，“阿强”鸡蛋的销量就比上年同期增长了2.5倍。

小试牛刀的顾澄勇利用自己的专业知识初次尝到了成功的味道，不过，这离他所追求的目标尚有很大差距。在日复一日同鸡蛋打交道的生活中，他发现小小的一枚鸡蛋里面的学问很大。通过对国内外一些著名企业的研究，他又认识到，知名商品，其实就是在卖一种理念，“阿强”鸡蛋如果不能做出自己的特色来，鸡蛋就永远只是一枚鸡蛋，想要做大做强很难。于是，富有创意的顾澄勇从包装开始重新打造自家的鸡蛋品牌。他逐一设计并修改了阿强鸡蛋的包装，将“父亲时代”那些缺乏特色的包装，改造成了时尚、方便的包装。设计包装图案，对于一个计算机专业的学生来说简直是小菜一碟。没用半年时间，厂里95%的鸡蛋包装全被他改了，且所有的鸡蛋上都打上了“阿强”两个字。

包装改得差不多后，顾澄勇灵活的脑子又转出了新的念头。他很小的时候就听说过，蛋鸡刚开始生的鸡蛋，俗称“头窝鸡蛋”，虽然个头小、蛋壳硬，但营养价值却极高，是传统概念中的“滋补品”。如果单独把“头窝鸡蛋”挑出来，应该很有市场吧……想到就做，万不可懈怠。很快，上海市面上蓦地出现了阿强“头窝鸡蛋”的身影，很快就受到了市民的欢迎。由于“头窝鸡蛋”数量有限，价格自然比普通鸡蛋翻了一倍多。这样一来，单凭“头窝鸡蛋”，顾澄勇一年就可以多赚35万元。

仅仅是自家厂里的经济效益有了提高，这对小顾来说，还是远远不够的。他多么希望能够带动整个大农业的进步。于是，他一鼓作气，又开发了茄子、青菜、黄瓜等蔬菜的身份查询系统，随后向闵行、金山等郊区的龙头企业介绍和推荐，试图以自己的微薄之力，为整个大农业的信息化发展做一点贡献。他的想法迅速得到企业家们的相应。如今，农业信息化这片大天地已经在他们的手中发展得红红火火。

点评

无论是工作还是创业，如果选择自己擅长的行业，最容易取得大成就。不过，一旦真正面临选择时，按此去做的人并不多，象顾澄勇这样理智而有胆识的大学生为数很少。更多的人奉行这样一个理论：名气选大的、待遇选高的……很多年轻人是在工作一段时间后才认识到这一点的。

【案例5】 秦英林出生在河南省内乡县马山口镇河西村，祖辈都是农民。1985年，他考入河南农业大学畜牧专业。1989年毕业，他被分配到南阳市一家食品公司工作。1990年结婚后，他和妻子过起了许多农村娃梦寐以求的城里人生活。

日子过得甜甜蜜蜜，上班坐办公室，下班回家，一切按部就班。但时间久了，秦英林思索起来：干的与学的关系不大，自己刻苦学习到底为了什么？他又想到，像父亲这样的农民在农村不知有多少，为什么不利用自己所学，做点真正有意义的事呢？秦英林萌发了回乡创业的念头，但他还是犹豫了3年。这3年里，秦英林为南阳的几个朋友设计猪舍、调配饲料。小试牛刀，就得到大家的赞赏，他从中看到了自己的价值所在，更坚定了回乡养猪的信心。1992年秋，他辞职与妻子一起回到家乡河西村，开始了“猪倌”生涯。回家后，周围是一片反对声，但巨大的压力没有压垮秦英林的信念。为筹建万头猪场，他向家人和朋友借了3.1万元。无论白天和黑夜，他都住在用玉米秆搭起的小窝棚里，架电线、建水塔，样样都干。他还发挥自己的专业知识，设计出砖拱结构的猪舍，使造价降低了90%。

1993年6月，秦英林从郑州和南阳买来22头良种猪，梦寐以求的事业起步了。乡亲们马上就发现，大学生养猪与农民养猪的确不同。秦英林招聘的饲养员都是职高毕业生，他还经常给他们上课；他专门制订了一套隔离和防疫制度，一般人不能接近猪舍；他用营养学理论配制的饲料，让猪一天能长1公斤肉；给猪做肠道切除手术时，他亲自用手把猪粪掏出来；从国内到美国、法国、巴西等国的养猪场、兽医站和实验室，他四处考察学习……

秦英林的事业迅速壮大，创业第4年，他的资产就达到400万元。随后，他还主持了国家级星火项目——瘦肉型猪的产业化开发，年创社会效益上亿元，不仅使数千人实现了就业，还让自己的人生价值得到了更好的体现。

从事农业的人大多是农民，他们靠传统经验经营农业生产，几乎没有商业因素含在其中，自然就不会产生更多效益了，这和当今社会的整体形式不相适应。所以，一旦我们将先进的管理方法融入这个行业，必然在竞争中处于优势地位，实现成功的可能性也就更大了。

几千年来，中国的经济皆以农业为主，即使是在工业科技高度发达的现代社会，一旦脱离农业，社会一样无法运转。既然都是从商，就不存在行业贵贱，只有利润的高低之分。我们都应该在自己熟悉和感兴趣的领域开辟一片新天地，尤其是对于掌握高科技及工业管理知识的大学生而言，在求职困难的情况下，更应该考虑回到农村发展新型的农业经济。

点评

而今，国家采取了新措施，最让人振奋的是“土地也可以采取规模化的经营”，此为当代中国领导人明智的决策，这也意味着又一座巨大金矿马上要被开掘。当然，迈第一步是最困难的，这主要是心理障碍。其实，农业是发展潜力巨大的商业经济，和计算机、金融等高科技无任何实质性的区别；只要放开思想，深入其中，不惧闲言碎语，始终坚守自己的思想和方向，定能有所作为。

三、作物种植

和畜牧养殖相比，作物种植更是农业经济的一个重要支柱。所谓种植，就是在土地上耕种作物的一种经济形式。就传统的农业经济来说，种植显然没有养殖的效益高。不过，作为经商者而言，利润回报高的不一定可以赚钱，这就像解数学题，大家都知道简便算法好，但万一自己想不到好的简便算法呢？所以，能够解决问题的方法才是好方法。商业也如此，只有自己能够赚钱的行业才是适合自己的事业，一旦专注于自己熟悉的行业，做大做强，一样可以与其他行业并驾齐驱。

【案例1】 林枫读的是林业，很多人认为学这个专业的大学生毕业后同农民也差不了多少，但林枫的选择却出人意料。他从北京毕业后直接回到浙江老家，承包了一个苗圃，扦插、嫁接、实施大规模种植，还专门进行日本红枫、美国红枫、黑橡胶树等进口彩色树的引种，效益惊人。

彩色树在园林绿化中起“画龙点睛”的作用，很受人们青睐。不仅城市公园、大片绿地需要，住宅小区的绿化缺不了它，甚至连私家庭院也逐渐对彩色树情有独钟起来。彩色树需求量扶摇直上，价钱自然水涨船高，一岁年龄的红枫苗一枝单卖就是近百元。林枫创业两年后，资产已达数百万元。

同样是种植方面的创业，某媒体曾报道过这样一件事情：一亩地一年总产值32万元，纯利润9.6万元。在传统的农民看来，这和当年的浮夸风差不多，多数农民只能是笑笑了事，但在现代商业经营者看来，这样的事情并不奇怪。这就是在花卉市场逐渐走向低迷的情况下，天津市大顺园林公司创造出的奇迹。

【案例2】 大顺园林的杨经理是一个有创新思维的人。他的花一进入市场，就能显出独有的精气神儿，常常是经销商刚来大棚订上货，花还没搬走，就已经找到买主了，这样一来，经销商不费任何周折，每盆花转手就净赚5元多。

杨经理是花卉专业毕业的，他养花严格地按科学步骤进行。所有的花都严格控制温度、湿度、光照度等，预防、消毒、打药也严格按技术要求进行，工人们无不经过良好的训练。一般养花的都是看市场上什么花好卖就种什么，而杨经理不然，他总是希望找到新品种来引导市场。他常年奔波于国内外的花卉市场和花展，广交花友。一次，他在荷兰的花卉展览会谈好了几个新品种，人一回来，花就运到了。还有一次，他购买的宝莲灯小苗运来后，成花还未长成，就已订出去。一个棚有5000盆宝莲灯，每盆批发价300元，而市场价达到五六百元，甚至上千元，利润之丰厚由此可见。

杨经理的进口花卉种植共12万平方米，用相对简单的设施养出与国外一样高品质的花卉，国外友人来了后，无不拍手说“OK”。现在，园林里小组长共20多人，全是中专以上学园林、园艺专业的。杨经理每出国一趟，总要拍下许多花卉照片给职工看，让他们细加体会。公司还与比利时、荷兰等国的专业公司定期进行技术交流，常有外国专家来公司讲课，传授经验。每次遇到疑难病虫害问题，他们都通过传输照片寻求技术支持。

而今，很多养花的人已经感到，花不是很好卖了，而杨经理120亩地的花棚一年的纯利润就近1740万元，这说明了什么呢？其实，他的经验很简单，就是只要不断追求科技的高峰，市场永远是无限的。一句看似平常的话，很值得我们好好反思。

点评

无论是靠养殖还是种植来进行创业，都有很多成功的案例可参考，在这里，笔者没必要举出太多的例子。这是一个可以轻松进入的行业，特别是学农的学生，当然还有本身就出自农村的学生。国家在农业方面有很多诱人的政策，从事与农业相关的创业必然会得到更多的帮助。但在前面说过，在这个行业创业最重要的是如何摆脱世俗观念，肯扎进去。

四、餐饮外卖

这是一个最古老的行业，在我们这个民以食为天的国度里，无论任何时候，饮食文化都不会落伍。经常听到这样的说法，中国人无论到了哪个国家，如果没有什么好的创业项目，开饭馆就是最好的选择。随便开个饭馆，只要附近的人流量不错，一般都能维持下来。从这点来说，这种方式也是最简单的创业项目，但如果要靠此做成大事业，仅仅开个小餐馆还不行。和店铺经营相比，餐饮的特色经营之道更是制胜法宝。高德良的“太爷鸡”就是一个值得借鉴的商业案例。

【案例1】 1980年7月，高德良投资500元，以个体户的形式经营“太爷鸡”，第一个月就赚了2000元，而当时普通工人的月工资才24元左右。

高德良的祖爷爷姓周，是江苏人，清朝时被派往新会和花都县任县太爷。周太爷用家乡做法熏制广东的卤水鸡，别有一番风味。这道菜慢慢流传了下来，大家都称之为“太爷鸡”，高德良自然也学会了家传手艺。1980年，他就想到了用这一祖传手艺来养家糊口。

1980年7月，高德良花200元租了个两三平方米的售货亭，200元买材料，100元做流动资金。然而，事情并没有那么顺利。当时，工商局怀疑有人拿牌照出租，因此对发牌照非常谨慎，而且对高德良自称的“祖传手艺”也颇为怀疑，于是约定要对他进行“考核”——半个小时内要当着“考官”的面做出一只“太爷鸡”。考牌当日，高德良一早煮好开水，工商局两位“考官”一来，他便在狭窄的厨房里，开始杀鸡拔毛。半个小时过去了，高德良捧出一只香喷喷的“太爷鸡”。“考官”们一尝，果然名不虚传，遂给他发了牌照。

高德良开业第一年净赚了3万元，迅速成为“万元户”。1987年，高德良凭“太爷鸡”赚来的80多万元在香港买了房产。上世纪90年代始，高德良的生意稳步发展，有时，1年营业额竟达900多万元，每年都有一两百万元的利润。20年来，高德良已经赚到了几千万元，但他认为，做企业重在“做强、做精、做长”，而非做大，他愿意稳步前进，每年赚个百万元，做永远的“百万富翁”。现在，他在广州已经有4家分店，还在香港注册了2个公司。

点评

做餐饮不在乎店面开的多气派，而主要是其经营的特色，没什么特色就贸然开店，有如一个职工食堂，肯定不会吸引顾客的眼球。我们再说到现在比较火的小肥羊火锅，几年前不过是内蒙的一家小店而已，但现在全国各大城市，几乎处处能看到它的分店。这就是靠它的特色“涮羊肉”所带来的成功。

【案例2】 28岁时，吴利忠瞄上了油炸臭豆腐。在上虞，说起松厦镇祠堂弄的“臭豆腐”无人不晓。这个小摊的主人沈天智老人从17岁开始炸臭豆腐，整整炸了60年，用当地人的话说——“都成精了”。吴利忠每次路过都要吃个够。就这么一口锅子，一个煤炉，整个上虞卖臭豆腐的就属这摊最火，有时一天净赚100块，颇让人羡慕。“现在还是小打小闹，这门技术一旦经营起来……”吴利忠眼睛一眨，决定拜师学艺。

吴利忠跑到沈天智的臭豆腐摊不下几十次，软磨硬泡，却被沈天智一句“这技术要带到棺材里去”给顶了回来。尽管托遍了亲朋好友找关系说情，倔老头仍将他拒之门外。吴利忠近乎绝望了，但眼睛一眨，又生出了主意。第二天，吴利忠把沈天智的老伴悄悄叫到了一边，嘴上像抹了蜂蜜般说道：“师母，您就让师傅收我作徒弟吧，你们二老再做个一年最多也就赚两三万，还不如我给您3万元的学费，让我看你们干一个月的活，接下去的11个月你们就休息吧。”这一番话把老太太心中的弦给说活了，倔老头再倔也倔不过老伴，只得默认了吴利忠这个徒弟。

拜师学艺的那一个多月是一年中最冷的时节，吴利忠的家离师傅家有20多里路。师傅一般是早上3点起来做豆腐，吴利忠只得凌晨两点起来赶去学，个中辛苦自不待言。出师之后，吴利忠也学着师傅，一个炉子，一口锅子，在小巷里摆了个小摊炸起了臭豆腐。其实在练习阶段，他已经动起了另外一个脑筋。

2002年4月，一个名为“六十年老磨坊”的臭豆腐专卖店在上虞市区开张后，几乎轰动了整个上虞。这是中国第一家臭豆腐专卖店。“5块钱8小块的臭豆腐是贵了点，但别人都是小摊子，开个专卖店老百姓才觉得新鲜、干净，肯定有人觉得值。” 这个信念是支撑吴利忠开店的原因。

开业第一天，顾客排着长队来购买。这时出了个小插曲焦炭炉子连点了4次都没点着，没想到歪打正着，臭豆腐虽然出炉慢了，队伍却总不见短。路过的人见那么长的队，都猜肯定是好东西，于是，队伍在街上七歪八扭地延长了好几十米。

吴利忠这一路走来看似顺理成章，实则处处有心机。单说店名，一来显示了吴利忠的孝心，即为纪念80岁老师傅六十载的臭豆腐生涯；二来也显示了他的臭豆腐历史悠久，经久不衰。

有了专卖店，吴利忠还提供包装外带，他为臭豆腐量身定做了一个包装盒——画上几桌古人尝着臭豆腐抿着绍兴酒，古色古香，很拿得出手。这可能是关于臭豆腐的第一个包装。上虞“六十年老磨坊”的红火已经延续至今，可吴利忠还是认为尚属“小试牛刀”，说白了，他不满足于每天几百元的收入。

吴利忠一直等待着下一个机会的来临。2003年10月，为了让八方游客都能尝到最正宗的绍兴传统“臭豆腐”，绍兴“鲁迅故里”面向全社会开展了“谁能做绍兴最香的臭豆腐”的征集活动，最后的赢家将获得绍兴第一名小吃“三味臭豆腐”的经营权。刹那间，各地上百名“臭豆腐”制作高手云集一地。

吴利忠觉得走出上虞打入绍兴的机会来了，便毅然揭下英雄帖。这次比赛不仅要考炸臭豆腐的技艺，还要求进入前五名的选手提交一份今后对于臭豆腐店的经营思路的规划。吴利忠的计划书令人大开眼界，他说要把臭豆腐店以连锁专卖的形式加以发展，有统一的店内装潢设计、统一的包装盒设计等等，计划书厚厚一叠，匠心独具。

经过一个多月的激烈角逐，吴利忠以绝对优势成为三味臭豆腐店掌门人。这次“比武大赛”使他名声大噪，从开业第一天起，三味臭豆腐店就“火”了。吴利忠趁热打铁，没过多久，在绍兴古玩市场和鲁镇两家以“吴字坊”为名的臭豆腐店也顺利开张了。生意好的时候，每天营业额都在两万元以上。臭豆腐接下来的发展完全按照吴利忠的想法，走全国连锁的道路。吴利忠向当地工商申请注册了臭豆腐的首个商标——吴字坊，并将炸臭豆腐的技术也申请了全国专利。随后，在连锁推广上，吴利忠选择了一种较为省心的经营方式——地区代理。他只管地区代理，不同地区一次性交付不同的加盟费，每年再上缴一定的管理费即可，而一个地区开多少个连锁店他不管，这些都由地区代理负责，这么一来，他就少了许多麻烦事儿。

至今，吴利忠在全国已有60个地区代理，共计200多家连锁店。吴利忠称自己仅加盟费、管理费和其他一些外围收入，每年就坐收了利润百万元。

点评

像吴利忠此类创业方式的确有些特殊，但归根结底依是靠臭豆腐这种食品取胜的，只是在经营上引入现代经营理念，比他师傅传统的经营方法进步不少，这才使得他能迅速成功。这给了我们一个启示：用现代的管理方法改进传统的经营模式，成功的可能性一定很多。

【案例3】 1998年，已经38岁的贾亚芳主动下岗，只为做点自己想做的事。没了工作，也断了后路，贾亚芳不得不去寻找适合自己的商机。一次，她在做市场调研的归途上，坐在一个凉皮小摊旁休息。闲聊中，她得知摊主一个月能赚1000多元钱，这多少有些出乎她的预料。贾亚芳私下盘算：一碗凉皮赚4毛钱，一天卖50碗能赚20元，一个月下来就能赚600元，比她原来一个月的工资还多200元，而且凉皮成本低，是个很不错的选择。接下来的几天，贾亚芳到西安的各凉皮摊点考察了一番，决定先批发一些卖卖看。

贾亚芳先到菜市场买回调凉皮必需的绿豆芽，又到凉皮批发市场批了50斤凉皮。之后，她马不停蹄地赶到一家工厂门口，抢占了一个有利位置，等待顾客。头一天，除去40元的成本，50斤凉皮让贾亚芳净赚了20多元钱。第一个月，她赚到了1100元，小小的甜头让贾亚芳坚定了继续做下去的信心。几个月后，贾亚芳已经有了几千元的积蓄，她琢磨着如何把生意做大。经过一番市场调查，贾亚芳发现西安市内没有一家既蒸凉皮又卖凉皮的餐馆，她认为这是个难得的机会。

很快，贾亚芳在一个人流量大的服装批发市场旁租下了门面，开起了既蒸凉皮又卖凉皮的凉皮店。2200元的房租加上5个服务员、一个蒸凉皮师傅的工资，每月的开销将近5000元，这也就意味着每天至少要卖200碗凉皮。凉皮店开业第一天卖了160碗，第二天卖了近200碗，以后就不见涨了。不到2个月，凉皮店亏损了3000多元，贾亚芳不得不关掉了店面。

贾亚芳认为，小店关门主要是因为凉皮没特点，吸引不了回头客。于是，她花了几个月时间走遍西安所有的凉皮店品尝。功夫不负有心人，贾亚芳终于了解到西安的凉皮主要分为汉中凉皮和秦镇凉皮两个品种，汉中凉皮柔软细腻，秦镇凉皮硬爽耐嚼。贾亚芳决定把这两种凉皮的优点综合到一起。为此，她亲自洗米、泡米、打浆、蒸制，每个细节都认真地做记录。经过多次试验，她终于研制出了细而不腻、柔软爽口、口味独特的凉皮，并为其取了个特别的名字——“捷尔泰”凉皮。

这次，贾亚芳没有贸然行动，她想先探探市场。她在一个路口用三轮车摆上摊，见没人买，就把调好的凉皮送给路边修鞋、卖小玩意的师傅免费品尝。师傅们品尝后连连称赞，引得过往行人驻足观看，之后，许多路人开始掏钱买一碗尝尝。凉皮的口味很快受到了人们的喜爱，渐渐地，回头客成了主流。眼见自己制作的凉皮有了稳定的消费群，贾亚芳又开起了凉皮店。第一个月下来，贾亚芳赚了1万多元，以后的几个月收入节节攀升。先前反对的丈夫看到卖凉皮还真是大有赚头，索性辞了职，帮贾亚芳打理生意。半年时间，夫妇俩就赚了近10万。

随着“捷尔泰”凉皮在西安声名鹊起，全国各地不少人寻求加盟连锁。现在，贾亚芳的凉皮连锁店在全国已有180多家，但她仍不满足，她的目标是让“捷尔泰”凉皮走上全国人民的餐桌。

点评

这又是一种常见的成功做法。我们不难看出，所有这些成功都有一个前提，那就是在操作的过程，要不断基于本行业实际情况及客户的需求进行创新，只有逐步完善自己的产品服务，才能与众不同，从而争取更多的客源。任何商业模式，在操作过程中都须嵌入这种创新思想，一切以满足自己“上帝”的需求为中心。一旦偏离这个主旨，很难取得成功。

世界进入网络时代，餐饮的发展也不能过于滞后，如果把传统的餐饮业和网络结合起来，那会有怎样的效果呢？许雯的网上快餐就这么应运而生，并取得了巨大成功。

【案例4】 许雯1993年高考落榜后，自费到广州上了一所民办大学，专业是冷门的档案管理专业，这给她后来的求职带来重重困难。毕业后，因为想多挣钱供妹妹读书，她就把求职目光转向了广州各大公司。一次次求职碰壁后，她的白领梦彻底破碎了。为在这座精英遍地的南国都市生存下来，许雯只得走进一家外国人开的酒吧做服务员。薪水加小费，每月也有近2000元的收入。

一天下午，许雯为在电脑公司工作的男友送午餐。当饭盒一打开，色香味俱佳的菜肴和广州人爱喝的靓汤，立即引起同事们的赞叹。她由此突然悟到：现代人的生活节奏快、工作压力大，写字楼里的白领们根本无暇准备午餐，往往只随便吃点小吃或去麦当劳、肯德基等洋快餐店，这样既不经济也不营养。如果将精心制作的配餐和营养丰富、热气腾腾的家煲靓汤及时送到这些工作繁忙的白领一族面前，一定会有市场。

许雯为这个想法兴奋不已，她准备利用自己出色的厨艺，在一个公司林立的商业区开家餐饮店。可是广州繁华地段的房租贵得惊人，一个不大的店铺每月都要2万元房租，一旦做起来，她的小店很可能会入不敷出。就在这时，许雯的男友为她出谋划策——有一个不需要投资的经商方法，对想当老板但又苦于缺少资金的年轻人很适用，那就是“网上零成本创业”。男友告诉许雯，国内的一些个人电子商务网站都在供应免费“午餐”，生意都不错。网上开店，不需要每月花大笔租金租赁铺面和仓库，也不需要层层申请的烦琐手续，甚至可以说不用任何成本，只要你是一个合法网民，有需要出售的物品，都可以在互联网上过一把老板瘾。真是“一言惊醒梦中人”，对互联网并不陌生的许雯听了男友的点拨后茅塞顿开。

为搞好自己的网上餐厅，许雯查阅了大量食谱，专门为顾客精心设计出20多种不同风味、搭配合理的套餐。随后，她将一台二手笔记本电脑拎回住处，并买了一台调制解调器，连上了互联网。接着，男友为许雯制作了一个精美的网页，经过半个多月的准备，“味思特网上快餐店”终于在当年春节前的一天开始营业。

许雯印了3000张折叠式加香名片，外层有“味思特”的网址和电话，展开后又有各式各样的套餐和靓汤名字映入眼帘。小许将这些名片散发到市区内一幢幢摩天写字楼里之后，就开始坐在家里的电话机旁，盯着电脑屏幕，期盼着订餐邮件或电话的到来。可喜的是，从次日做成第一单生意开始，网上订餐的人逐渐增多了。尤其是3个月后，一到中午，许雯房间里的电话铃声就此起彼伏，应接不暇，订餐E-mail几乎挤满了她的电子邮箱。到1999年，已经有近30家公司成了“味思特网上快餐店”的长期订户。后来，许雯只得雇了10多名负责上门送餐的员工，并请了两位厨师按她的设计方案做出不同档次的套餐和靓汤。为了保证质量，她严格控制数量，每天只制作600盒配餐。为搭配每盒快餐，她额外赠送顾客一款任选的靓汤，这让她赢得了不少回头客。

每周一，许雯就把这一周的配餐计划发布在网页上。她每天按时上网接收订单，并与大家开展交流。她每天早上5点就去菜市场精挑细选原料，回来后严格按食谱配料，烹制过程一点都不敢马虎。有一次，一位订户接到“味思特”的快餐后，嫌送餐员工用的时间长，饭已经不太热了，便发了封邮件给许雯，述说了自己的不满情绪。许雯看到顾客的反馈后，当即骑上摩托车，亲自将一份冒着热气的“精品套餐”和靓汤送到对方手上，她对顾客说这一餐是免费赠送的，并诚恳地代表手下员工向对方赔礼道歉。这件事传开后，“味思特网上快餐店”在白领食客中更是声名鹊起。

发展到2000年，除去成本和员工开支，小许每月至少有1万元收入，这相当于一个硕士生在公司里做主管的月薪。然而，就在“味思特”的食客队伍不断扩张时，许雯却决定放弃这盘生意，开启一扇更壮美的创业之门。

点评

这是一个时势造英雄的时代，成功越来越被大众化了。餐饮这个古老的行业，现已面临着新的革命，而有变化的地方就有商机的存在，就看你能否抓住。根据自己的实际情况，选择适合自己的创业项目，改变命运的契机或许就此到来了。

在当今，吃的意义已大大改变，吃饱早已不是商业专注的核心目标了，而以吃为主旨的附加值却越来越被餐饮行业的领导者所关注。生产力决定生产关系，生产关系对生产力起着反作用，体现在餐饮业上就是顾客的需求决定了餐饮业应该提供什么的服务。反过来，餐饮业的创新服务也在很大程度上引导着顾客的需求。只有紧跟顾客的想法，在顾客审美观淡化之前进行创新，借鉴其他行业新颖的服务方式，方能长久处于不败之地。

五、运输物流

运输包括水运、铁路运输、公路运输、管道运输和空运。与其说运输物流是一个生产性活动，不如说是个特殊的服务行业。它方便了顾客和企业产品的直接交流，其质量直接影响到消费者对产品的评价和企业效益的好坏。现代新兴的电子商务等行业更是以发达的物流业为基础，根据可靠资料显示：物流成本已经占销售成本的50%，有的行业这个比例甚至更高，而且总额还在迅速增长之中，是一个发展前景极其看好的行业。

运输是大行业，我国幅员辽阔，人员众多，无论是货运还是客运，都是一个不可忽视的大市场。但是，由于这个行业的特殊性，很多年青人都认为这个领域的机会不多，技术含量也不高，所以，在讨论创业时，也少有人从这方面入手。

尽管存在这样那样的情况，但整个市场的规模确实不可小视。凡是国家监管的行业，人际关系的重要性就特别明显，既如此，就要多留意自己身边是否有这样的资源，如能好好利用身边的关系，便可事半功倍。这又回到我们第一章所讲的空手道了。这不是什么纰漏，因为创业本来就不是一个单一的事情，只要能在法律允许的范围内实现目标，就是最好的机会，那句名言说得好："不管黑猫白猫，抓住老鼠的就是好猫。"

【案例1】 深圳成为改革开放前沿后，郑卓辉看着原先破败不堪的家乡一天天繁盛起来，开始坐不住了。妻子把家里的一头猪拉去卖了，换了200块钱，这是他们起家的唯一资本。

郑卓辉用这200元钱，买了一部几乎"一步三喘"的旧手扶拖拉机，决定到河里挖沙，然后运到建筑工地去卖。当时正是深圳高速建设时期，工地遍地开花，一拖拉机河沙，可以卖到5元，这对他来说已经不算少了，因为当时的国营企业工人，辛辛苦苦干一个月，才挣四五十块。

就这样，郑卓辉竟然在很短的时间内，发展到拥有6部手扶拖拉机。别人有了钱就买东西盖房子，而他一直没盖，仍然住在那个破烂的小屋子里，正是因为他赚的钱全部投入了生产，所以才发展得那么快。

手扶拖拉机从1部变6部后，郑卓辉即便有三头六臂也忙不过来，必须请帮手。而那时候，雇工是一个敏感而有争议的问题，政府文件规定，最多只能请两个帮工，带5个学徒。胆子很大的他开始偷偷摸摸地雇人。他是最早用外来工的人，因为开拖拉机比较辛苦，当地人不愿意干，他就到外地去请，一部拖拉机配两个人，一下子就有了12个雇工。然而，这些外来工让郑卓辉陷入无休止的烦恼之中。当时派出所时常把工人抓起来，或说郑卓辉“剥削”，或说他的雇工没有户口。后来就干脆罚款，一个工人罚了20块钱后，才准他领回去。即使如此，他还是坚持了下来。

1985年，随着个体私营经济的迅猛发展，雇工争议慢慢淡化，但靠手扶拖拉机挣钱已经很困难了。郑卓辉心一横，将6部拖拉机全部卖掉，买来推土机、挖土机，去做大型土石方工程。适逢深圳大亚湾兴建核电站的第一期工程，他的土石方车队在那里“移山填海”，发挥了巨大作用。从1985年到1990年，靠一点一点的积累，郑卓辉的资产突破百万元。到1998年涉足房地产业时，郑卓辉已经成为拥有3家分公司和26间连锁店的大老板。

社会越发展，物流的地位也就越重要。现在，很多网上交易方便而快捷，但最终还是要靠物流来实现。另外，随着社会经济的迅猛发展，现在全国都遍布高速公路网，运输物流业发展的速度将越来越快，商机自然会不断涌现出来。这个行业的特殊性，使得没有关系网的人运作起来难度很大。但创业就像作战，应充分调动一切可以利用的资源，不要仅局限在身边的琐事上。

点评

创业过程就是一个开发未知事业的过程，只要理论上可行的商业计划，都可放手一搏。在行动中，难免会遇到这样那样的突发困难，此时，意志薄弱者很容易临阵退却，其结果就是不战而败。其实，无论做什么事情，都要做好应对突发困难的准备。上班族都有这样一种工作心理：这是自己的工作，是老板强加的命令，如果不能顺利完成，肯定会被炒鱿鱼。在这样的背景下，你不得不坚持下去，结果会发现当初认为无法逾越的困难没多久就被搞定了。

美国《财富》杂志列举全美国发展最快的500家公司中，34%是靠不到1万美元的资金发家的，还有59%是靠不到5万美元的资本发家的。我们面临的情况正从越大越好转向“小的就是好的”，1万元钱，根本算不了什么，但还是可以让你做任何你想做的生意，并让你最终富裕起来。

小公司之所以能适应这个世界，首先是因为船小好掉头。当今世界，各种信息相互交织，商场风云变幻，而小公司因为对市场的感觉非常敏锐，可迅速根据市场信息及时改变其经营方式或产品性能。大公司由于其管理模式的稳定及僵化，对市场的反映较为迟钝，即使捕捉到了市场变化，也很难立即适应。

小公司的负责人往往就是老板，他们享有自己安排工作的自由，能够独立作出决断并在经营过程中及时贯彻自己的意图，而不用同其他人商量。另外，对于风险和经营计划可随时更改，准确发布指令，这同大公司冗长的会议形成鲜明的对比。许多有志的青年愿意独立创业正出于这种原因。在工业化时代，高大的厂房和烟囱成为公司实力的象征，当你乘车在波音公司巨大的车间内穿行时，更加叹服于工业化时代的伟大，也更加折服于世界上许多大公司的经济实力。然而，当你仔细看了这些股份公司的年度会计报表后，你同样会对这些公司的赢利水平感到吃惊。在美国赢利率最高的公司名单中，你看不到波音公司、福特公司、通用汽车公司这些“巨人”的名字。相反，戴尔公司、微软公司等没有高大厂房，雇员也很少的公司却榜上有名。在日本，世界著名的松下电器公司、马自达公司、丰田汽车公司的赢利非常丰厚，但与任天堂公司相比，它们的赢利水平就要大打折扣了。任天堂公司的雇员不到200人，是一个专门开发游戏软件的公司，其总部只是一座4层小楼而已，而产生的利润却非常惊人。

在后工业化时代，世界各国的大公司都先后陷入了“大企业病”，他们步履维艰，生产与销售僵化。与此相反，小型工商业在世界各国蓬勃兴起，逐渐成为各国经济的中坚。虽然大公司仍在基础工业领域占据领袖地位，但小企业以其经营的灵活性，正处在如火如荼的上升阶段，难怪有一位著名的经济学家说：“未来是小公司的天下。”

刚从学校步入社会的学生，最羡慕的就是白领阶层了，大概是因为他们出入各种高档商务楼，谈项目，做生意……好像无所不能。白领始终走在时潮的前沿。他们素质很高，接受过高等教育，所以能够迅速接受新鲜事物；他们薪水也很高，于是爱享受，喜欢小资格调。

可大家不知道，白领其实过得也很辛苦。每天早晨闹钟响起时，他们心里有一万个不情愿，也得起来，老板则是爱几点到公司就几点到；上下班的高峰时段，为了省钱，他们必须为挤公交车而出一身臭汗，老板则是专车接送；休假时，他们搭火车转转国内风景区，老板则是飞往世界各地；每月收入，员工是数以千计，老板是数十万或数百万。更“可恶”的是，在打工生涯中，他们还经常被本事不如自己的老板训斥……这样的日子每天都在延续，要不是为了月底的那份薪水，哪能眼见自己的剩余价值不断被盘剥？

尽管白领晚上可约上两三个好友从一个酒吧游弋到另一个酒吧，但他们的责任也很重。比如，房子的分期付款没还完，车子也没买，为了让薪水袋子再厚实一点，每天工作8小时显然不够，长期下来，沉重的压力让白领不堪重负，身心憔悴。仅仅依靠工资来生存，没有其他的收入，某一天，白领蓦然地发现，自己距离社会精英的标准越来越远了。

人之一生类似于象棋对弈，当对方将你的军时，你如果总以防御的心态去对付，其结果必然是时时处于被动状态，最终落马呜呼。高手断然不会这么做，他会给你来个反将军，甚至不惜牺牲几个厉害的棋子，这不仅可以扭转整个战局以争取主动，兴许还可赢得最终的胜利。我们在面对困难时，也应该怀揣这种胆识和风度。不要顺着困难的思路，否则，自己就会被莫名地带入死胡同；如果反其道行之，针对困难的核心进行攻击，直接进行“斩首行动”，就能迅速找到出路。一味地对细枝末叶进行修补，结果会更糟。

六、店铺服务

这也是一种古老而传统的创业方式，特别是随着时代的发展，这样的创业方式不仅普及开来，而且格外流行。在网络社会，店铺已经不单指开个传统意义上的店铺，还可以在网络上开店。很多情况下，我们可以一边工作一边创业，当下，还没有比这更降低风险的好方法，当然，你也可以将之作为一个爱好来操作。

世界上有两大民族善于经商。一个是亚洲的中国人，中国人漂洋过海到一个新的国家，开始时一无所有，几代之后，就成为当地的富豪，甚至于控制了这个国家的经济。像泰国、马来西亚的很多华人在当地都是富豪，如今，全球五千万华侨所控制的资源是非常庞大的。

另外一个民族是犹太人。犹太人认为这个世界上是男人挣钱，女人用男人的钱持家。所以，虽然钱是男人挣的，开支权却在女人手里。因此，做生意一定要掌握这一点：只有打动女人的心，才能使生意成功。如果你要投资，可以先从这个角度出发以确定生意方向。日本商人沟口雄二便是运用“女性生意经”的好手。

【案例1】 沟口雄二在繁华的东京银座开了一家百货商店，可是他的生意却不好做。开业两三年，生意一直冷冷清清，这让沟口雄二大惑不解。善于动脑筋的他决定到那些生意好的地方去瞅一瞅。

通过长时间的观察，沟口雄二总结出，平时光顾百货公司的人中女性要占到80%，即使有男子来商店，也大多是陪妻子购物，很少单独买东西。在这些女顾客中，白天来的多是家庭主妇，晚上5点半以后来的是下班后的小姐们。认识到这一点后，沟口雄二决定将自己的百货商店的营业对象限定在女性身上。

为尽可能地吸引女性，沟口雄二将自己所有的营业面积全部用上，分别针对家庭主妇和上班的小姐，把正常的营业时间一分为二：白天，他摆设家庭主妇感兴趣的衣料、内裤、实用衣着、手工艺品、厨房用品等实用类的商品；晚上，则变成一家时髦用品商店，将朝气蓬勃的气息一下子带入了商店，以便迎合那些年轻的女性。光是袜子就陈列了许多种，还有内衣、迷你裙、迷你用品、香水……都是年轻人喜欢的样式和花样。凡是年轻女性喜欢的、需要的、能够引起她们购买欲望的商品，沟口雄二都尽量满足，还特意把它们摆放在显眼位置。在这里，年轻女孩子所喜欢的东西几乎应有尽有。

沟口雄二的新式经营方法，果然取得了很好的效果。来他商店的人越来越多，而沟口雄二不久就遇到了这样的问题：他的营业面积太小，如果完全模仿大的百货公司，做到各种花色品种都有的话，那么只有向专业化发展，只经营一类商品。他经过思索，决定将其他商品换下来，只经营袜子和内衣。

开始的时候，常来的顾客对这种经营方式不理解，但沟口雄二相信自己的选择是对的。不久，这家专门经营袜子和内衣的店铺的名声就传开了，许多购买袜子和内衣的女性都不约而同地到沟口雄二的商店来。别的商店要卖250日元一双的袜子，沟口雄二尽量廉价进货，然后以每双200日元的价格卖出，同时将袜子的种类大量增加。沟口雄二的专业经营法果然获得了成功，2个月后，袜子的销售额增加了5倍，光顾的人也越来越多。

袜子的销路获得成功后，沟口雄二如法炮制，又打起了内衣的主意。他从美国进口了最流行的样式，并进行巧妙的宣传。在内衣样式上一般没有多少选择，一旦出现新款式，就能迅速引发潮流。没过多久，沟口雄二的商店有世界上最流行的内衣的消息不胫而走，许多日本女性立即赶来先睹为快。其实，这种内衣同往常没有什么两样，只是更加性感而已。日本女性在家里一般穿得比较暴露，这种内衣正好适应了她们对丈夫和男友吸引的需要，故而销路大开。

沟口雄二完全站在女性角度上考虑经营的方式，这才使他的商店成为女性常来光顾的地方。不久，沟口雄二就赚了不少钱，现在，光分销点已达到一百多家。瞄准女性的生意往往大有回报，但一定要用心思考女性的需求。尝试以女人的心态去了解女性，就可取得成功。

点评

虽然是一个小小的店铺，但如果不用心经营，依然无法出头，正像沃尔玛，就是在细心的经营下，从一个小店铺走向世界的。沃尔玛超市是当今世界最大的企业之一，不过它的原型也是一个小店铺，可以这样说，沃尔玛现在还是店铺，只不过这个店铺不仅大得惊人，且分布非常广。

【案例2】 山姆和别人不同，他本人就是小镇从出来的，所以，他非常了解小镇。美国的小镇确实是小，上一万人口就算大地方。就小镇人口本身的消费能力来说，确实不大。但是，二战后公路网的发展，使得农村地区和小镇上的人们动不动就开车出门20英里。对消费者，尤其是低收入的乡下小镇人们而言，“低价”永远是不可抗拒的诱惑。

山姆和别人反其道而行之，只选择农村小镇为发展基地。他拿出乡下人的勤奋和固执劲头，将连锁店的优势用足：连锁店销售总量大，对于生产商来说就是一个大买主，可以把采购成本降到最低；而连锁店本身也将利润率降到最低，可使商品标价达到别人无法竞争、消费者无法抗拒的低水平。

沃尔玛就这样发展起来了。1962年，沃尔玛的第15家购物中心开张，1990年达1700家，到现在沃尔玛仅在美国就有3000多家，并且以每两个工作日新开张一家、每年打入一个新国家的速度继续发展。1980年的销售额是10亿美元，1989年就达260亿美元。每个星期，全美国有1亿人次逛沃尔玛。沃尔玛雇佣的工人人数在商界位居第一，总数仅次于联邦政府，但要知道，联邦政府的雇佣人数是把美国军队全算进去的。

沃尔玛超级市场和折扣商店，均有宽敞的停车场。店堂面积非常大，分门别类，从衣服百货、医药、珠宝化妆品到汽车零件、五金工具等等，沃尔玛超级中心甚至有种类齐全的生熟肉类蔬菜食品部门。举凡美国人日常生活需要的商品，几乎一网打尽，且质量有保障。店堂环境整洁明亮，全体店员永远笑容满面。沃尔玛的口号仍然是别家无法模仿的“永远便宜”。

点评

为顾客提供永远最便宜的商品，在当时确为经营上的一大特色。经营小店就是在特色上取胜，因为这样的店铺很多，顾客的选择余地极大，如果毫无吸引客户的独到之处，肯定不能取得突出业绩，也别想迅速壮大起来。在这方面，王永庆的做法值得后来者效仿。

【案例3】 1932年，16岁的王永庆在台湾嘉义开了一家米店，从此踏上了艰难的创业之旅。当时，小小的嘉义共有米店26家，竞争异常激烈。王永庆不知深浅，贸然投身此行，前景自然不容乐观。他的全部资金只有父亲东挪西借的200元钱，所以只能在一条偏僻的巷子里承租一个小铺面。由于米店规模小，地处偏僻，又缺乏知名度，在新开张的那段日子里，生意冷冷清清，门可罗雀。

怎样才能打开销路呢？王永庆忽然想起父亲常说的一句古训：“不惜钱者有人爱，不惜力者有人敬。”他没钱，唯一能做的是不吝惜时间和力气。那时候，稻谷加工非常粗糙，大米里有不少糠谷、沙粒。这种现象非常普遍，而买家卖家也习以为常，见怪不怪。王永庆却从这里找到了突破口。他和来米店帮工的两个弟弟一齐动手，将夹杂在大米里的糠谷、沙粒统统清理干净。这一来，他店里的米质比其他米店自然要高一个档次。当时还没有送货上门一说，王永庆却增加了这一服务项目。不管天晴下雨，不管路程远近，只要顾客叫一声，他马上免费送到还。

一天晚上，下着倾盆大雨，王永庆忙完店里的活计，已是深夜。他上床躺下，刚迷迷糊糊睡着，就被一阵急促的敲门声惊醒了。开门一看，原来是嘉义火车站对面一家客栈的厨师。厨师说客栈来了几位客人，还没吃饭，刚巧厨房没米了，请王永庆帮忙送一斗米。当时，卖米的利润极其微薄，一斗米只能赚一分钱。平心而论，王永庆不愿冒着这么大的雨赚这一分钱，但为了维持平日的信用，他二话没说，量了一斗米，披上一条麻袋当雨具，将米送到客栈。回来后，全身都湿透了。

王永庆给顾客送米，并非送到就完事，还要帮人家把米倒进米缸里。如果米缸里还有米，他就将旧米倒出来，再刷干净米缸，然后倒入新米，最后把旧米放在上层。这样，旧米就不至于因陈放过久而变质。他这个小小的举动令不少顾客深受感动，铁了心专买他的米。每次给新顾客送米，王永庆都要打听这家有多少人吃饭，每人饭量如何，据此估计这家下次买米的大概时间，并记在本子上。到时候，不等顾客上门，他就主动将米送过去。

不过，由于嘉义大多数家庭都靠做工谋生，收入微薄，少有闲钱，他主动送米上门，如果马上收钱，碰上顾客手头紧，会弄得双方都很尴尬。因此，每次送米，王永庆并不急于收钱。他把全体顾客按发薪日期分门别类，登记在册，等顾客领了薪水，再一拨儿一拨儿地收米款。这样，每次收款都十分顺利，从无拖欠现象。

由于王永庆处处替顾客着想，经大家一传十，十传百，他的名气越传越大，整个嘉义都知道有一个心眼特好的少年老板。自然，他的生意也越来越好。从这家小米店起步，王永庆最终成为今日台湾工业界的“龙头老大”。后来，他谈到开米店的经历时，不无感慨地说：“虽然当时谈不上什么管理知识，但是为了服务客户做好生意，就认为有必要掌握客户需要买米及方便付款的日子，没有想到，由此追求实际需要的一点小构想，竟能作为起步的基础，逐渐扩充演变成为事业管理的逻辑，到今天台塑企业各项管理制度的基本概念，都可以说是起源于此。”

点评

前人创业的经历对我们确实有一定的启示。其中的精髓就在于尽可能使自己的客户得到满意的服务，不以顾客为主的店铺，肯定是做不大的。小时候经常听到这样的顺口溜："南京到北京，买家没有卖家精"，现在想想确实有道理，既然是商业经营，就要多费心思，以最小的成本博取最大的利益。

【案例4】 汕头人陈元朗在深圳某大厦租到门口一角卖水果。谁也想不到这个小小的水果摊一个月的销售额竟达17万元。他的秘诀是"换货"。陈元朗的拿手货源是海南菠萝。他将菠萝以原价从同乡处换得进口洋桃等十几种原价水果。这样，他摊上的水果在进货时便全是较低的第一手价。他将其中的杨桃以微利出售，其他的品种则与附近的水果摊在价格上持平。他选择的这座大厦属写字楼，每到上下班或中午休息时间，有大量女职员进出，陈元朗出售的微利杨桃深深吸引了她们，使她们踊跃购买，并且成了陈元朗的义务宣传员。自此，陈记水果摊一时声名鹊起，其他水果摊索性也来他这儿进货，于是批发加零售，微利加厚利，陈元朗不动声色，却忙得收不过钱来。

"换货"是潮汕商人惯用的生意技巧。由于许多人门路不同，各走一径，能从厂家以最低价格拿到某种产品，潮汕商人就借此来个优势互补，彼此换货。这样，他们各自手中就有了许多种最低价的或适销对路的产品货源，无形中有了很强的市场竞争力，自然会有更多的小店找他们进货，他们也因此赚到了更多的钱。

这些都是比较传统的店铺经营，但都没有停留在"传统"之上。在经营方式上，你务必多花一些心思，尽量做得与众不同，方能在众多的竞争对手中脱颖而出，夏菲的做法，也是一个很好的借鉴。

【案例5】 1998年，夏菲从大学毕业后，成了意大利某公司驻深圳分公司的翻译。夏菲很喜欢时尚的东西，尤其是对着装颇有研究，熟谙服装与身材、肤色的搭配技巧。夏菲身材娇小，所以在上街时她一般都采取这样的休闲打扮：身穿一件紧身背心，加上黑色纱裙，细瘦的牛仔裤，既洋溢着一点点野性，又不失时髦和雅致。

后来，就连公司里的两名广州女孩上街购物时，都乐意借用一下夏菲的"火眼金睛"。凭着对服饰的热爱以及对时尚的把握，夏菲总能用敏锐的目光在缤纷多彩的商品堆里，帮她们挑选出独具特色的“宝货”，而这些服饰不久后准能在深圳流行起来。工作之余，她就想自己开一家服装店铺，算是满足一下自己的爱好。

在深圳，繁华商业街寸土寸金，夏菲四处奔波，希望找到一个好店铺，可不是房租太贵就是地方太偏，总找不到合适的。一天，她在杂志上看到在欧美和香港“楼上店”十分流行，不少人还在家里开店做生意，她灵机一动，忽然有了一个很“另类”的想法，为什么不可以把服饰店开进写字楼呢？自己曾经是个写字楼小姐，知道在那些鳞次栉比高耸入云的高档写字楼里，隐藏着大大小小上百家公司，里面是清一色的年轻白领，这些新新人类既有品位又有经济实力，自己提供的东西一定能够点燃他们的消费激情。这个想法虽然“另类”，却充满了智慧。

这么想着，夏菲便和写字楼的门卫套起了近乎。他们说这里的办公室还有空位，可当她找到物业表示想租房时，人家却说已经把办公室全租出去了。她有些不太甘心，在楼里四下乱逛，最后找到了5楼，看到一家公司的办公室还比较空，人没有坐满。夏菲就和他们老板商量，问他愿不愿挪出一间，自己一定会成为他们的一个好“邻居”，同时还可帮他们减轻租楼的负担。

这个老板很奇怪地看着夏菲，听她讲得头头是道，便答应考虑一下。第二天他打来电话，同意和她分租办公室。喜出望外的夏菲利落地交了1.5万元的房租，再花2万把那家公司的大办公室隔出一间，改装成了一个小商场。夏菲很注意同屋人的感受，所以将小商场搞得温馨而整洁，让大家都觉得非常满意。

铺面有了，夏菲就将全部精力放在了研究进货上。这是最关键的一环，如果进的货别处都有，谁会来你这里呢？为了能真正将引领潮流的服饰引进来，她找到各种时尚杂志，将相关信息记下来；在繁华地段观察各种服饰的流行款式，尤其是一些个性小店一律不放过——打仗不是讲究“知彼知己”吗？随后，她还到了与深圳一水之隔的香港进货。

比较来比较去，虽然欧美品牌衣服的质量和样式都比较值得信赖，但夏菲最感兴趣的还是韩国服饰，她觉得韩国服装透着一种时尚的气息。她犹豫了很久，不知道是做欧美品牌服装，还是做韩国服装。但想到深圳写字楼的白领成天穿着正儿八经的欧美品牌服装，或许需要换换口味，而韩国服装通常表现出来的那种夸张的色彩搭配和剪裁或许会更受他们青睐。她还担心如果做自己不感兴趣的欧美品牌，时间一久，自己对服装的感觉也会变得迟钝起来，那可是自己所不愿意看到的。这么一考虑，夏菲终于决定把进货的重点放在韩国服装上。

2000年9月小店开张的那一天，的确达到了令人眼前一亮的效果——墙面是柔和的粉色系，配合陈列的彩衣夺人眼目。为了调节气氛，夏菲还在店里摆设了一些托朋友从国外带回来的小玩意儿进行限量发售，像印度的手链、巴西的水晶球及尼泊尔的金饰等等。摆这些东西不是为了赚钱，只是为了吸引白领们挑剔的目光。

刚开始，客人都是这幢商务楼里的白领小姐们。大家从没见过在写字楼开的服饰店，所以纷纷好奇地走进来看看。她们一进来，夏菲就不会轻易让她们跑掉。店里绝少有雷同的款式，加上异国风情的首饰，常常使白领小姐们惊喜不已。一些白领丽人们甚至不还价，就把东西买走了。很快，她的服饰店成了这幢商务楼最热闹的休闲处。第一个月，夏菲就赚了2万多元。

为减少商店的商业色彩，增加商店的人情味，在卖服装的同时，夏菲还主动为顾客做形象设计，办免费的时尚讲座。这使她周围迅速聚拢了一群追求时尚的朋友。她们绝对信任夏菲的眼光，成为她最优质的顾客，从不讨价还价。不少白领小姐自己买不过瘾，还经常带着朋友来选购。这样一传十，十传百，周围写字楼甚至一些高档住宅区的顾客亦蜂拥而至。夏菲的生意好得不得了。

如今，夏菲已经有了4家店，由于太忙，平时自己只负责进货，其余的事均放权于员工打理。在没日没夜的忙碌中，她兜里的财富也在滚雪球般膨胀。短短几年时间，夏菲的账上就有了140万元。这点财富在遍地富翁的深圳算不了什么，但在打拼创业中，她毕竟凸现了自己的价值。其实，这只是夏菲火热青春的开端，相信前方等待她的定是更加精彩的人生征程。

点评

时代在发展，各种商业的经营方式也在进步。当人类社会步入网络时代后，店铺的经营模式自然搬到了网上。只有时刻追随时代的步伐，才能抓住最新的商业机会。

【案例6】 2000年，正是国内互联网大起大落的转折点，电子商务在那一年被炒得最热，8848网站也在那一年实现了上市。接触电脑较多的洪祺良，在入学的第一年正赶上这股热潮，遂在易趣上注册了一个账号，开始了解网上营销。

但是开店的第一年，洪祺良并没有获得大回报。洪介绍，大概关注了1年多，才发现网络上确实有一些很实惠的东西。偶然一次机会，他卖出了一些在家中无用的空白刻录盘，仅获得10元的小利，但这促使他对这种商务模式产生了更大的信心。随后，洪用积蓄下来的1万元压岁钱，开始了买卖电脑配件的网上生意，到今年，网店每月利润有3000元左右。

新手在网上开店卖电脑产品，上手时间并不需要很长，对于略懂电脑知识的人来讲，只需四五个月到半年左右，就能够明晓主要运作规则。类似洪祺良这样的学生，多半是利用课余时间进行网上交易，不影响学习。比如，他一般晚上与客户接触，早上起床后到邮局发货，其他大部分时间照常上学。

电脑产品品种繁多，从便宜的MP3、数码相机到价格不菲的笔记本电脑，都是网上交易的热门货。但什么东西才最适合新手，特别是启动资金只有万余元的创业者呢？洪祺良建议，可以选择一些目前市场需求很大的热门产品，例如无线网卡、视频产品、MP3个人数码产品等等。

而今，电脑产品的毛利率已经很低了，如果商家之间发起价格战，网店很容易亏损。另外，相对于很多传统商品而言，电脑产品的进入门槛较高，需要具备一定的专业知识，比如辨别产品的优劣及帮助买家排除一些小故障等。洪祺良的成功在于与同业店铺结盟，相互合作、调货、技术支持，通过维持中间价，保证行业盈利。

一般而言，数码产品的单件价位均在几百元左右，在网上交易中属于高价产品，但其毛利率却不见走高。所以，从厂商拿货后的网上定价，一定要与网下大厂商的价格变动保持一致，从绝对售价上讲，价格以低出2%-3%左右为宜。否则很容易导致产品滞销，令有限的流动资金吃紧。

务必把握进入市场的确切时间，使少量的资金实现快速流动。销售电脑产品，还要注意返修率，所以在进货时要与厂商协商返修成本的问题，这会决定进货的价格。所以，在对你的电脑知识有严格要求之外，你还得懂得测试产品质量的好坏，否则，过高的返修率会吃掉部分利润，也会对你的信誉造成不良影响。

此外，诚信也相当重要。如果有一个“差评”，那可能会导致你以后的东西统统卖不出去。一个有诚信的人，刚起步时不会举步维艰，亦不会卖得相当好，但千万不要急，务必慢慢积累自己的诚信度。

洪祺良是一个典型的电脑小专家，亦有着商人敏锐的嗅觉。尽管做电脑这行的毛利率才几个点，他却没有丝毫放弃的念头。专注于高科技产品，专注于专业市场，成为他赖以制胜的生意理念。

点评

店铺服务这种创业方式尽管极其普通，但由于种类较多，要一一列举出来几乎不可能。不过，你必须时刻以顾客为主来研究店铺布置和经营策略，无论社会如何变迁，只要把握迎合顾客需求的方向，必然时时处于领先地位。

后记

人类是一个以群居为主的社会，个体的力量相对薄弱。为了在弱肉强食的自然界生存下来，人类必须要彼此协作凝聚成巨大的力量，才可以成为地球的主宰。人类社会又是存在等级差别的，如果大家都处于平等的位置，那就很难协调和调动人类的资源和力量，也就无法形成强大的作用力。

什么才是所谓的成功？

孔子所处的时代，社会对成功的评价标准为：三十而立。在当今时代，社会对成功的评价标准是：三十而富！不同的时代，相似的标准。由此可见，无论在什么时代，成功都是人们追求的目标，但在我们所处的这个年代怎样才能称作成功呢？

曾有人对成功作过这样的描述：男人是否成功，就在于他的晚年是否有地位。女人是否成功，就在于她40岁后是否依然漂亮。且不论这样的标准究竟能在多大程度上概括成功的含义，但对于现在大多20来岁的年青人而言，这样的评价标准还是太模糊了。当前，我们所能参照的便是身边的成功人士，亦即各行各业的杰出人物。然而对于这样的榜样，大家内心首先感到的却是自卑，觉得自己离他们相距甚远，自己永远也不可能成为他们其中的一员。

上个世纪60年代，有一位在剑桥大学主修心理学的韩国留学生。每天下午闲暇时，他就到学校附近的咖啡厅或茶座听一些成功人士聊天。这些成功人士大多是某领域的学术权威或者创造经济神话的人才，甚至包括诺贝尔奖获得者。这些人幽默风趣、举重若轻，把自己的成功都看得非常自然和顺理成章。时间一长，这位留学生领悟到，在国内的时候，他显然是被一些成功人士欺骗了，因为那些人为了让正在创业的人知难而退，普遍把自己创业的艰辛夸大了，从而借此抬高自己的形象，媒体为了宣传也跟着夸大。如此一来，给大家的感觉就是创业过程异常艰辛，也就是说，这帮人在用自己的成功经历吓唬那些还没有取得成功的人。

针对这一现象，这位心理系的留学生认为自己很有必要对国内成功人士的心态加以研究。毕业时，他就把研究结果写成一篇名为《成功并不像你想象的那么难》的毕业论文，然后提交给现代经济心理学的创始人威尔·布雷登教授。布雷登教授读后，大为惊喜，他认为这是个新发现。这种现象不仅在东方甚至在世界各地都普遍存在，但此前还没有一个人大胆地提出来并加以研究。惊喜之余，他很快就写信给他的剑桥校友，即当时正高坐韩国政坛第一把交椅的朴正熙。他在信中写道："我不敢说这部著作对你有多大的帮助，但我敢肯定它比你的任何一个政令都能叫人产生震动。"

后来，这本书果然伴随着韩国的经济起飞而声名远播。这本书鼓舞了许多人，因为它从一个新的角度告诉人们，成功与"劳其筋骨，饿其体肤"、"头悬梁，锥刺股"等都没有必然联系，但凡你对某一事业感兴趣，并长久地坚持下去，就会成功，因为上帝赋予你的时间和智慧足够你圆满做完一件事情。这位青年后来也获得了很大成功，成为韩国泛业汽车公司的总裁。

众所周知，现在社会上的中小企业主，大多是上世纪80年代起家的，而且没有受过高等教育，他们的总体素质相对国际同行而言偏低，这不是一个正常现象。现在我们所处的这个时代，又会掀起一轮创业浪潮，这次将要崛起的成功人士大多是受过高等教育的。对于现在的每一个年青人来说，这都是一个千载难逢的好机会。那些跟不上时代步伐、不能很好地重用人才的企业，必然会被有眼光的后来者取代，这已然是个不可逆转的趋势。

谈到创业，很多人以为20世纪80年代才是最好的创业时机，因此总是哀叹自己生不逢时。这是由于那个时候各个方面还不是很健全，有很多空子可钻；国家经过几十年的改革开放，各个方面趋于成熟和饱和。据说20世纪80年代的创业利润超过100%，90年代是80%，而现在则只有50%。也许这么说过于主观，但是有一条一定要再次告诫广大的创业青年，那就是：创业一定要量力而行，符合个人的实际！假设你觉得自己无论如何都做不了马云,那么带着欣赏的角度看这本书吧，我们不去做，但总要知道吧。

希望这本书，能给千万个正在黑暗中摸索的创业者带来希望的曙光，引导大家一起更快地成长发展，让大家在各自的领域发挥最大的潜力，做出让人景仰的成绩！